国家古籍整理出版专项经费资助项目

中国禅宗典籍丛刊

马祖语录

邢东风　辑校

中州古籍出版社
·郑州·

图书在版编目(CIP)数据

马祖语录 / 邢东风辑校. —郑州：中州古籍出版社，2008.1（2024.1重印）

（中国禅宗典籍丛刊）

ISBN 978-7-5348-2712-9

Ⅰ.①马… Ⅱ.①邢… Ⅲ.①马祖道一–语录 ②马祖道一–人物研究 Ⅳ.① B949.92

中国版本图书馆 CIP 数据核字（2007）第 113905 号

MA ZU YULU

马祖语录

策划编辑	刘　晓
责任编辑	高雪薇
责任校对	唐志辉
装帧设计	张　胜
美术编辑	曾晶晶

出 版 社	中州古籍出版社（地址：郑州市郑东新区祥盛街 27 号 6 层邮编：450016　电话：0371-65723280）
发行单位	河南省新华书店发行集团有限公司
承印单位	河南大美印刷有限公司
开　　本	890 mm × 1240 mm　1/32
印　　张	12.125
字　　数	225 千字
版　　次	2008 年 1 月第 1 版
印　　次	2024 年 1 月第 5 次印刷
定　　价	37.00 元

本书如有印装质量问题，请联系出版社调换。

马祖道一像（引自《佛祖道影》）

马祖庞居士问答图（局部，京都天宁寺藏）

总　序

在中国传统文化中，儒学、佛教和道教鼎足而立，是三个最主要的组成部分。它们在相互排斥的同时又相互吸收，共同丰富和发展了中华民族的文化。

佛教本是从印度传来的外来宗教，然而它在中国这块辽阔丰饶的具有悠久历史文化的国土上传播，经过漫长岁月，已经与中国传统文化和宗教习俗密切结合，演变成中国的民族的主要的宗教。隋唐时期具有民族特色的佛教宗派的创立，标志着佛教中国化历程的基本结束，此后进入中国佛教的持续发展时期。在这些佛教宗派中，天台宗、华严宗和禅宗是最富有民族特色的宗派。在它们的蕴涵深刻哲学思辨内容的教义理论中，有说色空、色心和体用相即的宇宙存在论，有论善恶、净染的心性论，有讲出世不离世间的修行解脱论，有用以沟通色空、色心和体用的"不二"的方法论……这些在中国历史文化，特别是在哲学思想领域都产生过极为深远的影响。研究中国历史文化，研究中国哲学思想都离不开对佛教的考察和研究，这早已成为人们的共识。

禅宗虽奉北魏时期来华的印度僧菩提达摩为初祖，但从历史真实情况考察，实际创立者应是被后世禅宗奉为四祖、五祖的道信（580~651）和弘忍（602~675）。在弘忍去世之后，他的门下形成以神秀（约606~706）及其弟子普寂（651~739）为代表的北宗，以惠能（638~713）及其弟子神会（668或686~760）、行思（？~740）、怀让（677~744）为代表的南宗。在"安史之乱"（755~763）后，北宗逐渐衰微以至湮灭无闻，而南宗则迅速传遍大江南北，日益昌盛，并在唐末五代形成禅门五宗——临济宗、沩仰宗、曹洞宗、云门宗、法眼宗。进入宋代，临济宗又分成杨岐、黄龙二派。两宋是禅宗发展史上的鼎盛时期，它一跃而成为中国佛教宗派中的主流派，在当时社会的各个阶层和文化思想领域都有很大的影响。此后，中国儒、释、道三教日益会通融合，佛教内部各宗也互相融通，禅宗与净土念佛信仰的结合最为密切，以至形成"念佛禅"。

禅宗虽标榜"以心传心，不立文字"，但从实际情况来看，它的文字著述最多，形式也多种多样，其中禅法语录最多。记录惠能言行的语录有《六祖坛经》，记录神会言行的语录有《菩提达摩南宗定是非论》等，此后怀让、马祖、怀海、希运以及禅门五宗的创始人义玄、灵祐和慧寂、良价和本寂、文偃、文益，后世各宗著名禅师几乎都有语录行世。语录有别集，有合集。在语录集子中既有禅师在开堂、上堂、小参、普说等各种场合的说法记录，也有师徒间的答问；有对前人公案的评说——拈古，也有评述这些公案的偈颂——颂古；有代前人回答质询的代语，也有在前人答语之外另作答语的别语；还有书信、法语、序跋、碑铭、题赞、札记、遗表等。在语录中，有贴近当时民众的通俗白话，有含意清丽玄远的诗偈；在语录外，有卷帙浩繁的史传，包括以语录为主的灯史、以记事为主的传记、按编年记述的通史。此外，还有论议、杂著、清规等。这些数量庞大的禅宗文献，无疑是我国宝贵的文化遗产。

我国在20世纪70年代末实行改革开放政策以后，随着社会科学界对宗教研究的深入展开，在对佛教文献的研究和整理、出版方面也取得很大的成绩，为从事佛教研究的人员和社会上广大读者提供了不少经过校订注释的有价值的佛教参考资料。然而在大量佛教文献面前，为了让研究者和读者使用方便，有必要按类别选择其中最重要的文献进行研究和整理，分阶段地做校勘、标点和注释出版。

现在奉献在诸位面前的《中国禅宗典籍丛刊》是一套中国禅宗系列的文献选编，其中收录了中国禅宗的部分重要史书、语录和清规等文献，皆请学者依据较好的版本做了校勘、分段和标点，并且一律改用现在通用的简化字。虽然所收文献的数量不是很大，但在目前公开出版的禅宗著述较少的情况下，这一套丛书的出版一定会给从事佛教禅宗研究和中国哲学、文史研究的学者和广大读者带来不少方便。我们深知此项工作并非轻而易举，希望边工作边改进，谨望读者今后经常给我们提出建议，不吝赐教，以便把这一工作做得更好。

杨曾文
1998年2月9日

目 录

凡例 ·· 1

祖堂集 ··· 1
宗镜录 ·· 50
景德传灯录 ·· 57
江西马祖道一禅师语录 ··· 100
天圣广灯录 ·· 121
五家正宗赞 ·· 130
古尊宿语录 ·· 132
补遗 ··· 143
洪州开元寺石门道一禅师塔碑铭并序 ············· 权德舆 178
宋高僧传 ··· 182
马祖舍利石函铭文 ·· 185

附录

马祖综论
　　——关于马祖的经历、遗迹、禅学、时代及语录 ··· 邢东风 187
马祖禅的诸问题 ······························· 柳田圣山 225

马祖道一传法活动考论 ················· 王荣国 239
马祖四川行迹考
　　——关于马祖早期经历若干问题的检讨 ············ 邢东风 256
马祖和建阳 ····················· 邢东风 287
马祖道一江西行迹调查记 ··············· 邢东风 325
大宝光塔（西堂智藏塔）铭文 ················· 356
宋代碑刻唐技《重建大宝光塔碑铭》 ·············· 358
清刻本唐技《重建大宝光塔碑铭》 ··············· 361

附图

四川省什邡市马祖村 ····················· 363
四川省什邡市马祖古刹 ···················· 364
四川省什邡市罗汉寺 ····················· 365
湖南省南岳传法院 ······················ 366
湖南省南岳磨镜台 ······················ 367
福建省建阳佛迹岭 ······················ 368
福建省建阳圣迹寺 ······················ 369
江西省抚州市正觉寺 ····················· 370
江西省赣县龚公山宝华寺 ··················· 371
江西省南昌市佑民寺 ····················· 372
江西省靖安县石门山 ····················· 373
江西省靖安县宝峰寺 ····················· 374
江西省靖安县宝峰寺内马祖舍利塔亭 ·············· 375
江西省宜黄县石巩古寺 ···················· 376

凡 例

1. 关于本书所用各资料的底本

《祖堂集》，禅文化研究所影印韩国海印寺版，1994年；参校《禅宗全书》本（北京图书馆出版社，2004年）。

《宗镜录》，《大正藏》本（《大正藏》第48卷）。

《景德传灯录》，中文出版社校勘本，1984年。

《江西马祖道一禅师语录》，《四家语录》和刻本（柳田圣山主编《禅学丛书》之三《四家语录·五家语录》，中文出版社影印，1973年）。

《天圣广灯录》，《卍续藏经》本（《卍续藏经》第135册）；参校宋代福州开元寺版影印本（中文出版社，1983年）。

《五家正宗赞》，《卍续藏经》本（《卍续藏经》第135册）。

《联灯会要》，《卍续藏经》本（《卍续藏经》第136册）。

《古尊宿语录》，明代径山藏本（上海古籍出版社影印，1991年）。

2. 关于编排次序

本书所用各种资料的编排顺序，主要依据两个标准而定：一是成书年代的先后，二是关于马祖言论记录的系统性。凡成书年代较早又比较系统地记录马祖言论的资料编排在先，而将成书年代较晚或关于马祖言论的记录比较零散的资料编排在后。例如唐人碑铭中记录的马祖言论，虽然是唐代的资料，但是由于比较零散，因此编排在后；又如《古尊宿语录》，虽然很系统，但成书年代较晚，因而也编排在后。

3. 资料选择的标准

因各种马祖语录资料的内容多有重复，在选择时既要尽量避免重复，同时又不可能完全避免重复，因此本书采取适当的折中办法，将最有史料价值的马祖资料尽量照原样辑录，不避重复，同时不取成书年代较晚特别是清代以后禅宗灯录中的马祖资料。

本书所选范围内，有些并不一定是马祖的言论，而是后人对马祖观点的转述，如宗密关于洪州宗的述评，或关于马祖及其弟子的叙述和评价，如百丈关于"即心即佛说"的评论。这些资料对于了解马祖也具有重要的意义，因而尽管它们不是马祖本人所说，但也一并编入。

4. 校注体例

正文中以〔〕表示经过更正或增补的文字，以（）表示原有的误字或衍文。正文中附带的原有注文，以小字表示，并以［］括之。

注解项目以人名、地名、专有术语为主。对于有争议或容易发生歧义的地方则辅以适当的考证。

祖堂集

江西马祖嗣让禅师①,在江西。师讳道一,汉州十方县人②也。姓马,于罗汉寺③出家。自让开心眼,来化南昌④。

【校注】

①让禅师:指南岳怀让禅师。怀让(677~744),俗姓杜,金州安康(在今陕西境内)人。十五岁往荆州玉泉寺,从弘景律师出家,二十岁受具足戒。又据张正甫(752~834)的《碑铭》,怀让少年时期从荆州智京大士学律。久视元年(700)前往嵩山,师事慧安禅师(582~709),后至曹溪师从慧能。《祖堂集》说怀让住曹溪十二年,景云二年(711)离开;《景德传灯录》谓怀让住曹溪十五载,先天二年(713)始往南岳。据张正甫的《碑铭》,怀让住武当山十年,最后来到南岳。关于怀让事迹和语句的记载,各资料的侧重点有所不同。其中关于怀让早年在荆州学律的经历,各资料的记载大体一致。关于他与嵩山慧安禅师的关系,张正甫的《碑铭》和《宗镜录》卷九十七有关于怀让在慧安处得到授记和开悟的记载。而在《祖堂集》、《景德传灯录》、《古尊宿语录》等禅宗灯史系统的记载中,只提到怀让受慧安的启发而投奔慧能,并着重记录怀让从慧能得法以及启发马祖道一的机缘语句,显然是意在突显怀让在从慧能到马祖的禅法流传过程中的承上启下

作用。总之，尽管怀让作为慧能的弟子和马祖的老师，对从曹溪禅到洪州禅的过渡起过重要的作用，但是由于各种记载的出入，因而关于怀让与慧安、慧能之间以及与马祖之间的具体交涉，目前不甚明了。关于怀让的资料，主要有张正甫的《衡州般若寺观音大师碑铭并序》(《全唐文》卷六一九)、《宝林传》卷十、《祖堂集》卷三、《景德传灯录》卷五、《天圣广灯录》卷八、《古尊宿语录》卷二等。

②汉州什方县：唐代汉州即今四川广汉一带，设于垂拱二年（686），辖境包括今四川绵竹、什邡、德阳、广汉、金堂等地，州治在雒县（今广汉）。什方，"什邡"的白字。什邡县设于武德二年（619），属汉州，位置相当于今四川什邡市。今什邡市内两路口乡有马祖村，传为马祖道一出生之地。2005年8月，什邡市政府将两路口乡正式更名为马祖镇。

③罗汉寺：位于今四川什邡市区北部，传说建于唐中宗时期。

④南昌：原为汉代以来的古县名，隋代名为豫章县，唐宝应元年（762）六月改名为钟陵县，同年十二月又改名为南昌县，为唐代洪州府所在地，位置相当于今江西南昌市。

每谓众曰："汝今各信自心是佛，此心即是佛心。是故达摩①大师从南天竺国来，传上乘一心之法，令汝开悟。又数引《楞伽经》文，以印众生心地，恐汝颠倒不自信。此一心之法，各各有之，故《楞伽经》云：佛语心为宗，无门为法门。②又云：夫求法者，应无所求。③心外无别佛，佛外无别心。不取善，不舍恶，净秽两边，俱不依怙，达罪性空④，念念不可得，无自性故。三界唯心，森罗万像，一法之所印⑤。凡所见色，皆是见心。心不自心，因色故有心。汝可随时言说，即事即理，都无所碍。菩提道果，亦复如是。于心所生，即名为色。知色空故，生即不生。⑥若体此意，但可随时著衣吃〔饭〕⑦（飰），长养圣胎，任运过时，更有何事？汝受吾教，听吾偈曰：

心地随时说，菩提亦只宁。

事理俱无碍，当生则不生。"

【校注】

①达摩：又作达磨，即菩提达磨（？~528 或 536）的简称，传说为禅宗在印度的第二十八代祖师和在中国的第一代祖师，禅宗中认为是他把佛祖觉悟的智慧（"心"或"心印"）从印度传到了中国。据说他本为南天竺（南印度）香至国王第三子，于南朝刘宋时期泛海来到中国，先到广州，次至建康（今南京），后入北魏，在嵩洛一带修禅传法，其禅法要点为"二入四行"，又以四卷《楞伽经》传授慧可，于是《楞伽经》成为后来禅宗的重要经典依据。关于达磨的经历及其禅法的记载，主要见于《续高僧传》卷十六、《楞伽师资记》、《祖堂集》卷二、《景德传灯录》卷三以及《二入四行论》等。

②佛语心为宗，无门为法门：马祖说这两句话是《楞伽经》所说，但是《楞伽经》中无此经文。十卷本《楞伽经》第五卷中有如下经文："大慧菩萨复白佛言：世尊，如来说言，我何等夜证大菩提，何等夜入般涅槃，我于中间不说一字，佛言非言。世尊依何等义如是说语？佛语非语。佛告大慧言：大慧，如来依二种法说如是言。何者为二？我说如是：一者依自身内证法，二者依本住法。我依此二法作如是言。"入

矢注本认为马祖这两句话即取意于此（参见入矢义高《馬祖の語録》第18页，禅文化研究所，1984年）。其实"佛语心"来源于四卷本《楞伽经》的篇名，该经各篇均名为《一切佛语心品》，其中"一切"是修饰语，"佛语心"一语很容易被看作《楞伽经》各篇的要旨。另外，有的版本在篇名之后还附有"第一"、"第二"等序号，特别是其中第一篇的篇名，有的版本作"一切佛语心第一"，于是古来便有人将"第一"二字当作"第一义"或"要旨"的意思。例如四祖道信的《入道安心方便法门》里说："我此法要，依《楞伽经》诸佛心第一。"（《楞伽师资记》）为了强调修心的重要，他把《楞伽经》所说的"诸佛心第一"当作自己法门的经典依据。在这样的读法中，不仅"第一"的意思被暧昧化，而且"佛语心"的"心"也被曲解，即如吕澂指出的那样，"四卷本《楞伽经》只是用《一切佛语心第一》作为品名，而且这个'心'字，意思同于'枢要'、'中心'，即是说佛教中的重要意义在《楞伽经》中都已具备了，并非指人心之心。但楞伽师望文生义地曲解这一含义，却要求人们专向内心用功夫"（《中国佛学源流略讲》第207页，中华书局，1979年）。马祖所谓"佛语心为宗"也是对《楞伽经》原意的自由解说。"无门为法门"的说法也不见于《楞伽经》，它是马祖根据般若性空的原理所作的发挥。

③夫求法者，应无所求：语出《维摩经·不思议品》："若求法者，于一切法，应无所求。"又《胜天王般若波罗蜜经·无所得品》也有类似说法："夫求法者，是无所求。何以故？若是可求，则为非法。""无所求"原本为各类佛教经典所说，般若类经典基于诸法空幻不实的原理，更强调求法本

身即无所求。在禅宗中流传的菩提达磨"二入四行"中亦有"无所求行":"世人长迷,处处贪著,名之为求。道士悟真,理与俗反,安心无为,形随运转。三界皆苦,谁得而安?经曰:有求皆苦,无求乃乐也。"(《续高僧传》卷十六) 其中根据"有求皆苦"的道理而要求人们心无所求。马祖主张"夫求法者,应无所求"的根据在于佛法不在心外的原理。

④达罪性空:意思是说了解罪业本身是空幻的。关于罪性空,《维摩经·弟子品》有罪性不在内、外、中间的说法:"彼罪性不在内、不在外、不在中间,如佛所说,心垢故众生垢,心净故众生净。心亦不在内、不在外、不在中间。"

⑤森罗万像,一法之所印:语出《法句经》的偈文,原作"森罗及万象,一法之所印"。

⑥"三界唯心"至"生即不生":在《宗镜录》卷九十七收录的怀让语句中,有与这段文字相同的内容,因此这段话也可能是马祖直接袭用怀让的说法。

⑦吃饭:"饭",原作"飰",今校改。以下"飰"字径改为"饭",不另出校记。

有洪州城大安寺①主,讲经讲论,座主只〔管〕②(观)诽谤马祖。有一日,夜三更时,鬼使来搥门。寺主云:"是什〔么〕③(摩)人?"对云:"鬼使,来取寺主。"寺主云:"启鬼使,某甲今年得六十七岁,四十年讲经讲论,为众成持,只〔管〕(观)贪诤论,未得修行。且乞一日一夜,还得也无?"鬼使云:"四十年来贪讲经论,不得修行,如今更修行作什么?临渴掘井,有什么交涉?寺主适来道只〔管〕(观)贪讲经论,为众成持,无有是处。何以故?教有明文:自得度令他得度，自解脱令他解脱，自调伏令他调伏，自寂静令他寂静，自安〔稳〕④（隐）令他安〔稳〕（隐），自离垢令他离垢，自清净令他清净，自涅槃令他涅槃，自快乐令他快乐。⑤是汝自身尚乃未得恬静，何能令他道业成持？汝不见金刚藏菩萨告解脱月菩萨言：我当自修正行，亦劝于他令修正行。何以故？若自不能修行正行，令他修者，无有是处。⑥汝将生死不净之心，口头取办，错传佛教，诳谑凡情，因此彼王嗔汝，教我取去彼中，便入刀树地狱，断汝舌根，终不得免。汝不见佛语：言词所说法，小智妄分别。是故生障碍，不了于自心。不能了自心，云何知正道？彼由颠倒慧，增长一切恶。⑦汝四十年来作口业，不入地狱作什么？古教自有明文：言语说诸法，不能现实相。⑧汝将妄心，以口乱说，所以必受罪报。但〔责〕（啧）自嫌⑨，莫怨别人。如今速行，若也迟晚，彼王嗔吾。"

【校注】

①洪州城大安寺：唐代洪州即今江西南昌一带，初设于隋开皇九年（589），因洪崖井而得名，唐武德元年（618）改为洪州总管府，七年（624）改为洪州都督府，辖豫章（后改名钟陵、南昌，今江西南昌）、高安、新吴（今奉新）、丰城、建昌（今永修）、武宁、分宁（今修水）诸县，治所在豫章。大安寺位于洪州城内，据铃木哲雄推测，其具体位置在今南昌市裘家巷一带（参见《浙江江西地方禅宗史迹访录》第74页，山喜房佛书林，1997年）。

②只管：原作"只观"，今校改。以下同类情况径改为"管"，不另出校记。

③什么："么"，原作"摩"，今校改。以下凡"什摩"、

"与摩"、"恁摩"、"作摩"、"得摩"、"见摩"之类,均径改为"么",不另出校记。

④安稳:"稳",原作"隐",今校改。下同。

⑤"自得度令他得度"至"自快乐令他快乐":语出八十卷《华严经》卷十九《十行品》。

⑥"汝不见金刚藏菩萨"至"无有是处":金刚藏菩萨和解脱月菩萨见于《华严经·十地品》。此处所引金刚藏菩萨对解脱月菩萨所讲的话,出自八十卷本《华严经》卷三十五《十地品》。又八十卷本《华严经》卷二十九《十回向品》里也有类似说法:"常修正行调伏众生,灭除一切诸不善业,修行苦行一切善根,又劝众生,令其修习。"(《大正藏》第10卷,第159页b)

⑦"言词所说法"至"增长一切恶":语出八十卷本《华严经》卷十六,原为功德慧菩萨的颂文。

⑧言语说诸法,不能现实相:语出八十卷本《华严经》卷十六,原作"言语说诸法,不能显实相",是智慧菩萨所说的颂文。

⑨但责自嫌:"责",原作"啧",今校改。以下同类情况径改为"责",不另出校记。

其第二鬼使云:"彼王早知如是次第,何妨与他修行?"其第一鬼使云:"若与么,则放一日修行。某等去彼中咨白彼王,王若许,明日便来;王若不许,一饷时来。"其鬼使去后,寺主商量:"这个事鬼使则许了也,某甲一日作么生修行?"无可计,不待天明,便去开元寺①搥门②。门士云:"是什么人?"对云:"大安寺主来起居大师。"门士便开门,寺主便去和尚处,具陈前事后,五体投地礼拜,起云:"生死到来,作么生即是?乞和尚慈悲,救某甲残命。"师教他身边立地。天明了,其鬼使来大安寺里,讨主不见,又来开元寺,觅不得,转去也。师与寺主即见鬼使,鬼使即不见师与寺主也。

【校注】

①开元寺:这里指洪州开元寺,今名佑民寺,位于江西南昌市民德路。始建于南朝梁代,原名大佛寺,因唐玄宗开元二十六年(738)诏令两京及各州各建开元寺一所,故更名为开元寺。以后又先后更名为上蓝院、承天寺、能仁禅寺、永宁禅寺、佑清寺等。1930年重建时改为今名。

②拪门:敲门、击门。"拪",同"捶"。

僧拈问龙华①:"只如寺主当时向什么处去,鬼使觅不得?"〔华〕(花)云:"牛头和尚②。"僧云:"与么则国师③当时也太奇。"龙〔华〕(花)曰:"南泉和尚④。"

【校注】

①龙华:即龙华灵照禅师。灵照(870~947),高丽人,来华游于闽越,师从雪峰义存禅师。勤劳节俭,平日只穿一衲,闽中称为"照布衲"。后往浙江,先后住婺州齐云山、越州镜清院、杭州报慈院及龙华寺。传记、语录见《祖堂集》卷十一、《宋高僧传》卷十三、《景德传灯录》卷十八等。"华",原作"花",今校改。以下同类情况径改为"华",不另出校记。

②牛头和尚:即牛头法融禅师。法融(594~657),俗姓

韦，润州延陵（今江苏丹阳）人。十九岁依茅山大明法师（《续高僧传》作炅法师）出家，十二年后移住南京牛头山佛窟寺，刻苦研读佛经，并于空静林中宴默近二十年，深入妙门。贞观十七年（643），于牛头山幽栖寺北岩别立茅茨禅室，终日静坐，从学者日增。显庆元年（656），入金陵建初寺。先后讲《法华经》、《大品般若经》、《大集经》，并有《心铭》、《绝观论》传世。他根据般若性空的原理，认为心性不生，本无一法，在修行上提倡绝言忘虑、任性合道。后来有江宁法持（606~702）、牛头智威（646~722）、鹤林玄素（668~752）、径山法钦（714~792）一系的江南佛教。后人把牛头法融说成四祖道信（580~651）的传人，而从法融到智岩、慧方、法持、智威、玄素的法系，则被称为"牛头宗"。在马祖教团兴起期间，正值牛头宗的全盛期，在这两大禅宗教团之间形成了一种相互呼应之势。关于法融的传记、语录，见《续高僧传》卷二十六（明本）、《祖堂集》卷三、《景德传灯录》卷四及卷三十，另有大和三年（829）刘禹锡（772~842）所撰《牛头山第一祖融大师新塔记》（《全唐文》卷六○六），《弘赞法华传》卷三亦录有传。

③国师：皇帝赐给高僧的尊号，这里是指南阳慧忠禅师。慧忠（？~775），俗姓冉，越州诸暨（在今浙江境内）人。童年在家时不曾说话，亦不曾过门前之桥。十六岁时，见一僧远来，跨桥出迎，请求出家。因其僧指点，乃往曹溪从慧能出家（关于慧忠的法脉有各种异说，《祖堂集》、《传灯录》作六祖慧能法嗣，《宋高僧传》作受法于双峰，《泉州千佛新著诸祖师颂》作嗣法司和尚）。既得心印，先后游历五岭、罗浮、四明、天目等名山，又卜居南阳（在今河南境内）白崖山党

子谷,深入修行四十余年。开元中(713~741),应征入居南阳龙兴寺。上元二年(761),肃宗征召入内,使住千福寺。代宗即位,移住光宅寺。慧忠作为马祖、径山、石头的前辈,在北方举扬禅风,批判南方禅,提倡"无情说法",在当时禅宗中亦有很大影响。传记、语录见《宋高僧传》卷九、《祖堂集》卷三、《景德传灯录》卷五及卷二十八、《联灯会要》卷三等。

④南泉和尚:即南泉普愿禅师。普愿(748~834),俗姓王,郑州新郑(在今河南)人。十岁投密县大隗山大慧禅师出家,三十岁从嵩山会善寺暠律师受具足戒。先学相部律宗,后游历讲肆,习《楞伽》、《华严》、三论等。后参马祖,在马祖门下韬光养晦,深藏不语。贞元十一年(795)入池州(今安徽贵池)南泉山,挖山伐木,构筑禅宇,开荒垦田,养牛放牧,自给自足,三十年间未曾下山。太和初年(827),应池州宣城廉使陆亘之请下山,自称"王老师",学徒数百人,形成马祖门下一大分支。其禅学除继承马祖的"不是心,不是佛,不是物"之外,更侧重任运自然、洒脱不羁,对后来的曹洞宗和临济宗都有影响。门下出赵州从谂、长沙景岑、子湖利踪等人,皆为著名禅师。有《南泉普愿禅师语录》传世,传记和语录见《宋高僧传》卷十一、《祖堂集》卷十六、《景德传灯录》卷八、《古尊宿语录》卷十二等。

有一日斋后,忽然有一个僧来具威仪,便上法堂参师。师问:"昨夜在什么处?"对曰:"在山下。"师曰:"吃〔饭〕(餰)也未?"对曰:"未吃饭。"师曰:"去库头①觅吃饭。"其僧应〔诺〕②(喏),便去库头。当时百丈造典座③,却自个分〔饭〕(飵)与他供养。其僧吃饭了,便去。百丈上法堂,师问:"适来有一个僧未得吃饭,汝供养得么?"对曰:"供养了。"师曰:"汝向后无量大福德人。"对曰:"和尚作么生与么说?"师曰:"此是辟支弗④僧,所以与么说。"进问:"和尚是凡人,作么生受他辟支弗礼?"师云:"神通变化则得,若是说一句佛法,他不如老僧。"

【校注】

①库头:寺院内职务名,掌管收支出纳。后代称为"副寺"。

②应诺:"诺",原作"喏",今校改。以下同类情况径改为"诺",不另出校记。

③百丈造典座:百丈即百丈山,亦名大雄山,位于今江西奉新县西部西塔乡,距奉新县城约八十公里,唐属新吴县境内。这里指百丈怀海禅师。怀海(749或720~814),俗姓王(《祖堂集》作俗姓黄),福州长乐(在今福建境内)人。依西山(今广东潮安)慧照和尚落发,从衡山法朝律师受具,住庐江(在今安徽境内)浮槎寺多年,闭门阅藏。大历初(766)至南康(在今江西境内),师从马祖。马祖去世后,住于石门马祖塔旁,一度补马祖师位继续领众。后移住新吴(今江西奉新)大雄山,因其山险峻,人称"百丈"。平生苦节高行,勤俭耐劳,日常劳作,必先于众。其禅学继承马祖,提倡人佛不异,放舍身心,休息万事,教学上采取"应病与药"、灵活变化的方式启发学人。又创意不依律制,别立禅居,并制定禅院日常生活的规范"百丈清规",对后世禅林规制发生了深远影响。门下出沩山灵祐、黄檗希运等人,皆为著

名禅师。有《百丈怀海禅师语要》、《语录》、《广录》传世。传记见陈诩《唐洪州百丈山故怀海禅师塔铭》(《全唐文》卷四四六)、《宋高僧传》卷十、《祖堂集》卷十四、《景德传灯录》卷六等,语录收在《天圣广灯录》卷八和卷九、《四家语录》、《古尊宿语录》卷一和卷二。"造",同"作",意为成为、担当。典座,寺院内职务名,掌管饮食等日常杂务。

④辟支弗:同"辟支佛",梵文 Pratyekabuddha 的音译,意译为"缘觉"或"独觉",指不依佛的声教,独自观察十二因缘之理而达到佛教觉悟,是大乘佛教所谓"三乘"(声闻、缘觉、菩萨)之一。

师有一日上禅床,才与么坐,便洟唾①。侍者便问:"和尚适来因什么洟唾?"师云:"老僧在这里坐,山河大地,森罗万像,〔总〕(惣)在这里②,所以嫌他与么唾。"侍者云:"此是好事,和尚为什么却嫌?"师云:"于汝则好,于我则嫌。"侍者云:"此是什么人境界?"师云:"此是菩萨人境界。"

【校注】

①洟唾:入矢本译为"吐唾沫"(参见《馬祖の語録》第133页)。洟,原意指鼻涕。

②总在这里:"总",原作"惣",今校改。以下同类情况径改为"总",不另出校记。

后鼓山举此因缘①云:"古人则与么,是你诸人菩萨境界尚未得,又故则嫌他菩萨。虽则是嫌,但以先证得菩萨之位后嫌也（嫌）。②老僧未解得菩萨之位，作么生嫌他这个事？"

【校注】

①鼓山举此因缘：鼓山，位于今福建福州市东南。这里指鼓山神晏禅师。神晏（863～939），俗姓李，大梁（今河南开封附近）人，雪峰义存弟子，因住福州鼓山三十余年，故称"鼓山和尚"。传记、语录见《祖堂集》卷十、《景德传灯录》卷十八、《古尊宿语要》卷四、《古尊宿语录》卷三十七等，又《宋高僧传》卷十三《罗汉桂深传》、《十国春秋》卷九十九等亦有提及。举，意为说起、提及，这里指提起古则公案（即古代禅师的语句或事例）。因缘，这里指往事、经历。

②但以先证得菩萨之位后嫌也：此句原作"但以先证得菩萨之位后嫌也嫌"，最后的"嫌"字疑为衍文，今删。

有西川①黄三郎，教两个儿子投马祖出家。有一年却归屋里，大人才见两僧，生佛一般礼拜云："古人道：生我者父母，成我者朋友。是你两个僧便是某甲朋友，成持老人。"曰："大人虽则年老，若有此心，有什么难？"大人欢喜，从此便居士相共男僧。便到马祖处，其僧具陈来旨，大师便上法堂。黄三郎到法堂前，师曰："咄！西川黄三郎岂不是？"对曰："不敢。"师曰："从西川到这里，黄三郎如今在西川？在洪州？"云："家无二主，国无二王。"师曰："年几？"云："八十五。"〔师曰〕："虽则与么，算什么年岁？②"云："若不遇和尚，虚过一生。见师后，如刀划空。"师曰："若实如此，随处任真。"

【校注】

①西川：剑南西川节度使的简称，辖境包括今四川成都、广汉、茂汶、彭县、崇庆、邛崃、眉山、乐山、雅安、宜宾、西昌、盐津等地，治所在成都。

②虽则与么，算什么年岁：原无"师曰"二字。这两句应为马祖所说，故在句前补"师曰"二字。

黄三郎有一日到大安寺廊下便啼哭，亮座主①问："有什么事啼哭？"三郎曰："啼哭座主。"座主云："哭某等作么？"三郎曰："还闻道黄三郎投马祖出家，才蒙指示便契合？汝等座主说葛藤②作什么？"座主从此发心，便到开元寺。门士报大师曰："大安寺亮座主来，欲得参大师，兼问佛法。"大师便升座，座主来参大师。大师问："见说座主讲得六十本经论，是不？"对云："不敢。"师云："作么生讲？"对云："以心讲。"师云："未解讲得经论在。"座主云："作么生？"云："心如工技儿，意如和技者。③争解讲得经论在？"座主云："心既讲不得，将虚空还讲得么？"师云："虚空却讲得。④"座主不在意，便出。才下〔阶〕⑤（堦），大悟，回来礼谢。师云："钝根阿师，礼拜作什么？"亮座主起来，霡霂汗流⑥，昼夜六日，在大师身边侍立。后咨白云："某甲离和尚左右，自看省路修行。唯愿和尚久住世间，广度群生。伏惟珍重。"座主归寺，告众云："某甲一生功夫，将谓无人过得。今日之下，被马大师呵〔责〕（啧），直得情尽。"便散却学徒，一入西山⑦，更无消息。座主偈曰：

三十年来作饿鬼,如今始得复人身。
青山自有孤云伴,童子从他事别人。

【校注】

①亮座主:事迹不详,《池州南泉普愿和尚语要》和《景德传灯录》卷八都说他是蜀人。座主,这里指主持讲经的僧人。

②葛藤:葛、藤都是蔓生植物,往往附木而生,纠结缠绕,难以理清。禅宗用以比喻语言文字的说明,认为它不得要领,迷失了佛法的根本。

③心如工技儿,意如和技者:语出七卷本《楞伽经》卷五的偈文,只是"技"字在《楞伽经》中作"伎"。按《楞伽经》经文的意思来说,心指如来藏或藏识,工伎儿指演员,比喻意识等七识,和伎者是配角。《楞伽经》认为:"如来藏是善不善因,能遍兴造一切趣生,譬如伎儿,变现诸趣,离我我所。……其余七识,意意识等,念念生灭,妄想为因,境相为缘,和合而生。不了色等自心所现,计著名相,起苦乐受,名相缠缚。"就是说如来藏识包藏在七识当中,它是一切善与不善的因子,可以变现为各种趣生;其余的七识与外境接触,将心中所现执著为实有,于是产生苦乐的感受,被名相束缚起来。马祖引用这两句偈文,意在说明心是一切现象的根源和本体。

④虚空却讲得:《大般若经》卷二九一《著不著相品》里说:"欲学甚深般若波罗蜜多,当如虚空学。"在马祖看来,只有空寂无为的心才与经义相应,而亮座主的"将心讲"乃是有心而为,凭这种思量计较之心是讲不好经的,所以说虚空(之心)却可以讲经。

⑤才下阶:"阶",原作"堦",今校改。

⑥霢霂汗流:霢霂,意为小雨,语出《诗经·小雅·信南山》:"雨雪纷纷,益之以霢霂。""霢霂汗流"的意思是说汗如雨下。

⑦西山:在洪州境内。权德舆《洪州西山风雨池记》:"钟陵风雨池在西山洪井之北。"(《全唐文》卷四九四)又《景德传灯录》卷八说亮座主"隐洪州西山",可知西山不仅在洪州境内,而且就在钟陵(南昌)或钟陵附近。今南昌市湾里区内亦有西山,或许即此西山。

漳南①拈问僧:"虚空讲经,什么人为听众?"对云:"适来暂随喜去来。"漳南云:"是什么义?"云:"若是别人,便教收取。"漳南曰:"汝也是把火之意。"

【校注】

①漳南:指保福从展禅师。从展(?~928),俗姓陈,福州福堂县人,年十五从雪峰义存禅师出家,十八岁受具,曾游历吴楚,继又随侍雪峰。后梁贞明四年(918),受漳州王刺史迎请,居保福禅院。传记、语录见《祖堂集》卷十一、《景德传灯录》卷十九等。

师上堂,良久,百丈收却面前席,①师便下堂。问:"如何是佛法旨趣?"师云:"正是你放身命处。②"

【校注】

①百丈收却面前席:"面前席",《景德传灯录》卷六作

"礼拜席"，似是用于跪拜时的席子。百丈怀海在马祖沉默时收起席子，意味着说法已经完毕。

②正是你放身命处：放，放弃、丢掉。入矢本将此句译为"正是你扔掉性命的地方"（《馬祖の語録》第54页）。

问："请和尚离四句、绝百非，①直指西来意。不烦多说。"师云："我今日无心情，不能为汝说。汝去西堂，问取智藏②。"其僧去西堂，具陈前问。西堂云："汝何不问和尚？"僧云："和尚教某甲来问上座。"西堂便以手点头云："我今日可杀头痛，不能为汝说。汝去问取海师兄。"其僧又去百丈，乃陈前问。百丈云："某甲到这里却不会。"其僧却举似师。师云："藏头白，海头黑。③"

【校注】

①离四句、绝百非：四句是指四句话或四个句式，其具体所指因场合而异，如四句偈文、四句分别、四句推检等，禅宗提到的四句既可能是指《楞伽经》中的四句，也可能是指四句分别。宋译《楞伽经》卷二说："如来说法，离如是四句，谓一异、俱不俱、有无非有非无、常无常。"可见《楞伽经》中的四句是从一异、俱不俱、有无、常无常等四组分别对待的角度对事物性质提出的判断。四句分别是从空有的角度对诸法的有无所作的四个判断：一是有则非空，是为有门；二是空则非有，是为空门；三是亦有亦空，是为亦有亦空门；四是非有非空，是为非有非空门。佛教认为，如果用语言和思维把握事物，一般来说无外乎类似这样的四种句式，用它们说明涅槃、真如之类的真理时是无效的，所以应该"离四句"。百非是指

众多的否定判断，如非有非无等。这里，问话的禅僧要马祖"离四句、绝百非，直指西来意"，就是要马祖不用判断言说而直接指示禅宗的意旨。入矢本关于这句话的注释也值得参考，兹录如下：

四句是指四句分别，即把存在的方式分为A、非A、A而非A、非A而非非A等四句。百非就四句分别冠以"非"的句子再作四句而成十六句，约三世而成四十八句，约已起和未起合计九十六句，再加最初的四句而成百句，因而从这种否定的表现来说就叫做"百非"，意思是说真理超越概念和理论。（《馬祖の語錄》第65页）

②智藏：马祖弟子，法名智藏，居虔州（今江西赣州）西堂，习称西堂智藏。关于智藏的资料，主要有《祖堂集》卷十五、《宋高僧传》卷十、《景德传灯录》卷七、唐技《龚公山西堂敕谥大觉禅师重建大宝光塔碑铭》等。据《宋高僧传》卷十和《景德传灯录》卷七，智藏俗姓廖，虔化（今江西宁都）人，八岁从师，二十五岁具戒，至建阳（在今福建）佛迹岭参礼马祖，与百丈怀海同为入室，皆承印记，又随马祖移居龚公山。后谒径山国一禅师，马祖入洪州后，智藏返回江西，得马祖受付纳袈裟。马祖殁后，贞元七年（791）众请开堂，曾受尚书李翱参问。元和九年（814）归寂，寿八十，腊五十五。据此，则智藏的生卒年为公元735～814年。又据唐技的《碑铭》（现存江西赣县龚公山宝华寺内），智藏生于南康郡（今江西南康），年二十三，师从马祖于临川（今江西抚州）西里山，又七年遂受法。马祖去世前不久，智藏自钟陵（今江西南昌）至龚公山结茅而居，益为门人所重。马祖殁后，领众修行，为太守李公舟所敬。元和十二年（817）示

寂,年八十,僧腊五十。据此,则智藏生卒年为公元738~817年。智藏是马祖的大弟子之一,与怀海并称为马祖门下"二大士",又与怀海、普愿并称为马祖门下"三大士",在马祖门下占有重要地位。

③藏头白,海头黑:这两句话后来成为禅门中著名的公案,其原来的字面意思是说智藏的头发白,怀海的头发黑。由于一般来说白发意味着年长,黑发意味着年轻,因而这两句话也可能是说智藏比较老练,怀海则比较生硬。至于另外还有什么意思,则没有统一的解释。

师遣人送书到(先)径山钦和尚①处,书中只画圆相。径山才见,以笔于圆相中与一划。有人举似忠国师,忠国师云:"钦师又被马师惑。②"

【校注】

①径山钦和尚:即径山法钦禅师。法钦(714~792),俗姓朱,苏州昆山(在今江苏)人。出身儒学世家,二十八岁赴京过丹徒(今江苏镇江),遇鹤林玄素禅师(668~752),旋即就地出家。后住临安(在今浙江)径山,天宝二年(743)就龙泉法岑和尚受具足戒。大历三年(768)应代宗诏令入长安,赐号"国一"。贞元五年(789),德宗降玺书慰劳。贞元六年(790,《碑铭》作建中初年,即780年)应杭州刺史王颜之请,住杭州龙兴寺净院。径山是道信、法融、智岩、慧方、法持、智威、玄素一系牛头禅的传人,在当时颇有影响,与马祖禅系亦有互动,当时的行脚僧经常往来于径山、马祖、石头之间。传记、语录见李吉甫(758~814)的《杭州

径山大觉禅师碑并序》(《全唐文》卷五一二)、《祖堂集》卷三、《宋高僧传》卷九、《景德传灯录》卷四、《联灯会要》卷二等。《祖堂集》中"径山"多作"先径山","先"字疑衍,今删。

②钦师又被马师惑:《景德传灯录》作"钦师犹被马师惑"。

有人于师前作四划,上一划长,下三划短。云:"不得道一长,不得道二短,离此四句外,请师答某甲。"师乃作一划,云:"不得道长,不得道短。答汝了也。"忠国师闻举,别答云:"何不问某甲?"

有座主问师:"禅宗传持何法?"师却问:"座主传持何法?"对曰:"讲得四十本经论。"师云:"莫是〔狮〕(师)子①儿不?"座主云:"不敢。"师作嘘嘘声。座主云:"此亦是法。"师云:"是什么法?"对云:"〔狮〕(师)子出窟法。"师乃默然。座主云:"此亦是法。"师云:"是什么法?"对云:"〔狮〕(师)子在窟法。"师云:"不出不入,是什么法?"座主无对,②遂辞出门,师召云:"座主。"座主应〔诺〕(喏)。师云:"是什么?"座主无对。师呵云:"这钝根阿师。"

后百丈代云:"见么?"

【校注】

①狮子:"狮",原作"师",今校改,以下径改,不出校记。

②座主无对:"无对"二字原为小字注文,今并入正文。下同。

师问僧:"从什么处来?"对云:"从〔湖〕(淮)南来。"①师云:"东湖水满也未?"②对云:"未。"师云:"如许多时雨,水尚未满?"

【校注】

①从湖南来:"湖南",原作"淮南",《景德传灯录》、《天圣广灯录》等各本作"湖南",今校改。如果是"淮南"的话,指淮水以南地区,作为唐代政区则指淮南节度使所辖地界,包括今江苏泰州、扬州,安徽合肥、寿县、安庆,河南光山等地,治所在扬州。如果是"湖南"的话,指洞庭湖以南地区,作为唐代政区是指湖南观察使所辖区域,包括今湖南益阳、长沙、湘潭、株洲、衡阳、郴州、邵州等地,治所在潭州(今长沙)。入矢本的注释说这里的湖南"恐怕是指南岳(衡山)"(《馬祖の語録》第118页)。

②东湖水满也未:东湖的水满了没有?此处"东湖"是指何处,今已不详。入矢本的注释说:"《联灯会要》卷十九药山章作洞庭,因而是指洞庭湖本身。但《祖堂集》卷十四的马祖章说其僧自淮南来,因此这里或者是指在鄱阳县东的东湖。不过现在这些并不重要,马祖是托东湖之水勘问其僧自身的心水。"(《馬祖の語録》第118页)

这段文字在《联灯会要》卷十九里作药山与僧的对话:"师问僧:甚处来?云:湖南来。师云:洞庭水满也未?云:未。师云:许多时雨水,为甚么未满?"又《洞山语录》、《云门语录》及《五灯会元》卷五等亦与《联灯会要》大致相同。

道吾①云："满也。"云岩②云："湛湛底。"洞山③云："什么劫中曾欠〔少〕（小）来？④"

【校注】

①道吾：即道吾山，位于今湖南浏阳市北。这里指道吾智圆禅师。智圆（769~835），俗姓王（《景德传灯录》、《宋高僧传》作姓张），钟陵建昌（《景德传灯录》、《宋高僧传》作豫章海昏）人。早年依涅槃和尚出家受戒，后参药山惟俨禅师，得其心传。因住潭州道吾山传法，故称"道吾和尚"。传记、语录见《祖堂集》卷五、《宋高僧传》卷十一、《景德传灯录》卷十四等。

②云岩：指云岩昙晟禅师。昙晟（782~841，《宋高僧传》作卒于829年），俗姓王，钟陵建昌（今江西永修）人。或说与道吾智圆为同胞兄弟（参见张华点校《祖堂集》第189页注②，中州古籍出版社，2001年）。早年于建昌石门山出家，二十岁受具足戒。后参百丈怀海，居百丈门下十数年（《宋高僧传》和《景德传灯录》作二十年）。百丈去世后，投归药山惟俨，得药山之传。后住潭州澧陵（《景德传灯录》作攸县）云岩山，故称"云岩道人"。传记、语录见《祖堂集》卷五、《宋高僧传》卷十一、《景德传灯录》卷十四。

③洞山：山名，位于今江西宜丰县东北同安乡西南。这里指洞山良价禅师。良价（808~869），俗姓俞，会稽诸暨人。少年时入五洩山寺，二十一岁往嵩山受具足戒，旋即游方各地，先后参南泉普愿、药山惟俨。大中末（860）于新丰山大行禅法，后住豫章高安洞山，故称"洞山和尚"。传记、语录见《宋高僧传》卷十二、《祖堂集》卷六、《景德传灯录》卷

十五、《五家语录》等。

④什么劫中曾欠少来:"少",原作"小",今校改。

师明晨迁化,今日晚际院主问:"和尚四〔体〕(躰)违和①,近日如何?"师曰:"日面佛,月面佛。②"

【校注】

①四体违和:"体",原作"躰",今校改。

②日面佛,月面佛:这两个佛名出自《佛说佛名经》卷七:"过彼胜声世尊,复有佛名月面,彼月面佛寿命一日一夜。过月面世尊,复有佛名日面,彼日面佛寿命满足千八百岁。"其中月面佛的寿命只有一日一夜,日面佛的寿命有一千八百岁。在马祖弥留之际,当院主问他身体如何时,他举这两个佛名以作回答,有可能是说自己的寿命既像月面佛那么短,又像日面佛那么长。另外,这两句话也可能不是指佛名,而是说自己每日每月都面对着佛,即正在等待佛的接引。

汾州和尚①为座主时,讲四十二本经论,来问师:"三乘十二分教,②某甲粗知。未审宗门中意旨如何?"师乃顾示云:"左右人多,且去。"汾州出门,脚才跨门阃③,师召座主,汾州回头应〔诺〕(喏)。师云:"是什么?"汾州当时便省。遂礼拜,起来云:"某甲讲四十〔二〕(一)本经论④,将谓无人过得,今日若不遇和尚,洎合空过一生。"

【校注】

①汾州和尚:唐代汾州即今山西汾阳一带,设于武德三年

（620），辖境包括今山西汾阳、平遥、孝义、介休、灵石等地，治所在隰城（今汾阳）。汾州和尚即汾州无业禅师。无业（759~820），俗姓杜，商州上洛（今陕西商县）人。身材魁武，声如洪钟。九岁随商州开元寺志本禅师学经，十二岁剃度，出入讲肆（街市中的公开教室），稍闻即解，二十岁从襄州幽律师受具足戒，学四分律疏，常为僧众讲《华严》、《涅槃》等经。后往洪州参礼马祖，得其心传。后游历曹溪、庐山、天台等名山圣迹，又自洛阳至长安，住西明寺，为回避国王大臣而转至上党（今山西长治），受到节度使相国李抱真（《旧唐书》卷一三二、《新唐书》卷一三八）、马燧（《旧唐书》卷一三四、《新唐书》卷一五五）的归依礼敬，为避免接触权贵，再转至绵上（属沁州，在今山西灵石以东、沁源以北）抱腹山，又往清凉山（五台山），于金阁寺阅藏八年，最后到西河（今山西汾阳），初住众香佛刹，后应汾州刺史董叔缠之请入住开元寺，住该寺长达二十年，故称"汾州和尚"。宪宗皇帝曾两度下诏迎请，均托病谢绝。长庆元年（821），穆宗遣使迎请，无业答以"行即行矣，道途恐殊"，遂于当夜坐化。传记、语录见《祖堂集》卷十五、《宋高僧传》卷十一、《景德传灯录》卷八等。

关于无业的卒年有不同记载，而且涉及穆宗即位的年代问题，对此，入矢本注有如下说明："生卒年有二说，即《宋高僧传》的穆宗即位之年说和《隆兴佛法编年通论》等的长庆二年（822）说。作穆宗即位之年说的还有《祖堂集》、《景德传灯录》。《释氏疑年录》、《禅学大辞典》等将此前的这一年当作长庆元年（821），新旧《唐书》、《资治通鉴》等皆以穆宗即位在元和十五年正月丙午日。因此这里不取从来的定说，

而作元和十五年（820）示寂。"（《馬祖の語錄》第73頁）

②三乘十二分教：三乘，引导教化众生的三种教法，具体指声闻、缘觉、菩萨。十二分教，佛经中十二种体例的经文，据《大智度论》卷三十三，具体是指：（1）修多罗，意译为契经，即经典中长段叙述的文字；（2）祇夜，意译为重颂、应颂，即以颂文体裁重新宣说修多罗内容的文字；（3）和伽罗那，意译为授记，指佛预言菩萨将来成佛的文字；（4）伽陀，意译为讽颂，即偈文；（5）优陀那，意译为无问自说，即佛在无人发问的情况下自己宣说的文字；（6）尼陀那，意译为因缘，即记录佛说法教化因缘的文字，如佛经中的序品；（7）阿婆陀那，意译为譬喻，指经文中的譬喻文字；（8）伊提目多伽，意译为如是语经，指"本事"，即佛说弟子前世因缘的文字；（9）阇陀伽，意译为本生，指佛述说自己前世因缘的文字；（10）毗佛略，意译为方广，即佛说方正广大道理的文字；（11）阿浮陀达磨，意译为未曾有，指记录佛的种种神通的文字；（12）优婆提舍，意译为论议，指问答和论说诸法意义的文字。这里所谓"三乘十二分教"是泛指佛教的各种教法和经典。

③门闻："门闻"二字于义不通，"闻"字疑为"廊"字的误写。门廊是指门口和廊庑一带的地方。

④四十二本经论："二"，原作"一"，今校改。

师问百丈："汝以何法示人？"百丈竖起拂〔子〕①（了）对。师云："只这个？为当别更有？"百丈抛下拂子。

【校注】

①拂子："子"，原作"了"，今校改。

僧拈问石门①："一语之中，便占马大师两意，请和尚道。"石门拈起拂子，云："寻常抑不得已。"

【校注】

①石门：此处所指不详，可能是指石门寺献禅师。献禅师（生卒年不详），京兆人，青林师虔弟子，洞山良价法孙。初居南岳，宴坐石室，值夹山善会（805~881）归寂，乃移住夹山（在今湖南石门县东南），后自夹山迁至襄州（今湖北襄阳）凤凰山，开创石门寺，再阐玄风。传记、语录见《景德传灯录》卷二十。

大师下亲承弟子〔总〕（惣）八十八人，出现于世，及隐遁者，莫知其数。大师志性慈〔愍〕①（懜），容相〔瑰〕（瓌）奇②，足下二轮，颈有三约③。说法住世四十余年，玄徒千有余众。师贞元四年戊辰岁④二月一日迁化，塔在泐潭宝峰山⑤。敕谥大寂禅师大庄严之塔，裴相⑥书额，左丞相〔权〕（护）〔德〕（得）〔舆〕⑦（兴）撰碑文。净修禅师⑧颂曰：

　　马师道一，行全金石。
　　悟本超然，寻枝劳役。
　　久定身心，一时抛掷。
　　大化南昌，寒松千尺。

（《祖堂集》卷第十四《江西马祖》）

【校注】

①志性慈愍："愍"，原作"懜"，今校改。

②容相瑰奇："瑰"，原作"瓌"，今校改。

③颈有三约：入矢本译为"脖子上有三处凹陷"（《馬祖の語録》第207页）。

④贞元四年戊辰岁：贞元四年为唐德宗年号，甲子纪年为戊辰岁，当公元788年。

⑤泐潭宝峰山：位于今江西靖安宝峰镇境内（唐时属建昌县），指宝峰寺周边的群山，又名石门山。泐潭是宝峰寺附近的水潭。

⑥裴相：即宰相裴休。裴休（约791~864），字公美，河内济源（在今河南）人。长庆年间（821~824）进士，大和初（827）入京为监察御史、右补阙、史馆修撰，会昌年间（841~846）先后任洪州刺史、江西观察使、绵州刺史、潭州刺史、湖南观察使，大中初（847）转任宣州刺史、宣歙观察使，兼户部侍郎、兵部侍郎、御史大夫、诸道盐铁转运使，大中六年（852）同中书门下平章事（宰相），任职期间改革漕运积弊，大中十年（856）罢相，至咸通初年（860），先后任户部尚书、御史大夫、汴州刺史、宣武军节度使、潞州大都督府长史、昭义节度使、潞磁邢洺观察使、太原尹、北都留守、河东节度使、凤翔尹、凤翔陇右节度使、吏部尚书等职。裴休家世奉佛，本人尤精佛理，又擅书法，与当时禅师多有往来。《旧唐书》卷一七七、《新唐书》卷一八二有传。关于裴休为马祖塔撰额之事，据《马祖舍利石函铭文》的记载，马祖塔最初建于贞元七年（791），宪宗皇帝（806~820年在位）赐谥号"大寂禅师"，敬宗皇帝（825~827年在位）赐塔号"大和圆证之塔"（《景德传灯录》作"元和中追谥大寂禅师，塔曰大庄严"），会昌六年（846）塔毁，"大中四年七月一日，

遽下诏书,委当道廉向(疑为"使")裴公复重建置"。大中四年为公元850年,其时裴休已经不在江西,而是在宣州任宣歙观察使,同时兼任户部侍郎、兵部侍郎、御史大夫、诸道盐铁转运使等职。在宣州期间,裴休与百丈怀海的弟子黄檗希运禅师往来密切。大概就是由于裴休曾有在江西担任地方官的经历,以及与马祖法孙黄檗希运的交往,于是在唐宣宗大中四年(850)为重新修建的马祖塔撰写了塔额。

⑦权德舆:原作"护得兴",今校改。权德舆(759~818),字载之,祖籍天水略阳,安史之乱期间,其父移居洪州。幼少时期即擅诗文。贞元初年(785),在江西观察使李兼手下任判官,又迁监察御史。贞元八年(792),被杜佑、裴胄推荐进京,被德宗召为太常博士,继而在朝中任文秘职务多年。自贞元十七年(801),先后任礼部、户部、兵部、吏部侍郎。宪宗元和五年(810),任礼部尚书、同中书门下平章事。后又先后任吏部尚书、东都留守、刑部尚书等。贞元七年(791),权德舆曾为马祖塔撰写铭文,题名《唐故洪州开元寺石门道一禅师塔铭并序》(或作《洪州开元寺石门道一禅师塔碑铭并序》),分别收在《权载之文集》卷二十八、《全唐文》卷五百一、《唐文萃》卷六十四。他在文中自称"尝游大师之藩","往因稽首,粗获击蒙……已被清凉",又在为马祖弟子怀晖所作的《碑铭》里自述"三十年前尝闻道于大寂",可知权氏曾从马祖直接受教。怀晖卒于元和十年(815),权德舆于是年为之撰写碑铭,则三十年前刚好是贞元二年(786)。其时已为马祖晚年,而权氏正在江西按察使府内任职。关于权德舆的传记,可见《旧唐书》卷一四八、《新唐书》卷一六五,以及韩愈的《唐故相权公墓碑》(《韩

昌黎集》卷三十）等。

⑧净修禅师：即省僜禅师。省僜（生卒年不详），俗姓阮，泉州仙游县（在今福建）人。于本地龙华寺菩提院出家、具戒。先穷律部，精于《弥勒上生经》。后倾心禅宗，先后参鼓山、长庆、安国诸禅师，后为保福从展（867~928）弟子。继游吴楚，后住泉州招庆院传法，受钦赐"净修禅师"之号。其门下弟子静、筠二僧即《祖堂集》的编者。传记、语录见《祖堂集》卷十三、《景德传灯录》卷二十二。

怀让和尚嗣六祖，在南岳①，姓杜氏，金州②人也。……师乃往曹溪③而依六祖④。六祖问："子近离何方？"对曰："离嵩山⑤，特来礼拜和尚。"祖曰："什么物与么来？"对曰："说似一物即不中。"在于左右一十二载。至景云二年⑥，礼辞祖师。祖师曰："说似一物即不中，还假修证不？"对曰："修证即不无，不敢污染。"祖曰："即这个不污染底，是诸佛之所护念。汝亦如是，吾亦如是。西天二十七祖般若多罗⑦记汝：佛法从汝边去，向后马驹踏杀天下人。汝勿速说此法，病在汝身也。"

【校注】

①南岳：指南岳衡山，在今湖南衡阳。

②金州：唐代金州即今陕西安康一带，辖境包括今陕西安康、洵阳、平利、镇坪、岚皋、紫阳、汉阴、石泉、宁陕等地，治所在安康。

③曹溪：即今广东曲江县东南沙溪河。《方舆览胜》卷三十五："曹溪，在曲江县东南三十五里。源出本县界牛岭下，

西流五十里合大江真水，南流下英州。以士人曹叔良舍宅为寺，因名曹溪。"其中所说"真水"亦名"浈水"，曹叔良所舍住宅即后来的南华寺。曹溪水源就在今南华寺附近，六祖慧能曾住此传法，故称"曹溪慧能"。

④六祖：即禅宗第六代祖师慧能。慧能（638~713），俗姓卢，新州（今广东新兴）人。初至黄梅（在今湖北），在五祖弘忍门下做行者，得法后返回岭南，先后在南海法性寺（今广州光孝寺）、曹溪宝林寺（今韶关南华寺）传法，提倡自悟自修、无念、无住、无相、定慧一体、言下顿悟的法门，开创禅宗南宗一派，以后被尊为禅宗六祖。传记、语录见《祖堂集》卷二、《宋高僧传》卷八、《景德传灯录》卷五、《坛经》、《曹溪大师别传》、王维《六祖能禅师碑铭》（《全唐文》卷三二七）等。

⑤嵩山：位于今河南登封市北部，慧安禅师住此传法，怀让曾经前往受学。慧安（581~708），亦名道安，俗姓卫，荆州枝江（在今湖北）人。游历诸山，苦行修禅，贞观年间（627~649）至黄梅师从弘忍，圣历二年（699）以后住于嵩山，故称"嵩山老安"。传记、语录见《祖堂集》卷三、《宋高僧传》卷十八、《景德传灯录》卷四等。

⑥景云二年：唐中宗年号，当公元708年。

⑦般若多罗：传说为禅宗在西天的第二十七代祖师，东印度人，游化南印度，为菩提达磨之师。传记、语录见《祖堂集》卷二、《景德传灯录》卷二、《传法正宗记》卷五等。

马和尚在一处坐，让和尚将〔砖〕①（塼）去面前石上磨。马师问："作什么？"师曰："磨砖作镜。"马师曰："磨砖岂得成镜?"师曰:"磨〔砖〕(塼)尚不成镜,坐禅岂得成佛也?"马师曰:"如何即是?"师曰:"如人驾车,车若不行,打车即是,打牛即是?"师又曰:"汝为学坐禅,为学坐佛?若学坐禅,禅非坐卧。若学坐佛,佛非定相。于法无住,不可取舍,何为之乎?汝若坐佛,却是杀佛。若执坐相,非解脱理也。"马师闻师所说,从座而起,礼拜问曰:"如何用心,即合禅定无相三昧?"师曰:"汝学心地法门,犹如下种。我说法要,譬彼天泽。汝缘合故,当见于道。"又问:"和尚见道,当见何道?道非色故,云何能观?"师曰:"心地法眼能见于道,无相三昧亦复然乎?"马师曰:"可有成坏不?"师曰:"若契于道,无始无终,不成不坏,不聚不散,不长不短,不静不乱,不急不缓。若如是解,当名为道。汝受吾教,听吾偈曰:

　　心地含诸种,遇泽悉皆萌。
　　三昧花无相,何坏复何成?"

　　　　　　(《祖堂集》卷第三《怀让和尚》)

【校注】

①砖:"砖",原作"塼",今校改。下同。关于怀让磨砖作镜启发马祖的处所,今南岳衡山传法院附近有磨镜台遗迹,传为怀让磨砖之地。

　　江西马大师令西堂问师:"十二时中,以何为境?"师曰:"待汝回去,有信上大师。"西堂曰:"如今便回去。"师曰:"传语大师,却须问取曹溪始得。"

　　　　　　(《祖堂集》卷第三《先径山和尚》)

伏牛和尚①与马大师送书到师处，师问："马师说何法示人？"对曰："即心即佛。"师曰："是什么语话？"又问："更有什么言说？"对曰："非心非佛，亦曰不是心，不是佛，不是物。"师笑曰："犹较些子。"伏牛却问："未审此间如何？"师曰："三点如流水，曲似刈禾镰。"

【校注】

①伏牛和尚：即伏牛自在禅师。自在（741~821），俗姓李，吴兴（今浙江湖州）人。初从径山法钦，后于南康师从马祖，元和年间（806~820）住伏牛山（又名天息山，位于今河南嵩县）传法，故称"伏牛和尚"。传记、语录见《祖堂集》卷十五、《宋高僧传》卷十一、《景德传灯录》卷七等。

后有人举似仰山①，仰山云："水中半月现。"又曰："三点长流水，身似鱼龙衣。"

（《祖堂集》卷第三《慧忠国师》）

【校注】

①仰山：又名大仰山，位于今江西宜春市南洪江乡西北四公里处。这里指仰山慧寂禅师。慧寂（807~883），俗姓叶，韶州浈昌（今广东南雄，《景德传灯录》作"怀化"）人。十七岁依南华寺通禅师出家，先见耽源真应，后师事沩山灵祐约十五年，以后又往袁州（今江西宜春）仰山传法，归寂于韶州东平山。与沩山灵祐共创禅宗"沩仰宗"一派。传记、语录见《祖堂集》卷十八、《宋高僧传》卷十二、《景德传灯录》卷十一、《袁州仰山慧寂禅师语录》等。今江西宜春仰山

栖隐寺（后名太平兴国寺），传为慧寂禅师祖庭。

师问僧："从什么处来？"对曰："从江西来。"师曰："江西还见马祖不？"对曰："见。"师乃指一柴橛曰："马师何似这个？"僧无对①，却回，举似师，请师为决。马师曰："汝见柴橛大小？"对曰："勿量大。"马师曰："汝甚有壮大之力。"僧曰："何故此说？"马师曰："汝从南岳负一柴橛来，岂不是有壮大之力？"

（《祖堂集》卷第四《石头和尚》）

【校注】

①无对："无对"，原作小字注文，今并入正文。

耽源和尚①嗣忠国师，先是马大师门人也。师入京，为国师侍者。后再见马大师，于大师前旋行一匝，作圆相，然后于中心礼拜。大师曰："你欲作佛也？"对曰："某甲不解捏目。"大师曰："吾不如汝。"

（《祖堂集》卷第四《耽源和尚》）

【校注】

①耽源和尚：即吉州（今江西吉安）耽源山应真禅师，南阳慧忠弟子。机缘语句见《祖堂集》卷四、《景德传灯录》卷十三（其中"应真"作"真应"）、《联灯会要》卷三、《仰山语录》等。

丹霞和尚①嗣石头②，师讳天然。少亲儒墨，业洞九经。

初与庞居士同侣，入京求选，因在汉南③道寄宿次，忽夜梦白光满室④。有鉴者⑤云："此是解空之祥也。"又逢行脚僧，与吃茶次，僧云："秀才去何处？"对曰："求选官去。"僧云："可惜许功夫，何不选佛去？"秀才曰："佛当何处选？"其僧提起茶〔碗〕⑥（垸）曰："会么？"秀才曰："未测高旨。"僧曰："若然者，江西马祖今现住世说法，悟道者不可胜记，彼是真选佛之处。"二人宿根猛利，遂返秦游，而造大寂。礼拜已，马大师曰："这汉来作什么？"秀才汰上幞头⑦，马祖便察机，笑而曰："汝师石头么？"秀才曰："若与么，则与某甲指示石头。"马祖曰："从这里去南岳七百里，迁长老在石头，你去那里出家。"秀才当日便发去。

【校注】

①丹霞和尚：即丹霞天然禅师。天然（738~824），初从石头希迁出家，得名"天然"（《景德传灯录》作从马祖得名），后从南岳寺希律师受戒，又至江西参拜马祖，次居天台华顶山三年；元和中上龙门香山，与伏牛自在禅师为友；于慧林寺遇大寒，乃焚木佛像取暖；元和十五年入南阳丹霞山。传记、语录见《祖堂集》卷四、《宋高僧传》卷十一、《景德传灯录》卷十四等。丹霞山位于今河南南召县城东北十八公里处，上有丹霞寺，传为天然禅师祖庭。

②石头：即石头希迁禅师。希迁（700~790），俗姓陈，端州高要（在今广东）人。初从六祖慧能出家，开元十六年于罗浮山受具；慧能去世后，往庐陵青原山净居寺（位于今江西吉安市青原区河东乡南境）投行思禅师；天宝初至南岳，栖息于南台（或南寺），因寺东有石如台，乃筑庵其上，故称

"石头和尚"。与马祖道一同为当时禅门中影响最大的领袖人物。传记、语录见《祖堂集》卷四、《宋高僧传》卷九、《景德传灯录》卷十四等。有《参同契》一篇传世。

③汉南：原为隋代县名，位于今湖北宜城。

④白光满室："白"，原文既似"日"又似"白"。《景德传灯录》作"白"，今从之。

⑤鉴者：《景德传灯录》作"占者"。

⑥茶碗："碗"，原作"垸"，今校改。

⑦汏上幞头：《景德传灯录》作"以手托幞头额"，可供参考。

到石头参和尚，和尚问："从什么处来?"对曰："某处来。"石头曰："来作什么?"秀才如前对，石头便点头曰："著槽厂去。"乃执爨役，经一二载余。石头大师明晨欲与落发，今夜童行参时，大师曰："佛殿前一搭草，明晨粥后〔铲〕（划）却①来。"晨，诸童行竞持锹钁，唯有师独持刀水，于大师前跪拜揩洗。大师笑而剃发。师有顶峰突然而起，大师按之曰："天然矣。"落发既毕，师礼谢度，兼谢名。大师曰："吾赐汝何名?"师曰："和尚岂不曰'天然'耶?"石头甚奇之，乃略说法要，师便掩耳云："太多也。"和尚云："汝试作用看。"师遂骑圣僧头，大师云："这阿师！他后打破泥龛塑像去。"

【校注】

①铲却："铲"，原作"划"，今校改。

关于天然的得名，《景德传灯录》作得名于马祖。

师受戒已,而大寂耀摩尼于江西,师乃下岳再诣彼,礼谒大寂。大寂问:"从什么处来?"对曰:"从石头来。"大寂曰:"石头路滑,还汰倒①也无?"对曰:"若汰倒,即不来此也。"大寂甚奇之。

(《祖堂集》卷第四《丹霞和尚》)

【校注】

①汰倒:《景德传灯录》作"跶倒",入矢注本译为"滑倒"(参见《馬祖の語録》第154页),可供参考。

招提和尚①嗣石头。师讳惠朗,姓欧阳,韶州曲江②人也。年十三,于邓林寺〔模〕(摸)禅师③处出家。十七游衡岳,二十受戒,乃往虔州龚公山④谒大寂⑤。大寂云:"你来何求?"对曰:"求佛知见。"大寂曰:"佛无知见,知见乃魔界耳。你从南岳来,似未见石头曹溪心要耳。汝应却归石头。"师遂依言而返,造石头,果应大寂之言,契缘悟达,不出招提三十余年,因号招提朗矣。

(《祖堂集》卷第四《招提和尚》)

【校注】

①招提和尚:即《景德传灯录》卷十四中的潭州招提慧朗禅师。招提为寺名,所在位置不详。《景德传灯录》中"潭州招提"的提法,意味着招提寺在潭州(今湖南长沙一带)。《景德传灯录》中又说慧朗返回南岳,"后住梁端招提寺",这样的记述给人的印象是招提寺在南岳山上,然南岳衡山在唐代属于衡州(今湖南衡阳),而不属潭州。

②韶州曲江：唐代韶州即今广东韶关一带，设于贞观元年（627），辖曲江（今韶关）、始兴、仁化、翁源、浈昌（今广东南雄）、乐昌等县，治所在曲江。曲江即今韶关市曲江区。

③模禅师：生平事迹不详。"模"，原作"摸"，据《景德传灯录》校改。

④虔州龚公山：唐代虔州设于武德五年（622），辖境与今包括十八个县市的江西赣州市大体相当，治所在赣县。龚公山位于今江西赣县田村镇境内，今名宝华山。山下今存宝华寺，传为马祖所创。

⑤大寂：马祖道一的谥号。

有一日造书，书上说："石头是真金铺，江西是杂货铺。师兄在彼中堕根作什么？千万千万，速来速来。"云岩得这个信后，只管忧愁。

（《祖堂集》卷第四《药山和尚》）

石巩和尚①嗣马大师，在抚州②。师讳慧藏。

未出家时，趁鹿从马大师庵前过，问和尚："还见我鹿过么？"马大师云："汝是什么人？"对云："我是猎人。"马师云："汝解射不？"对云："解射。"马师云："一箭射几个？"对曰："一箭射一个。"马师云："汝浑不解射。"进曰："和尚莫是解射不？"马师云："我解射。"进曰："一箭射几个？"师云："一箭射一群。"师云："彼此生命，何得射他？"师云："汝既知如此，何不自射？"师曰："若教某甲自射，无下手处。"师云："〔这〕（者）汉③无明烦恼，一时顿消。"师当时拗折弓箭，将刀截发，投师出家。

【校注】

①石巩和尚：石巩是指石巩寺，位于今江西宜黄境内，因寺内山后有大石如拱而得名。慧藏禅师出家之后长住于此，故称"石巩和尚"。关于慧藏的机缘语句，又见《景德传灯录》卷六、《联灯会要》卷五等。

②抚州：唐代抚州即今江西抚州一带，设于武德五年（622），天宝元年（742）改为临川郡，乾元元年（758）复设，辖临川（今抚州市临川区）、崇仁、南城、南丰等县，治所在临川。

③这汉："这"，原作"者"，今校改。

师后因一日在厨作务次，马师问："作什么？"对云："牧牛。"马师曰："作么生牧？"对曰："一回入草去，便把鼻孔拽来。"马师云："子真牧牛。"

（《祖堂集》卷第十四《石巩和尚》）

西堂和尚嗣马祖，在〔虔〕（虎）州①。师讳智藏。……马祖遣师送书到国师②处，在路逢见天使。天使遂留斋次，因驴啼，天使唤头陀，师乃举头，天使便指驴示师，师却指天使，天使无对③。又到国师处，国师问："汝师说什么法？"师从东边过西边立。国师云："只〔这〕（者）个④，为当别更有不？"师又过东边立。国师云："这个是马师底，仁者作么生？"师云："早个呈似和尚了也。"

（《祖堂集》卷第十五《西堂和尚》）

【校注】

①虔州:"虔",原作"虎",今校改。唐代虔州即今江西赣州一带,设于武德五年(622),辖境与今包括十八个县市的江西赣州大体相当,治所在赣县。

②国师:这里是指径山法钦禅师。

③天使无对:"无对"二字原为小字注文,今并入正文。

④只这个:"这",原作"者",今校改。

本则故事在《景德传灯录》卷九中作百丈惟政事迹。

五洩和尚①嗣马祖,在越州②。师讳灵〔默〕③(嘿),姓宣,常州④人也。

【校注】

①五洩和尚:即五洩灵默禅师。五洩是指五洩山,位于今浙江诸暨西部五洩镇,因自山上五级泄水以至于溪,故名。灵默(747~818)住于此山,故称"五洩和尚"。关于灵默的传记、语录,又见于《宋高僧传》卷十、《景德传灯录》卷七等。

②越州:《宋高僧传》、《景德传灯录》等作"婺州"。唐代越州即今浙江绍兴一带,原设于隋大业元年(605),唐武德四年(621)设越州总管府,七年设越州都督府,辖会稽(今浙江绍兴)、山阴、诸暨、余姚、萧山、上虞(今浙江余姚西南)、剡(今浙江嵊州)等县,治所在会稽。唐代婺州即今浙江金华一带,设于唐武德七年(624),辖金华、义乌、永康、东阳、兰溪、武义、浦阳(今浙江浦江)等县,治所在金华。

③灵默:"默",原作"嘿",今校改。

④常州:唐代常州即今江苏常州一带,初设于隋开皇九年(589),唐武德七年(624)重设,辖晋陵(今江苏常州)、武进、江阴、无锡、义兴(今江苏宜兴)等县,治所在晋陵。

师未出家时,入京选官去,到洪州开元寺①礼拜大师。大师问:"秀才什么处去?"云:"入京选官去。"大师云:"秀才太远在。"对云:"和尚此间还有选场也无?"大师云:"目前嫌什么?"秀才云:"还许选官也无?"大师云:"非但秀才,佛亦不著。"因此欲得投大师出家。大师云:"与你剃头即得,若是大事因缘即不得。"从此摄受,后具戒。

有一日,大师领大众出西墙下游行次,忽然野鸭子飞过去。大师问:"身边什么物?"政上座②云:"野鸭子。"大师云:"什么处去?"对云:"飞过去。"大师把政上座耳拽,上座作忍痛声。大师云:"犹在这里,何曾飞过?"政上座豁然大悟。

【校注】

①洪州开元寺:即今佑民寺,位于今南昌市内民德路。

②政上座:即《祖堂集》卷十四中的"百丈政和尚"。出身经历不详,应系马祖门下重要弟子。其机缘语句见于《祖堂集》、《景德传灯录》等多种灯录。关于他的师承,《祖堂集》卷十四和《联灯会要》卷五、《传法正宗记》卷七作马祖弟子,《景德传灯录》卷九作百丈怀海弟子,《五灯会元》卷十二及《续传灯录》卷七作石霜楚圆弟子。

本则故事在《景德传灯录》中无载,在其他各种禅宗灯史语录当中均作百丈怀海事迹。

　　因此师无好气，便向大师说："某甲抛却这个业次，投大师出家，今日并无个动情。适来政上座有如是次第，乞大师慈悲指示。"大师云："若是出家，师则老僧；若是发明，师则别人。是你驴年①在我这里也不得。"师云："若与么，则乞和尚指示个宗师。"大师云："此去七百里有一禅师，呼为南岳石头。汝若到彼中，必有来由。"师便辞，到石头，云："若一言相契则住，若不相契则发去。"著鞋履，执〔坐〕（座）具②，上法堂，礼拜一切了侍立。石头云："什么处来？"师不在意，对云："江西来。"石头云："受业在什么处？"师不〔只〕（祇）对③，便拂袖而出。才过门时，石头便咄。师一脚在外，一脚在内，转头看，石头便侧掌云："从生至死，只这个汉，更转头〔脑〕（恼）④作什么？"师豁然大悟。在和尚面前给侍数载，呼为五洩和尚也。

　　　　　　（《祖堂集》卷第十五《五洩和尚》）

【校注】

①驴年：相当于今所谓"猴年马月"，指期待不到的日期。

②坐具："坐"，原作"座"，今校改。

③只对："只"，原作"祇"，今校改。

④头脑："脑"，原作"恼"，今校改。

《景德传灯录》卷七记五洩与马祖及希迁的因缘如下：

　　婺州五洩山灵默禅师者，毗陵人也，姓宣氏。初谒豫章马大师，马接之，因披剃受具。后初参石头时装腰便上方丈，见石头坐次，便问："一言相契即住，不然便发。"石头据坐，师便发去。石头随后逐至门外，召云："阇梨，阇梨。"师回首，石头云："从生至老，只是这个，又回头转脑作什么？"师于言下忽然有省，便踏折拄杖，一住二十年为侍者。

又宋本《景德传灯录》的记载如下：

婺州五洩山灵默禅师者，毗陵人也，姓宣氏。初谒豫章马大师，马接之，因披剃受具。后谒石头迁和尚，先自约曰："若一言相契我即住，不然便去。"石头知是法器，即垂开示。师不领其旨，告辞而去。至门，石头呼之云："阇梨。"师回顾，石头云："从生至老，只是遮个汉，更莫别求。"师言下大悟，乃踏折拄杖，而栖止焉。

（《祖堂集》卷第十五《五洩和尚》）

大梅和尚①嗣马大师，在明州②。师讳〔法〕（注）常③，襄阳④人也。荆州玉泉寺⑤受业，才具尸罗⑥，学通众典，讲大小本经论。多闻虽益，辩〔法〕（注）虚张⑦。觉爽〔精〕（情）神⑧，游方访道。闻江西马大师诲学，师乃直造法筵。

【校注】

①大梅和尚：即大梅法常禅师。大梅指大梅山，位于今浙江宁波东南鄞县境内，距宁波市区约二十公里。因法常禅师于贞元年间（785～805）入住此山，故名"大梅法常"。关于法常（752～839）的传记、语录，又见《宋高僧传》卷十一、《景德传灯录》卷七等。

②明州：唐代明州即今浙江宁波一带，设于开元二十六年（738），辖鄞（位于今浙江宁波东南）、奉化、慈溪、象山等县，治所在鄞县。

③法常："法"，原作"注"，今校改。

④襄阳：唐代襄州州府所在地，位置相当于今湖北襄阳市。

⑤荆州玉泉寺：唐代荆州即今湖北江陵一带，辖境包括江陵、长林（今湖北荆门）、当阳、枝江、松滋、公安、石首等县，治所在江陵。玉泉寺位于当阳城西十五公里处的玉泉山东麓，天台智𫖮、北宗神秀等都曾住此传法。

⑥尸罗：梵文音译，意为清凉、戒，指戒律。

⑦辩法虚张："法"，原作"注"，今校改。

⑧觉爽精神："精"，原作"情"，今校改。

因一日问："如何是佛？"马师云："即汝心是。"师进云："如何保任？"师云："汝善护持。"又问："如何是法？"师云："亦汝心是。"又问："如何是祖意？"马师云："即汝心是。"师进云："祖无意耶？"马师云："汝但识取汝心，无法不备。"师于言下顿领玄旨，遂杖锡而望云山，因至大梅山下，便有栖心之意，乃求〔少〕（小）许种粮①，一入深幽，更不再出。

【校注】

①乃求少许种粮："求"，有的影印本原文残缺难辨，入矢注本将此字译为"携"（参见《馬祖の語録》第147、148页）。"少"，原作"小"，今校改。

后因盐官和尚①出世，有僧寻柱杖迷山，见其一人，草衣结发，居小皮舍，见僧先言"不审"，而言语謇涩。僧穷其由，师云："见马大师。"僧问："居此多少年也？"师云："亦不知多少年，只见四山青了又黄，青了又黄，如是可计三十余度。"僧问："师于马祖处得何意旨？"师云："即心是佛。"其僧问出山路，师指随流而去。

【校注】

①盐官和尚：即盐官齐安禅师。盐官即盐官县，位于今浙江海宁西南盐官镇。齐安（约750~842），俗姓李，李唐王室，生于海门郡（在今浙江萧山）。二十岁投南岳智严律师，后往南康龚公山依马祖。元和末，以七十之龄游萧山法乐寺，后居盐官海昌院。传记、语录见《祖堂集》卷十五、《宋高僧传》卷十一、《景德传灯录》卷七。

其僧归到盐官处，具陈上事。盐官云："吾忆在江西时，曾见一僧问马大师佛法祖意，马大师皆言'即汝心是'。自三十余年，更不知其僧所在。莫是此人不？"遂令数人，教依旧路，斫山寻觅。如见云："马师近日道非心非佛。"其数人依盐官教问，师云："任你非心非佛，我只管即心即佛。"盐官闻而叹曰："西山梅子熟也。汝曹可往彼，随意采摘去。"

如是不足二三年间，众上数百，凡应机接物，对答如流。

（《祖堂集》卷第十五《大梅和尚》）

汾州和尚①嗣马大师。师讳无业，姓杜，商州上洛②人也。……后闻洪州马〔大〕师禅门上首,③特往瞻礼。师身逾六尺,屹若立山。马大师一见异之,曰:"〔巍巍〕④(魏魏)佛堂,其中无佛。"师礼而问曰:"三乘至教,粗亦研穷。常闻禅门即心是佛,实未能了,伏愿指示。"马大师曰:"即汝所不了心即是,更无别物。不了时即是迷,了时即是悟。迷即是众生,悟即是佛道。不离众生别更有佛也,亦如手作拳、拳作手也。"师言下豁然大悟,涕泪悲泣,白马大师言:"本将谓佛道长远,〔憝〕(勤)苦旷劫⑤,方始得成。今日始知,法身实相,本自具足;一切万法,从心化生,但有名字,无有实者。"马大师云:"如是,如是。一切心性,不生不灭;一切诸法,本自空寂。是故经云:诸法从本来,常自寂灭相。⑥又云:毕竟空寂舍。⑦又云:诸法空为坐。⑧此则诸佛如来,住无所住处。若如是知,即是住空寂舍,坐法空座,举足下足,不离道场,言下便了,更无渐次,所谓不动足而登涅槃山。"

(《祖堂集》卷第十五《汾州和尚》)

【校注】

①汾州和尚:即汾州无业禅师。参见《祖堂集》卷十四《江西马祖》注。

②商州上洛:唐代商州即今陕西商县一带,辖上洛(今陕西商县)、洛南、商洛(今陕西丹凤)、安业(今陕西柞水)、山阳(今陕西丰阳)、上津等县,上洛是商州的治所。

③后闻洪州马大师禅门上首:原本"大"字残缺,依入矢注本校补。

④巍巍:原作"魏魏",今校改。

⑤憝苦旷劫:"憝",原作"勤",今校改。

⑥诸法从本来,常自寂灭相:语出《法华经·方便品》的偈文。

⑦毕竟空寂舍:语出《维摩经·佛道品》的偈文。

⑧诸法空为坐:语出《法华经·法师品》的偈文。"坐",《法华经》作"座"。

以上无业与马祖的对话亦见于《宋高僧传》卷十一的无业传,内容几乎完全一致。

庞居士①嗣马大师。居士生自衡阳②。

因问马大师:"不与万法为侣者,是什么人?"马师云:"待居士一口吸尽西江③水,我则为你说。"居士便大悟。便去库头借笔砚,造偈曰:

十方同一会,各各学无为。

此是选佛处,心空及第归。

而乃驻留参承,一二载间,遂不变儒形,心游像外。旷情而行符真趣,浑迹而卓越人间,实玄学之儒流,乃在家之菩萨。

(《祖堂集》卷第十五《庞居士》)

【校注】

①庞居士:即庞蕴居士。庞蕴(?~808),字道玄,衡阳(在今湖南)人。贞元初(785)参石头希迁,后参马祖,元和(806~820)年间北游襄汉(今湖北襄阳一带),随处而居。根据入矢义高的研究,庞居士卒于元和三年(参见《庞居士语录》第198页,筑摩书房,1981年)。传记、语句又见《景德传灯录》卷八、《联灯会要》卷六、《五灯会元》卷三、《庞居士语录》等。

②衡阳：位于今湖南衡阳市，唐代衡州的治所。

③西江：庞居士与马祖的这一段问答在禅宗史上非常著名，但是其中提到的"西江"究竟何在，历来不得其解。鉴于马祖长期生活在江西，"西江"位于江西的可能性极大。就目前所知，在江西境内与马祖经历有关的地方，确曾有过名为"西江"的河流，即从兴国县埠头镇至赣县吉埠镇之间的"平江"，此江古名潋水，俗称西江，距赣县境内龚公山约十华里，而龚公山正是马祖曾经长期住过的地方。据刘光照《虔州木客析》所引清代兴国知县张沿瑗于康熙四十五年（1706）所著《潋水志林》说："羊山……折而南，土名西江，径险而山色殊秀，与赣县龚公山相属。"（中国赣州网 http://www.gndaily.com）所谓潋水，《明一统志》卷五十八说："在兴国县东北，一名平川。"由此可知，在兴国到龚公山的周边一带确有西江的存在，此江之名古已有之，沿用至今，很可能就是马祖对庞居士所说的"西江"。

南泉和尚嗣马大师，在池州①。师讳普愿，姓王，新郑②人也。母孕之时，不喜荤血。至德二年③，投密县大隗山大慧禅师④受业，后参大寂，密掌灵符。池阳宣城⑤廉使陆亘⑥请下礼事，大弘真教。

【校注】

①池州：唐代池州即今安徽贵池一带，初设于武德四年（621），贞观元年（627）废，永泰元年（765）复置，辖秋浦（今贵池）、青阳、至德、石埭四县，治所在秋浦。

②新郑：位于今河南境内。

③至德二年：唐肃宗年号，当公元757年。

④密县大隗山大慧禅师：唐代密县即今河南新密市一带，设于武德四年（621），初属郑州，龙朔二年（662）改归河南府。大隗山，又作大騩山，亦名具茨山，位于今河南禹州、新郑、新密交界处，距禹州市十公里。大慧禅师，生平事迹不详。

⑤池阳宣城：池阳即指池州，宣城在今安徽境内。

⑥陆亘（764~834）：字景山，苏州人，曾任宣歙观察使。《旧唐书》卷一六二、《新唐书》卷一五九有传。

师每上堂云："近日禅师太多生，觅一个痴钝底不可得。阿你诸人，莫错用心。欲〔体〕①（躰）此事，直须向佛未出世已前，都无一切名字，密用潜通，无人觉知，与么时〔体〕（躰）得，方有〔少〕（小）分相应②。所以道：祖佛不知有，狸奴白牯却知有。何以如此？他却无如许多般情量，所以唤作如如，早是变也。直须向异类中行。只如五祖大师下，有五百九十九人尽会佛法，唯有卢行者一人不会佛法，他只会道。直至诸佛出世来，只教人会道，不为别事。江西和尚说即心即佛，且是一时间语，是止向外驰求病，空拳黄叶，止啼之词。所以言不是心，不是佛，不是物。如今多有人唤心作佛，认智为道，见闻觉知，皆云是佛。若如是者，演若达多将头觅头③，设使认得，亦不是汝本来佛。若言即心即佛，如兔马有角；若言非心非佛，如牛羊无角。你心若是佛，不用即他；你心若不是佛，亦不用非他。有无相形，如何是道？所以若认心，决定不是佛；若认智，决定不是道。大道无影，真理无对。等空不动，非生死流；三世不摄，非去来今。故明暗自去来，虚空不动摇；万像自去来，明镜何曾鉴？阿你今时尽说我修行作佛，且作么生修行？但识取无量劫来不变异性，是真修行。"

（《祖堂集》卷第十六《南泉和尚》）

【校注】

①体：原作"躰"，今校改。下同。

②少分相应："少"，原作"小"，今校改。

③演若达多将头觅头：出自《首楞严经》卷四的典故。据说演若达多有一天早晨起来对镜自照，只顾欣赏自己的眉目，而不见自己的脑袋，于是自以为见鬼而发疯。禅宗经常以这个事例比喻迷失自性。

师谓赵州①云："江西马大师道即心即佛，老僧这里则不与么道。不是心，不是佛，不是物，与么道还有过也无？"赵州礼拜出去。

（《祖堂集》卷第十六《南泉和尚》）

【校注】

①赵州：唐代赵州即今河北赵县一带，设于武德元年（618），辖平棘（今河北赵县）、元氏、临城、柏乡、高邑、赞皇、昭庆、宁晋、栾城等九县，治所在平棘。这里是指赵州从谂禅师。从谂（778~897），俗姓郝，青州临淄（《景德传灯录》作曹州郝乡）人。初投本州龙兴迦蓝出家，后于嵩山受戒，投池州师从普愿禅师，后住赵州观音院传法，故称"赵州和尚"。传记、语录见《祖堂集》卷十八、《宋高僧传》卷十一、《景德传灯录》卷十及卷二十八等。

宗镜录

洪州马祖大师云："达磨大师从南天竺国来,唯传大乘一心之法,以《楞伽经》印众生心,恐不信此一心之法。《楞伽经》云:佛语心为宗,无门为法门。何故佛语心为宗?佛语心者,即心即佛。今语即是心语,故云佛语心为宗。无门为法门者,达本性空,更无一法。性自是门,性无有相,亦无有门,故云无门为法门,亦名空门,亦名色门。何以故?空是法性空,色是法性色,无形相,故谓之空,知见无尽,故谓之色。故云:如来色无尽,智慧亦复然。①随生诸法处,复有无量三昧门。远离内外知见情执,亦名总持门,亦名施门。谓不念内外善恶诸法,乃至皆是诸波罗蜜门。色身佛是实相佛家用。经云:三十二相,八十种好,皆从心想生。②亦名法性家焰,亦法性功勋。菩萨行般若时,火烧三界内外诸物尽,于中不损一草叶,为诸法如相故。故经云:不坏于身,而随一相。③今知自性是佛,于一切时中,行住坐卧,更无一法可得,乃至真如不属一切名,亦无无名。故经云:智不得有无。④内外无求,任其本性,亦无任性之心。经云:种种意生身,我说为心量。⑤即无心之心,无量之量,无名为真名,无求是真求。经云:夫求法者,应无所求。心外无别佛,佛外无别心。不取善,不作恶,净秽两边俱不依。法无自性,三界唯心⑥。经云:森罗及万象,一法之所印。凡所见色,皆是见心。心不自心,因色故心;色不自色,因心故色。故经云:见色即是见心。⑦"

(《宗镜录》卷第一)

【校注】

①如来色无尽,智慧亦复然:语出《大宝积经》和《胜鬘经》的偈文。

②三十二相,八十种好,皆从心想生:这几句并非佛经中的原文,大概是对《佛说观无量寿佛经》如下一段经文的概括:"诸佛如来是法界身,遍入一切众生心想中。是故汝等心想佛时,是心即是三十二相八十随形好。是心作佛,是心是佛,诸佛正遍知海从心想生。"(《大正藏》第12卷,第343页a)三十二相、八十种好是指佛在身体相貌上异于常人的种种特殊之处。

③不坏于身,而随一相:语出《维摩诘所说经·弟子品》。

④智不得有无:语出《楞伽阿跋多罗宝经》卷一的偈文。

⑤种种意生身,我说为心量:语出《楞伽阿跋多罗宝经》卷三的偈文。

⑥三界唯心:原本是大乘经论中常见的命题,如《大方广佛华严经》卷五十四:"菩萨摩诃萨知三界唯心,而了知其心无量无边。"《大乘本生心地观经》卷第八:"以是因缘,三界唯心,心名为地。"《楞伽阿跋多罗宝经》卷第二:"谓如是观三界唯心。"《大乘起信论》:"三界虚伪,唯心所作。"意思是三界只是心或心的变现。三界指欲界、色界、无色界。佛教把凡夫生死往来的世界分为三个层次,按照从低到高的顺序,

分别叫作欲界、色界、无色界。欲界相当于人欲横流的世界，为充满淫欲和食欲的有情众生所住，上为六欲天，中为人界四大洲，下至无间地狱，总称欲界。色界的"色"意为质碍，指占有空间的物质。色界相当于没有欲望、只有物质的世界，在欲界之上，为断离淫、食二欲的有情众生所住，其间一切物体存在尽皆殊胜精美，故称色界。色界依禅定的深浅粗妙程度不同而分为四个层次，称为"四禅天"。无色界相当于没有物质而只有心识的世界，在此阶段，有情众生的心识住于深妙的禅定之中，没有身体，没有国土宫殿，故称无色界。因为没有物质，所以不能确定方所，但因果报的胜义而说在色界之上。无色界也分为四个层次，称为"四无色天"或"四空处"（参见织田得能《佛教大辞典》第609页，大藏出版社，1972年）。

⑦见色即是见心：这句话的出处不明，入矢注本认为是马祖取《楞伽经》意而说（参见《馬祖の語録》第197页）。

马祖大师云："汝若欲识心，只今语言即是汝心，唤此心作佛，亦是实相法身佛，亦名为道。经云：有三阿僧祇百千名号。①随世应处立名，如随色摩尼珠，触青即青，触黄即黄，体非一切色，如指不自触，如刀不自割，如镜不自照，随缘所见之处，各得其名。此心与虚空齐寿，②乃至轮回六道，受种种形。即此心未曾有生，未曾有灭。为众生不识自心，迷情妄起，诸业受报，迷其本性，妄执世间风息四大之身，见有生灭，而灵觉之性，实无生灭。汝今悟此性，名为长寿，亦名如来寿量，唤作本空不动性。前后诸圣，只会此性为道。今见闻觉知，元是汝本性，亦名本心，更不离此心别有佛。此心本有今有，不假造作，本净今净，不待莹拭。自性涅槃，自性清净,自性解脱,自性离故。是汝心性,本自是佛,不用别求佛,汝自是金刚定,不用更作意凝心取定,纵使凝心敛念作得,亦非究竟。"

(《宗镜录》卷第十四)

【校注】

①有三阿僧祇百千名号:语出《楞伽经》。《楞伽阿跋多罗宝经》卷四有如下经文:"佛告大慧:……我于此婆〔娑〕(呵)世界,有三阿僧祇百千名号。愚夫悉闻,各说我名,而不解我如来异名。大慧,或有众生知我如来者,有知一切智者,有知佛者,有知救世者,有知自觉者,有知导师者,有知广导者,有知一切导者,有知仙人者,有知梵者,有知毗纽者,有知自在者,有知胜者,有知迦毗罗者,有知真实边者,有知月者,有知日者,有知生者,有知无生者,有知无灭者,有知空者,有知如如者,有知谛者,有知实际者,有知法性者,有知涅槃者,有知常者,有知平等者,有知不二者,有知无相者,有知解脱者,有知道者,有知意生者。大慧,如是等三阿僧祇百千名号,不增不减,此及余世界,皆悉知我,如水中月,不出不入。"(《大正藏》第16卷,第506页c)意思是说佛有众多异名。马祖在下文中将此义概括为"随世应处立名",又以摩尼珠为喻,说明心有种种不同表现。

②"汝若欲识心"至"此心与虚空齐寿":这段文字与《宗镜录》卷九十七所引行思语句的前半部分几乎完全一致。《宗镜录》的相关原文如下:

> 吉州思和尚云:"即今语言,即是汝心。此心是佛,是实相法身佛。经云:有三阿僧祇百千名号。随世界应处

立名，如随色摩尼珠，触青即青，触黄即黄，宝本色，如指不自触，刀不自割，镜不自照，随像所现之处，各各不同，得名优劣不同。此心与虚空齐寿。"(《大正藏》第48卷，第940页b)

如马祖大师云："若此生所经行之处，及自家田宅处所，父母兄弟等，举心见者，此心本来不去，莫道见彼事则言心去。"①

(《宗镜录》卷第四十九)

【校注】

①在《宗镜录》第四十九卷，继马祖这段语句之后，还有下面的文字："心性本无来去，亦无起灭。所经行处，及自家父母眷属等，今所见者，由昔时见故，皆是第八含藏识中，忆持在心，非今心去，亦名种子识，亦名含藏识，贮积昔所见者。识性虚通，念念自见，名巡旧识，亦名流注生死。此念念自离，不用断灭。若灭此心，名断佛种性。此心本是真如之体，甚深如来藏，而与七识俱。"(《大正藏》第48卷，第707页b) 入矢注本认为这段文字是《宗镜录》的作者永明延寿对上面马祖语句的解说（参见《馬祖の語録》第190页）。但是就这段文字的内容来看，从"所经行处"至"而与七识俱"显然是对马祖语句的解说，而"心性本无来去，亦无起灭"二句则既可能是马祖的语句，也可能是延寿的解说。马祖的语句究竟到哪里为止，是一个疑问。此处姑从入矢注本的勘定。

又江西马祖和尚问亮座主："蕴何经业？"对云："讲三十

本经论。"师云:"正讲时,将什么讲?"对云:"将心讲。"师云:"心如工技儿,意如和技者,争解讲他经?"对云:"不可是虚空讲也?"师云:"却是虚空讲得。"座主于言下大悟,遂下阶礼拜,蓦〔自〕(目)汗流①。师云:"〔这〕(者)钝根阿师②,用礼拜作什么?"其座主却回本寺,语学徒言:"某一生学业,将谓天下无人敌者,今日被开元寺老宿一唾净尽,我尔许多时,皆是诳〔唬〕③(谭)汝。"遂散学徒,一入西山,更无消息。

【校注】

①蓦自汗流:"自",原作"目",依原校记改。
②这钝根阿师:"这",原作"者",今校改。
③诳唬:"唬",原作"谭",今校改。

又如有学士问马祖和尚:"如水无筋骨,能胜万斛舟时如何?"师云:"我〔这〕(遮)里①水亦无,舟亦无,说什么筋骨?"

(《宗镜录》卷第九十二)

【校注】

①这里:"这",原作"遮",今校改。
这段文字在禅宗灯史资料中多作马祖与庞居士的对话。

让大师云:"一切万法,皆从心生,若达心地,所作无碍。汝今此心即是佛故,达磨西来,唯传一心之法。三界唯心,森罗及万像,一法之所印。凡所见色,皆是自心。心不自心，因色故心。汝可随时即事即理，都无所碍，菩提道果，亦复如是。从心所生，即名为色，知色空故，生即不生。"

马大师问曰："如何用意合禅定无相三昧？"师曰："汝若学心地法门，犹如下种，我说法要，譬如天泽。汝缘合故，当见于道。"马大师又问曰："和尚云见道，道非色故，云何能睹？"师曰："心地法眼能见于道，无相三昧，亦复然矣。"马大师曰："有成坏不？"师曰："若契此道，无始无终，不成不坏，不聚不散，不长不短，不静不乱，不急不缓。若如是解，当名为道。汝受吾教，听吾偈言：

　　心地含诸种，遇泽悉皆萌。
　　三昧华无相，何坏复何成？"

（《宗镜录》卷第九十七）

汾州无业和尚初问马祖："三乘至理，粗亦研穷。常闻禅师即心是佛，实未能了，伏愿指示。"马祖曰："即汝不了底心即是，更无别物。不了时是迷，了时是悟，亦犹手作拳，拳作手也。"师又问："如何是祖师西来密传心印？"祖曰："大德正闹在，且去，别时来。"一足始跨门限，祖云："大德。"便却回头。祖云："是什么？"遂豁然大悟。

（《宗镜录》卷第九十八）

大梅和尚初问马祖："如何是佛？"答："即汝心是。"问："如何是法？"答："亦汝心是。"问："祖无意耶？"答："汝但识取自心，无法不备。"

（《宗镜录》卷第九十八）

景德传灯录

江西道一禅师，汉州什邡人也。姓马氏，容貌奇异，牛行虎视，引舌过鼻，足下有二轮文①。幼岁依资州唐和尚②落发，受具于渝州圆律师③。唐开元④中，习禅定于衡岳传法院⑤，遇让和尚。同参九人，唯师密受心印。[让之一，犹思之迁⑥也。同源而异派，故禅法之盛，始于二师。刘轲⑦云：江西主大寂，湖南主石头，往来憧憧，不见二大士，为无知矣。西天般若多罗记达磨云：震旦虽阔无别路，要假侄孙脚下行。金鸡解衔一颗米，供养十方罗汉僧。又六祖能和尚谓让曰：向后佛法，从汝边去，出马驹踏杀天下人。厌后江西法嗣布于天下，时号马祖。]始自建阳佛迹岭⑧，迁至临川⑨，次至南康⑩龚公山。大历⑪中，隶名于开元精舍。时连帅路嗣恭⑫聆风景慕，亲受宗旨，由是四方学者云集座下。

【校注】

①足下有二轮文：脚底有两个轮状的足纹。这几句是比拟佛的相好来说明马祖的相貌不同常人。

②资州唐和尚：即处寂禅师。唐代资州即今四川资阳一带，设于武德元年（618），辖境包括今四川资阳、资中、内江等地，治所在盘石（今四川资中）。据《历代法宝记》，处寂，俗姓唐（《宋高僧传》作俗姓周），绵州涪城（今四川绵阳与三台之间。《历代法宝记》误作"浮城"）人。家代好

儒，十岁丧父，乃投资州智诜。身体魁武，曾肩挑智诜禅师至京，后得智诜付法，居资州德纯寺二十余年。因其俗姓唐，又长期在资州传法，故称"资州唐和尚"。关于处寂的生卒年，依《历代法宝记》为公元665~732年，同书异本作669~736年，依《宋高僧传》则为648~734年。传记、语录见于《历代法宝记》、《宋高僧传》卷二十、《裴休拾遗问》等。处寂的最后二十余年一直住在资州德纯寺，马祖剃度也在资州，故不排除马祖曾经师从处寂的可能。

③渝州圆律师：唐代渝州即今重庆一带，始设于隋开皇九年（589），唐代因之，辖境包括今四川境内重庆、巴县（今重庆市）、江津、江北、壁山、永川等地，治所在巴县。圆律师的事迹不详。

④开元：唐玄宗年号，当公元713~741年。

⑤传法院：位于南岳衡山投钵峰下，为马祖在南岳期间的住处，宋代以后亦名"马祖庵"。

⑥思之迁：思指青原行思禅师，迁指石头希迁禅师。行思（？~740），俗姓刘，庐陵（今江西吉安，《景德传灯录》作吉州安城）人。幼岁出家，后往韶州投师慧能，得法之后复返吉州，住青原山净居寺（在今吉安市东南河东乡）。传记、语录见《宋高僧传》卷九《义福传》、《景德传灯录》卷五等。

⑦刘轲：字希仁，沛（今江苏沛县）人。少为僧，元和末（820）进士，终洺州（治所在今河北邯郸与曲周之间）刺史。

⑧建阳佛迹岭：建阳即建阳县，位于今福建建阳市。唐代建阳县设于武德四年（621），武德八年废止，垂拱四年（688）复置，先后属建安郡和建州（治所在建安，即今福建建瓯）。佛迹岭，又名佛迹岩，本地俗称圣迹岭，位于今建阳

市西芑口镇,距建阳市区约二十公里。当地今有圣迹寺,传说原为马祖所建。

⑨临川:临川在唐代分别为郡、县,位于今江西抚州市临川区一带。临川郡设于天宝元年(742),乾元元年(758)废,领地与抚州相当。临川县原设于唐开元九年(721),一直是抚州或临川郡的治所,位于今抚州市临川区。

⑩南康:南康在隋为郡、县,在唐仅为县置。南康郡最早设于西晋太康三年(282),隋开皇九年(589)废止,改为虔州,大业三年(607)复设,唐武德五年(622)再废,复为虔州。隋代南康郡和唐代虔州为同一地方,治所都在赣县。南康县最早设于西晋太康五年(284),至隋唐时代一直延续,属南康郡或虔州,位于今江西南康市。

⑪大历:唐代宗年号,当公元766~779年。

⑫连帅路嗣恭:连帅,《礼·王制》:"十国以为连,连有帅。"连帅即相当于诸侯联盟的统帅,后来泛指地方官,唐代多指观察使、按察使一类的地方官。路嗣恭(711~781),字懿范,京兆三原(在今陕西)人。历仕郡县,以能有名,玄宗以为可嗣汉之鲁恭,因赐名嗣恭。曾任关内副元帅郭子仪副使,知朔方节度营田押诸蕃部落等使。自大历六年(771)七月或次年正月始,出任洪州刺史和江西观察使。嗣恭在江西期间,在官恭恪,善理财赋,还杀掉了受宰相元载庇护的鱼朝恩走狗贾明观。大历八年(773)十月(据《旧唐书·代宗本纪》)兼任岭南节度观察使,平定岭南将领哥舒晃的叛乱,同时又因私吞被杀商人的家财百万贯,招致代宗忌恨。及德宗即位(780),嗣恭行贿宰相杨炎,始以平定岭南之功升任兵部尚书、东都留守。关于路嗣恭将马祖迎到洪州府之事,权德

奥的马祖《塔铭》也有记载:"大历中,尚书路冀公之为连帅也,舟车旁午,请居理所。"路氏自大历七年前后至大历八年十月期间任江西观察使,延请马祖到洪州即在这一期间。《旧唐书》卷一二二、《新唐书》卷一三八有传。

一日谓众曰:"汝等诸人各信自心是佛,此心即是佛心。达磨大师从南天竺国来,躬至中华,传上乘一心之法,令汝等开悟,又引《楞伽经》文,以印众生心地,恐汝颠倒不自信。此心之法,各各有之,故《楞伽经》云:佛语心为宗,无门为法门。又云:夫求法者,应无所求。心外无别佛,佛外无别心。不取善,不舍恶,净秽两边俱不依怙。达罪性空,念念不可得,无自性故,故三界唯心,森罗万象,一法之所印。凡所见色,皆是见心;心不自心,因色故有心。汝但随时言说,即事即理,都无所碍。菩提道果,亦复如是。于心所生,即名为色,知色空故,生即不生。若了此心,乃可随时著衣吃饭,长养圣胎,任运过时,更有何事?汝受吾教,听吾偈曰:

　　心地随时说,菩提亦只宁。
　　事理俱无碍,当生即不生。"

僧问:"和尚为什么说即心即佛?"师云:"为止小儿啼。①"僧云:"啼止时如何?"师云:"非心非佛。"僧云:"除此二种人来,如何指示?"师云:"向伊道不是物。"僧云:"忽遇其中人来时如何?"师云:"且教伊体会大道。"

【校注】

①为止小儿啼:比喻权宜说法,并非真实。这种比喻源于《涅槃经》,例如北本《大般涅槃经》卷二十一《婴儿行品》

里说:"又婴儿行者,如彼婴儿啼哭之时,父母即以杨树黄叶而语之言:莫啼莫啼,我与汝金。婴儿见已,生真金想,便止不啼。然此杨叶,实非金也。木牛木马、木男木女,婴儿见已,亦复生于男女等想,即止不啼。实非男女,以作如是男女想故,名曰婴儿。如来亦尔,若有众生欲造众恶,如来为说三十三天常乐我净,端正自恣,于妙宫殿,受五欲乐。六根所对,无非是乐。众生闻有如是乐故,心生贪乐,止不为恶。勤作三十三天善业,实是生死无常、无乐、无我、无净,为度众生,方便说言常乐我净。"马祖认为"即心是佛"的说法也是一种权宜方便。

僧问:"如何是西来意?"师云:"即今是什么意?"

庞居士问:"如水无筋骨,能胜万斛舟,此理如何?"师云:"这里无水亦无舟,说什么筋骨?"

一日师上堂,良久,百丈收却面前席,师便下堂。百丈问:"如何是佛法旨趣?"师云:"正是汝放身命处。"师问百丈:"汝以何法示人?"百丈竖起拂子。师云:"只这个?为当别有?"百丈抛下拂子。

僧问:"如何得合道?"师云:"我早不合道。"

僧问:"如何是西来意?"师便打,乃云:"我若不打汝,诸方笑我也。"

有小师行脚回,于师前画个圆相,就上礼拜了立。师云:"汝莫欲作佛否?"云:"某甲不解捏目。"师云:"吾不如汝。"小师不对。

邓隐峰①辞师,师云:"什么处去?"对云:"石头去。"师云:"石头路滑。"对云:"竿木随身,逢场作戏。②"便去。才到石头,即绕禅床一匝,振锡一声,问:"是何宗旨?"石头云:"苍天,苍天。"隐峰无语。却回,举似于师。师云:"汝更去,见他道苍天,汝便嘘嘘。"隐峰又去石头,一依前问"是何宗旨",石头乃嘘嘘。隐峰又无语归来,师云:"向汝道石头路滑。"

【校注】

①邓隐峰:俗姓邓,建州邵武(在今福建)人。先后参南泉普愿、石头希迁,后为马祖弟子。元和年间(806~820)至五台山,在金刚窟前倒立而寂。传记、语录见《祖堂集》卷十五、《宋高僧传》卷二十一、《景德传灯录》卷八等。

②竿木随身,逢场作戏:入矢注本解释这两句的意思说:"比喻木偶戏的巡回演出剧团在所到之处一定上演。竿木是用竹、木之类做成的木偶框架,随身是指它变成了内核。这里邓隐峰把自己比作木偶本身。"(《馬祖の語録》第75页)入矢本又将这两句译为:"就当作一场木偶戏,到时候相应于具体的场合来表演。"(同上书,第74页)又古贺英彦解释说:"指木偶戏的巡回演出剧团在所到之处搭棚上演,就这样以游戏三昧应付当时的场面。"(《禅语辞典》第65页,思文阁出版社,1991年)可供参考。

有僧于师前作四画,上一长,下三短。问云:"不得道一长三短,离此四字外,请和尚答。"师乃画地一画云:"不得道长短,答汝了也。"[忠国师闻,别云:"何不问老僧?"]

有一讲僧来问云:"未审禅宗传持何法?"师却问云:"座主传持何法?"彼云:"忝讲得经论二十余本。"师云:"莫是

〔狮〕（师）子①儿否？"云："不敢。"师作嘘嘘声。彼云："此是法。"师云："是什么法？"云："〔狮〕（师）子出窟法。"师乃默然。彼云："此亦是法。"师云："是什么法？"云："〔狮〕（师）子在窟法。"师云："不出不入是什么法？"无对。[百丈代云："见么？"] 遂辞出门，师召云："座主。"彼即回首。师云："是什么？"亦无对。师云："这钝根阿师。"

【校注】

①狮子："狮"，原作"师"，今校改。下同。

洪州廉使①问云："弟子吃酒肉即是？不吃即是？"师云："若吃是中丞②禄，不吃是中丞福。"

【校注】

①洪州廉使：廉使即按察使或观察使的俗称。唐代于各道设按察使（后改为观察使）一名，负责监察各道政教风俗及吏治状况。因当时江西观察使多由洪州刺史兼任，故此处称为"洪州廉使"。至于这位"洪州廉使"乃指何人，杨曾文教授认为，"从马祖称他为'御史中丞'来看，当是杜亚"（《唐代禅宗史上几个问题的考证》，《国学研究》第六卷，1999年）。不过，自路嗣恭于大历七年（772）任职江西以后将马祖请到洪州，直到贞元四年（788）马祖去世为止的十六七年间，至少有路嗣恭、杜亚、张镒、崔昭、鲍防、李皋、徐申、李兼（或作李谦）等八人先后担任过洪州刺史，其中除徐申之外，其他七人均兼任江西观察使（参见郁贤皓《唐刺史考全编》第2253～2257页，安徽大学出版社，2000年）。又其

中除路嗣恭和鲍防兼御史大夫以外，至少还有杜亚、张镒兼御史中丞。鉴于中唐以来观察使及大州刺史几乎都带御史中丞头衔的情况，其余四人当中肯定还有兼御史中丞者。因此，目前无法确定这里所说的"洪州廉使"究竟是谁。

②中丞：即御史中丞的简称。唐代中央政府的监察机构为御史台，御史大夫为其长官，御史中丞即御史台的副长官。中唐以后，地方节度使、观察使及大州刺史一般都兼有御史中丞头衔，故这里称洪州廉使为"中丞"。

师入室弟子一百三十九人，各为一方宗主，转化无穷。师于贞元四年①正月中，登建昌石门山②，于林中经行，见洞壑平坦处，谓侍者曰："吾之朽质，当于来月归兹地矣。"言讫而回，至二月四日③，果有微疾，沐浴讫，跏趺入灭。元和④中追谥大寂禅师，塔曰大庄严。今海昏县影堂⑤存焉。[《高僧传》云：大觉禅师⑥。校：元注云：按权德舆作塔铭，言马祖终于开元寺，荼毗于石门而建塔也。至会昌⑦沙汰后，大中四年⑧七月，宣宗⑨敕江西观察使裴休重建塔并寺，赐额宝峰。]

（《景德传灯录》卷第六《江西道一禅师》）

【校注】

①贞元四年：唐德宗年号，当公元788年。

②建昌石门山：建昌即建昌县，治所在今江西永修县西北艾城，唐武德五年（622）南昌州治，武德八年以后为洪州属下县置，辖境包括今江西永修、安义、靖安等部分区域。石门山，又名宝峰山，位于今江西靖安县宝峰镇，唐属建昌县境内。

③二月四日：关于马祖去世的日期，《马祖舍利石函铭文》和《祖堂集》都作贞元四年二月一日，应从之。

④元和：唐宪宗年号，当公元806~820年。

⑤海昏县影堂：海昏原为古县名，自汉高祖六年（前201）以来一直有设，治所在今江西永修县艾城一带，至南朝宋元嘉二年（425）废止，唐代名为建昌县，属洪州。影堂，寺庙中安放祖师遗像的地方。

⑥大觉禅师：这里应指马祖弟子西堂智藏。大觉禅师是智藏的谥号。

⑦会昌：唐武宗年号，当公元841~846年。

⑧大中四年：唐宣宗年号，当公元850年。

⑨宣宗：即唐宣宗皇帝，公元846~859年在位。

杭州径山①道钦禅师者，苏州昆山②人也，姓朱氏。初服膺儒教，年二十八，玄素禅师③遇之，因谓之曰："观子神气温粹，真法宝也。"师感悟，因求为弟子，素躬与落发，乃戒之曰："汝乘流而行，逢径则止。"师遂南行抵临安④。见东北一山，因访于樵子，曰："此径山也。"乃驻锡焉。有僧问："如何是道？"师曰："山上有鲤鱼，水底有蓬尘。"马祖令人送书到，书中作一圆相。师发箴，于圆相中作一画，却封回。[忠国师闻乃云："钦师犹被马师惑。"] 僧问："如何是祖师西来意？"师曰："汝问不当。"曰："如何得当？"师曰："待吾灭后，即向汝说。"马祖令门人智藏来问："十二时中，以何为境？"师曰："待汝回去时有信。"藏曰："如今便回去。"师曰："传语却须问取曹溪。"

（《景德传灯录》卷第四《杭州径山道钦禅师》）

【校注】

①杭州径山：杭州即今浙江杭州一带，始设于隋，唐代因之，辖钱塘（今杭州）、余杭、临安、富阳、于潜、盐官（今浙江海宁）、新城、唐山等县，治所在钱塘。径山位于今杭州市余杭区径山镇境内，为天目山脉东北峰，有径路通天目，故称径山。上有径山寺，据传原为法钦禅师创建。

②苏州昆山：苏州即今江苏苏州一带，设于隋开皇九年（589），唐代因之，辖吴（今苏州）、长洲、嘉兴、海盐、常熟、昆山、华亭等县，治所在吴。昆山位于今江苏境内，唐属杭州。

③玄素禅师：玄素（668～752），字道清，俗姓马，润州延陵人。牛头智威的弟子，径山道钦的老师。如意年间（692）入江宁长寿寺，后入青山幽栖寺，开元年间至京口，居鹤林寺，故称"鹤林和尚"，又称"马祖"。天宝初至扬州，后再南返。传记、语录见《祖堂集》卷三、《宋高僧传》卷九、《景德传灯录》卷四等。

④临安：即今浙江临安一带，唐时为杭州属下县置，设于垂拱四年（688）。

南岳怀让禅师者，姓杜氏，金州人也。年十五，往荆州玉泉寺，依弘景律师①出家。受具之后，习毗尼藏②。一日自叹曰："夫出家者，为无为法，天上人间，无有胜处。"时同学坦然③，知师志高迈，劝师同谒嵩山安和尚。安启发之，乃直诣曹溪参六祖。祖问："什么处来？"曰："嵩山来。"祖曰："什么物怎么来？"曰："说似一物即不中。"祖曰："还可修证否？"曰："修证即不无，污染即不得。"祖曰："只此不污染，诸佛之所护念。汝既如是，吾亦如是。西天般若多罗谶汝足下出一马驹，踢杀天下人。并在汝心，不须速说。"师豁然契会，执侍左右一十五载。

【校注】

①弘景律师：生平事迹不详。不过，据元开《唐大和尚东征传》，鉴真和尚景龙二年（708）三月二十八日于西京实际寺受具足戒，"荆州玉泉寺弘景律师为和尚"；又道宣的《关中创立戒坛图经并序》中也列举有"荆州覆船山玉泉寺弘景律师"之名。由此可知弘景应系当时著名的律师。

②毗尼藏：毗尼是梵文 Vinaya 的音译，意思是律。毗尼藏就是律藏，即关于戒律类的经典。

③坦然：即常山坦然禅师，嵩山老安的弟子，怀让禅师的同学，其他事迹不详。

唐先天二年①，始往衡岳②，居般若寺③。开元④中，有沙门道一［即马祖大师也］，住传法院⑤，常日坐禅。师知是法器，往问曰："大德坐禅图什么？"一曰："图作佛。"师乃取一砖，于彼庵前石上磨。一曰："磨砖作么？"师曰："磨作镜。"一曰："磨砖岂得成镜耶？"师曰："磨砖既不成镜，坐禅岂得成佛耶？"一曰："如何即是？"师曰："如人驾车，车不行，打车即是？打牛即是？"一无对。师又曰："汝学坐禅？为学坐佛？若学坐禅，禅非坐卧。若学坐佛，佛非定相。于无住法，不应取舍。汝若坐佛，即是杀佛。若执坐相，非达其理。"一闻示诲，如饮醍醐，礼拜问曰："如何用心，即合无相三昧？"

师曰:"汝学心地法门,如下种子,我说法要,譬彼天泽。汝缘合故,当见其道。"又问曰:"道非色相,云何能见?"师曰:"心地法眼,能见乎道。无相三昧,亦复然矣。"一曰:"有成坏否?"师曰:"若以成坏聚散而见道者,非见道也。听吾偈曰:

　　心地含诸种,遇泽悉皆萌。
　　三昧华无相,何坏复何成?"

一蒙开悟,心意超然,侍奉十秋,日益玄奥。

【校注】

①先天二年:唐玄宗年号,当公元713年。

②衡岳:即南岳衡山,位于今湖南衡阳市北,距衡阳市区约五十公里。

③般若寺:位于南岳衡山,今名福严寺。

④开元:唐玄宗年号,当公元713~741年。

⑤传法院:位于南岳衡山,亦名马祖庵。

师入室弟子总有六人,师各印可云:"汝等六人,同证吾身,各契一路。一人得吾眉,善威仪[常浩①];一人得吾眼,善顾盼[智达②];一人得吾耳,善听理[坦然];一人得吾鼻,善知气[神照③];一人得吾舌,善谭说[严峻④];一人得吾心,善古今[道一]。"又曰:"一切法皆从心生,心无所生,法无能住。若达心地,所作无碍。非遇上根,宜慎辞哉。"有一大德问:"如镜铸像,像成后,镜明向什么处去?"师曰:"如大德为童子时相貌何在?"[法眼⑤别云:"阿那个是大德铸成底像?"]曰:"只如像成后,为什么不鉴照?"师曰:"虽然不鉴照,谩他一点不得。"后马大师阐化于江西,师问众曰:"道一为众说法否?"众曰:"已为众说法。"师曰:"总未见人持个消息来。"众无对,因遣一僧去,云:"待伊上堂时,但问作么生。伊道底言语记将来。"僧去,一如师旨。回谓师曰:"马师云:自从胡乱后,三十年不曾阙盐酱。⑥"师然之。

(《景德传灯录》卷第五《南岳怀让禅师》)

【校注】

①常浩:即《景德传灯录》卷六目录所记"南岳常浩禅师",怀让弟子,生平事迹不详。

②智达:即《景德传灯录》卷六目录所记"智达禅师",怀让弟子,生平事迹不详。

③神照:即《景德传灯录》卷六目录所记"潮州神照禅师",怀让弟子,生平事迹不详。

④严峻:即《景德传灯录》卷六目录所记"扬州大明寺严峻禅师",怀让弟子,生平事迹不详。

⑤法眼:即清凉文益禅师。文益(885~958),俗姓鲁,余杭人。七岁投新定(今浙江淳安)智通院全伟禅师出家。二十岁于越州(今浙江绍兴)开元寺受戒,又在鄮山(今浙江鄞县东)育王寺从希觉律师学律,南游,参长庆慧稜禅师、宣法大师,后往漳浦(在今福建)罗汉寺师从桂琛禅师(867~928)。继而游方至临川,居崇寿院。晚年受南唐国主李璟迎请,住金陵清凉传法院。谥号"大法眼禅师"。开创禅宗"法眼宗"一派。传记、语录见《宋高僧传》卷十三,《景德传灯录》卷二十四、二十八、二十九,《大法眼文益禅师语录》,《宗门十规论》等。

⑥自从胡乱后，三十年不曾阙盐酱："阙"，同"缺"。关于这两句的意思，一般认为是表示马祖的自信。入矢本的注释说："胡乱"是"唐代的俗语，意为胡来、随便。这里是把禅的修行初期基于僵硬的禅观而在自身以外追求佛的愚昧作略为自我揶揄地说成'胡乱'。'三十年'差不多是修行期间的一个标准单位，从这个时候开始，在禅语录中作为成语而固定下来，它恰好相当于俗世中的一代"。"不少盐酱"的"意思是不管怎样现在大家的日子还过得去。这种毫无忸怩的谦逊是隐藏在内心中对昔日老师的感激之情的表现。在南宋时，柴、米、油、盐、酱、醋、茶被称作'开门七件事'（《梦粱录》）"（《馬祖の語録》第14页）。按：马祖于天宝初年（742）已在建阳佛迹岭，怀让于天宝三年（744）去世。按照这里的记载，怀让派人询问马祖是在怀让生前和马祖到江西以后，则此事应发生在怀让的晚年和马祖初到江西不久，亦即天宝二年（743）前后。假如马祖所说的"三十年"乃是实数，那么三十年前的"胡乱"究竟是什么呢？这一年正当先天二年（713），六祖慧能去世。三十年前的"胡乱"有可能是指慧能去世时弟子们一时间失去主心骨的荒乱状态，"盐酱"是日常生活中不可缺少的用品，在这里可能比喻最基本的东西。如此，则这两句话的意思可能是说自从慧能去世以后，三十年来不曾缺少最基本的东西。至于说那个最基本的东西是什么，它既可能是指所谓上乘一心之法，也可能是指怀让那样的高僧大德。这样的说法既可以表达对怀让的赞美和恭敬，也可以给年事已高的怀让以安慰。总之，三十年前的"胡乱"究竟是指什么，意思非常微妙。

越州大珠慧海禅师①者，建州②人也，姓朱氏。依越州大云寺道智和尚③受业。初至江西参马祖，祖问曰："从何处来？"曰："越州大云寺来。"祖曰："来此拟须何事？"曰："来求佛法。"祖曰："自家宝藏不顾，抛家散走作什么？我这里一物也无，求什么佛法？"师遂礼拜，问曰："阿那个是慧海自家宝藏？"祖曰："即今问我者是汝宝藏，一切具足，更无欠少，使用自在，何假向外求觅？"师于言下自识本心，不由知觉，踊跃礼谢，师事六载。后以受业师年老，遽归奉养，乃晦迹藏用，外示痴讷。自撰《顿悟入道要门论》一卷，被法门师侄玄晏窃出江外呈马祖，祖览讫，告众（云］④（去）："越州有大珠圆明，光透自在，无遮障处也。"

（《景德传灯录》卷第六《越州大珠慧海禅师》）

【校注】

①越州大珠慧海禅师：唐代越州即今浙江绍兴一带，设于武德四年（621），天宝、至德年间改为会稽郡，乾元元年（758）复设，辖会稽（今绍兴）、山阴、诸暨、余姚、萧山、上虞、剡等七县，治所在会稽。慧海（生卒年不详），曾参马祖，因马祖称赞他为"大珠圆明"，故称"大珠和尚"。传记、语录见《祖堂集》卷十四，《景德传灯录》卷六、卷二十八，《大珠禅师语录》等。

②建州：即今福建建瓯一带，设于武德四年（621），辖建安（今建瓯）、建阳、浦城、邵武、将乐等县，治所在建安。

③越州大云寺道智和尚：载初元年（690），武则天下令在两京及各州建大云寺（参见史丹利·外因斯坦《唐代佛教》第69页，佛光出版社，1999年），越州大云寺应为此时建立的官

寺。大云之名系由《大云经》而来。道智和尚的生平事迹不详。

④告众云："云"，原作"去"，据原校记改。

洪州泐潭法会禅师①问马祖："如何是西来祖师意？"祖曰："低声近前来。"师便近前。祖打一掴云："六耳不同谋②，来日来。"师至来日，犹入法堂，云："请和尚道。"祖云："且去，待老汉上堂时出来与汝证明。"师乃悟，云："谢大众证明。"乃绕法堂一匝便去。

（《景德传灯录》卷第六《洪州泐潭法会禅师》）

【校注】

①泐潭法会禅师：泐潭位于今江西靖安县境内宝峰寺附近。法会禅师为马祖弟子，生平事迹不详。本则对话又见于《联灯会要》卷五、《五灯会元》卷三。

②六耳不同谋：入矢注本将这句话译为"不能三个人商量"（《馬祖の語録》第58页）。又入矢本注释如下：

关于这句话，无著道忠有如下的说明："六耳者，每人有两耳，六耳即三人也。言密谋之事，不可三人而谋之，必漏泄事不成矣。谓己与可谋人又外有一人也。但须己与可谋人两人四耳而密谈矣，两人外不可令别人听其谋事也。"（《葛藤语笺》）亦即我（马祖）和你（法会）还有达摩三个人密谈的话，就会泄漏而不成密语。意思好像是说你去和达摩两个人密谈，或者是你直接去问达摩。可是南本《涅槃经》卷五里说："尔时迦叶菩萨白佛言：世尊，如佛所说，诸佛世尊有秘密藏。是义不然。何以故？诸佛世尊，唯有密语，无有密藏。"又如《裴休拾遗问》

里所说的那样,"六代师资,传授禅法,皆内授密语,外传信衣",认为禅宗中有此密语相传。但是另一方面,也有《百丈广录》里所说的立场:"问:从上祖宗,皆有密语递相传授如何?师云:无有密语,如来无有秘密藏。祇如今鉴觉,语言分明,觅形象了不可得,是秘密语。"在这一则里,这个密语和不覆藏就成了问题。马祖低声说话是关系到"密"而言,次日完全相反,说"上堂的时候给你证明",这好像是指公开现前不想隐藏的意思。(《馬祖の語録》第58~59页)

洪州泐潭惟建禅师①,一日在马祖法堂后坐禅,祖见,乃吹师耳两吹,师起定,见是和尚,却复入定。祖归方丈,令侍者持一碗茶与师,师不顾,便自归堂。

(《景德传灯录》卷第六《洪州泐潭惟建禅师》)

【校注】

①惟建禅师:马祖弟子,生平事迹不详。

抚州石巩慧藏禅师,本以弋猎为务,恶见沙门。因逐群鹿,从马祖庵前过,祖乃迎之。藏问:"和尚见鹿过否?"祖曰:"汝是何人?"曰:"猎者。"祖曰:"汝解射否?"曰:"解射。"祖曰:"汝一箭射几个?"曰:"一箭射一个。"祖曰:"汝不解射。"曰:"和尚解射否?"祖曰:"解射。"曰:"和尚一箭射几个?"祖曰:"一箭射一群。"曰:"彼此是命,何用射他一群?"祖曰:"汝既知如是,何不自射?"曰:"若教某甲自射,即无下手处。"祖曰:"这汉旷劫无明烦恼,今日顿息。"藏当时毁弃弓箭,自以刀截发,投祖出家。

一日在厨中作务次,祖问曰:"作什么?"曰:"牧牛。"祖曰:"作么生牧?"曰:"一回入草去,便把鼻孔拽来。"祖曰:"子真牧牛。"师便休。师住后,常以弓箭接机。

(《景德传灯录》卷第六《抚州石巩慧藏禅师》)

唐州紫玉山道通禅师①者,庐江②人也,姓何氏。幼随父守官泉州南安县③,因而出家。唐天宝④初,马祖阐化建阳,居佛迹岩,师往谒之。寻迁于南康龚公山,师亦随之。贞元四年二月初,马祖将归寂,谓师曰:"夫玉石润山秀丽,益汝道业,遇可居之。"师不晓其言。是秋,与伏牛山自在禅师同游洛阳,回至唐州西,见一山四面悬绝,峰峦秀异,因询乡人,云是紫玉山。师乃陟山顶,见有石方正,莹然紫色,叹曰:"此其紫玉也。"始念先师之言,乃悬记耳,遂剪茅构舍而居焉,后学徒四集。

(《景德传灯录》卷第六《唐州紫玉山道通禅师》)

【校注】

①唐州紫玉山道通禅师:唐州即今河南泌阳一带,设于贞观九年(635),辖北阳(今河南泌阳)、慈丘、桐柏、平氏、湖阳、方城、泌阳等县,治所在北阳。紫玉山,《宋高僧传》卷十和《景德传灯录》卷六作"唐州紫玉山",则此山应在唐州,其具体位置即今河南唐河县南湖阳镇境内。然《祖堂集》卷十四作"紫玉和尚嗣马大师,在襄阳",则此山又应位于襄阳境内。不知何者为是。道通(731~813),马祖弟子,传记、语录又见于《祖堂集》卷十四、《景德传灯录》卷六等。

②庐江：唐代庐州属下县置，位于今安徽庐江县。

③泉州南安县：唐代泉州有新旧之分。旧泉州位于今福建福州一带，设于武德六年（623），景云二年（711）改为闽州，开元十三年（725）又改为福州。新泉州在今福建泉州一带，设于景云二年，辖晋江（今泉州）、南安、莆田、仙游等县，治所在晋江。此处泉州乃指后者。

④天宝：唐玄宗年号，当公元742~756年。

关于紫玉道通与马祖的因缘，《宋高僧传》卷十的记载比《景德传灯录》的记载更为详细，兹录如下：

> 释道通，姓何氏，庐江人。其为童也，持重寡辞，见佛形像，必对礼叹咏不舍。因父宦于泉州南安，便求舍卅披缁，诵经合格，敕度之，当天宝初载也。时道一禅师肇化建阳，佛迹岩聚徒，通往焉。一师于临川、南康龚公山，亦影随而去。然誓游方吴越之间，台明山谷，靡不登陟。迨乎回锡江西泐潭山门，励心僧务，不惮勤苦。贞元二年往南岳，见石头禅师，犹采缕加朱兰之色也。四年，大寂禅师垂欲归化，昌言曰："夫玉石润山秀利，益汝道业，遇可居之。"通闻此言，且同隐谶，殊不详练。其年秋，与伏牛山自在禅师同游京洛，回至唐州西，有山峰孤林密，四绝人烟，实有尘外之趣。乃问乡人，云"此山是紫玉山"。通方忆大寂之悬记，我合居是峰也。乃陟崖嵬，见山脊有石方正，其色紫玉莹然。叹曰："号紫玉者，合其称也。先师之言非虚记也。"挂锡解囊，参学之徒雾集。始则诛茅构舍，刺史李道古作意为建禅宫焉。

洪州百丈山怀海禅师者，福州长乐①人也。卯岁离尘，三学该练。属大寂阐化南康，乃倾心依附。与西堂智藏、南泉普愿同号入室，时三大士为角立焉。

【校注】

①福州长乐：福州即今福建福州一带，设于开元十三年（725），辖闽（今福州）、侯官、长乐（今长乐县南）、福唐、连江、长溪（今霞浦）、尤溪、古田、永泰等县，治所在闽县。

一夕，三士随侍马祖玩月次。祖曰："正恁么时如何？"西堂云："正好供养。"师云："正好修行。"南泉拂袖便去。祖云："经入藏，禅归海，唯有普愿独超物外。"

马祖上堂，大众云集，方升坐，良久，师乃卷却面前礼拜席，祖便下堂。师再参马祖，祖见师来，取禅床角头拂子竖起。师云："即此用，离此用。"祖挂拂子于旧处，师良久。祖云："你已后开两片皮，将何为人？"师遂取拂子竖起。祖云："即此用，离此用。"师挂拂子于旧处，祖便喝，师直得三日耳聋。

自此雷音将震，檀信请于洪州新吴①界，住大雄山②。以居处岩峦峻极，故号之百丈。既处之，未期月，玄参之宾，四方麇至，即有沩山③、黄檗④当其首。

一日师谓众曰："佛法不是小事。老僧昔再参马祖，被大师一喝，直得三日耳聋眼暗。"时黄檗闻举，不觉吐舌。师曰："子以后莫承嗣马祖去？"檗云："不然。今日因师举，得见马祖大机之用，然且不识马祖，若嗣马祖，以后丧我儿孙。"师云："如是，如是。见与师齐，减师半德，见过于师，方堪传授。子甚有超师之作。"

（《景德传灯录》卷第六《洪州百丈山怀海禅师》）

【校注】

①新吴：洪州属下县置，设于武德五年（622），辖境包括今江西修水、靖安、奉新等县的部分地区。

②大雄山：即百丈山，位于今江西奉新县西部西塔乡，距奉新县城约八十公里，唐属新吴县境内。

③沩山：指沩山灵祐禅师。沩山亦名大沩山，位于今湖南宁乡县西北，距县城七十五公里。山上密印寺传为沩山灵祐禅师祖庭。灵祐（771~853），俗姓赵，福州长溪（今福建霞浦南）人。十五岁出家，二十三岁游江西，为百丈怀海弟子。元和末年往潭州（治所在长沙），住大沩山，开创禅宗"沩仰宗"一派。传记、语录见《宋高僧传》卷十一、《景德传灯录》卷九等。

④黄檗：即黄檗希运禅师。黄檗即黄檗山，位于今江西宜丰县西境，距宜丰县城四十八公里，唐属洪州高安县境内。希运，生年不详，闽（今福建）人。少年出家于黄檗山寺，年长后曾游天台、长安，受慧忠国师指点，至洪州参怀海，得心传。后住高安黄檗山，卒于大中年间（847~859），谥号"断际禅师"。传记、语录见《祖堂集》卷十六、《宋高僧传》卷二十、《景德传灯录》卷九、《黄檗断际禅师传心法要》、《黄檗断际禅师宛陵录》等。

此段文字在宋版《景德传灯录》中颇有不同，兹录于下：

洪州百丈山怀海禅师者，福州长乐人也。丱岁离尘，三学该练。属大寂阐化南康，乃倾心依附，与西堂智藏禅师同号入室，时二大士为角立焉。一夕，二士随侍马祖玩月次，祖曰："正恁么时如何？"西堂云："正好供养。"师曰："正好修行。"祖云："经入藏，禅归海。"马祖上堂，大众云集，方升坐，良久，师乃卷却面前礼拜席，祖便下堂。师一日诣马祖法堂，祖于禅床角取拂子示之。师云："只遮个？更别有？"祖乃放旧处，云："尔已后将什么为人？"师却取拂子示之。祖云："只遮个？更别有？"师以拂子挂安旧处，方侍立，祖叱之。自此雷音将震，果檀信请于洪州新吴界，住大雄山。以居处岩峦峻极，故号之百丈。既处之，未期月，玄参之宾四方麇至，即有沩山、黄檗当其首。一日师谓众曰："佛法不是小事。老僧昔被马大师一喝，直得三日耳聋眼黑。"黄檗闻举，不觉吐舌，曰："某甲不识马祖，要且不见马祖。"师云："汝已后当嗣马祖。"黄檗云："某甲不嗣马祖。"曰："作么生？"曰："已后丧我儿孙。"师曰："如是，如是。"（中文出版社1984年影印本）

虔州西堂智藏禅师者，虔化①人也，姓廖氏。八岁从师，二十五具戒。有相者睹其殊表，谓之曰："师骨气非凡，当为法王之辅佐也。"师遂往佛迹岩，参礼大寂，与百丈海禅师同为入室，皆承印记。

【校注】
①虔化：唐代虔州属下县置，辖境相当于今江西宁都。

一日，大寂遣师诣长安，奉书于忠国师。国师问曰："汝师说什么法？"师从东过西而立。国师曰："只这个？更别有？"师却过东边立。国师曰："这个是马师底，仁者作么生？"师曰："早个呈似和尚了。"

寻又送书往径山与国一禅师［语在国一章］，属连帅路嗣恭延请大寂居府，应期盛化。师回郡，得大寂付〔授〕①（受）纳袈裟，令学者亲近。

【校注】

①付授："授"，原作"受"，据原校记改。

僧问马祖："请和尚离四句、绝百非，直指某甲西来意。"祖云："我今日无心情，汝去问取智藏。"其僧乃来问师，师云："汝何不问和尚？"僧云："和尚令某甲来问上座。"师以手〔摸〕（摩）头①云："今日头疼，汝去问海师兄。"其僧又去问海［百丈和尚］，海云："我到〔这〕（遮）里②却不会。"僧乃举似马祖，祖云："藏头白，海头黑。"

【校注】

①摸头："摸"，原作"摩"，今校改。
②这里："这"，原作"遮"，今校改。

马祖一日问师云："子何不看经？"师云："经岂异邪？"祖云："然。虽如此，汝向后为人也须得。"曰："智藏病思自养，敢言为人？"祖云："子末年必兴于世也。"

马祖灭后，师唐贞元七年①众请开堂。李尚书翱②尝问僧："马大师有什么言教？"僧云："大师或说即心即佛，或说非心非佛。"李云："总过这边。"李却问师："马大师有什么言教？"师呼："李翱。"翱应诺，师云："鼓角动也。"

（《景德传灯录》卷第七《虔州西堂智藏禅师》）

【校注】

①贞元七年：唐德宗年号，当公元791年。

②李尚书翱：李翱（772~841），字习之，陇西成纪（今甘肃秦安县西北）人，或说为赵郡（今河北赵县）人。贞元十四（798）年进士，官至湖南观察使、户部上书、山东南道节度使等职。《旧唐书》卷一六〇、《新唐书》卷一七七有传。

伊阙①伏牛山自在禅师者，吴兴②人也，姓李氏。初依径山国一禅师受具，后于南康见大寂，发明心地。因为大寂送书于忠国师，国师问曰："马大师以何示徒？"对曰："即心即佛。"国师曰："是甚么语话？"良久，又问曰："此外更有什么言教？"师曰："非心非佛，或云不是心，不是佛，不是物。"国师曰："犹较些子。"师曰："马大师即怎么，未审和尚此间如何。"国师曰："三点如流水，曲似刈禾镰。"师后隐于伏牛山。一日谓众曰："即心即佛是无病求病句，非心非佛是药病对治句。"僧问："如何是脱洒底句？"师曰："伏牛山下古今传。"师后于随州③开元寺示灭，寿八十一。

（《景德传灯录》卷第七《伏牛山自在禅师》）

【校注】

①伊阙：河南府属下县置，始设于隋开皇十八年（598），唐代因之，位于今河南伊川县西南。

②吴兴：即今浙江湖州一带，唐天宝元年（742）至乾元元年（758）期间郡置。

③随州：唐代随州设于武德三年（620），天宝元年

(742）改为汉东郡，乾元元年（758）复为随州，辖随（今湖北随州）、光化、枣阳、唐城等县，治所在随县。

毗陵芙蓉山大毓禅师①者，金陵②人也，姓范氏。年十二，礼牛头山第六世忠禅师落发，二十三于京兆安国寺受具，后遇大寂密传祖意。唐元和十三年③，止毗陵义兴④芙蓉山。一日，因行食与庞居士，居士接食次，师云："生心受施，净名早诃。⑤去此一机，居士还甘否？"居士云："当时善现，岂不作家？"师云："非关他事。"居士云："食到口边，被他夺却。"师乃下食，居士云："不消一句。"居士又问师："马大师著实为人处，还分付吾师否？"师云："某甲尚未见他，作么知他著实处？"居士云："只此见知，也无讨处。"师云："居士也不得一向言说。"居士云："一向言说，师又失宗，若作两向三向，师还开得口否？"师云："直似开口不得，可谓实也。"居士抚掌而出。

（《景德传灯录》卷第七《毗陵芙蓉山大毓禅师》）

【校注】

①毗陵芙蓉山大毓禅师：毗陵，隋代郡置，治所在晋陵（今江苏常州），唐武德三年（620）改为常州。芙蓉山，在义兴（今江苏宜兴）。大毓（747~826），又作太毓，从牛头慧忠禅师出家，后于洪州师从马祖，元和十三年（818）住芙蓉山。传记、语录又见《宋高僧传》卷十一、《五灯会元》卷三等。

②金陵：今江苏镇江。

③元和十三年：唐顺宗年号，当公元818年。

④义兴：唐代常州属下县置，始设于隋开皇九年（589），位于今江苏宜兴。

⑤生心受施，净名早诃：这两句话在《圆悟佛果禅师语录》卷十八里作"生心受食，净名已诃"。生心，入矢义高解释为"就供养的行为设想其意义和价值"（《庞居士语录》第138页）。受施，指接受施舍。净名，指维摩诘居士。入矢义高将这两句话译为"怀着某种意想接受供养，维摩早就加以叱责"（同上书，第137页）。这个典故出自《维摩诘所说经·弟子品》，其中说佛弟子须菩提曾到维摩诘处乞食，维摩诘在施食之时向须菩提讲述"乃可取食"的各种前提条件，其中一项是："入诸邪见，不到彼岸，住于八难，不得无难，同于烦恼，离清净法，汝得无诤三昧，一切众生亦得是定。其施汝者，不名福田，供养汝者，堕三恶道。为与众魔共一手作诸劳侣，汝与众魔，及诸尘劳，等无有异。于一切众生而有怨心，谤诸佛，毁于法，不入众数，终不得灭度。汝若如是，乃可取食。"（《大正藏》第14卷，第540页c）按照僧肇的解释，维摩诘这段话的意思是说，如果从分别心出发，那么即使去恶从善也不能解脱，从事供养还是不免堕落，只有平等无分别、出淤泥而不染才是最高境界（参见《注维摩诘经》卷三）。

蒲州麻谷山宝彻禅师①，一日随马祖行次，问："如何是大涅槃？"祖云："急。"师云："急个什么？"祖云："看水。"

（《景德传灯录》卷第七《蒲州麻谷山宝彻禅师》）

【校注】

①蒲州麻谷山宝彻禅师：蒲州，即今山西永济一带，治所在河东（今山西永济），辖境包括永济、临猗、运城一带。宝彻（生卒年不详），传记、语录又见《祖堂集》卷十五、《联灯会要》卷四、《五灯会元》卷三等。

明州大梅山法常禅师者，襄阳人也，姓郑氏。幼岁从师于荆州玉泉寺。初参大寂，问："如何是佛？"大寂云："即心是佛。"师即大悟。唐贞元中，居于大梅山鄞县①南七十里梅子真②旧隐，时盐官③会下一僧入山采拄杖，迷路至庵所，问曰："和尚在此山，来多少时也？"师曰："只见四山青又黄。"又问："出山路向什么处去？"师曰："随流去。"僧归，说似盐官，盐官曰："我在江西时，曾见一僧，自后不知消息。莫是此僧否？"遂令僧去请出师。

师有偈曰：

摧残枯木倚寒林，几度逢春不变心。
樵客遇之犹不顾，郢人④那得苦追寻？

【校注】

①大梅山鄞县：宋版《景德传灯录》作"天台山余姚"。

②梅子真：即梅福，字子真，九江寿春（今安徽寿县）人，生当西汉末期。通儒学，曾任南昌尉，后去官归寿春，常以读书养性为事，又曾上书建议广开言路，及封孔子之世以为殷后。元始（1~5）年间，王莽专权，子真弃妻子，去九江，时人传以为仙，后又有人见之于会稽（今浙江绍兴），传已更

名改姓,为吴市门卒。《汉书》卷六十七有传。

③盐官:唐代杭州属下县置,位置在今浙江海宁。这里是指齐安禅师。

④郢人:郢,春秋时期楚国的国都,位于今湖北江陵。郢人比喻相互信任的朋友,语出《庄子·徐无鬼》:"郢人垩漫其鼻端若蝇翼,使匠石斲之。匠石运斤成风,听而斲之,尽垩而鼻不伤,郢人立不失容。宋元君闻之,召匠石曰:'尝试为寡人为之。'匠石曰:'臣则尝能斲之。虽然,臣之质死久矣!'"

大寂闻师住山,乃令一僧到问云:"和尚见马师,得个什么便住此山?"师云:"马师向我道即心是佛,我便向这里住。"僧云:"马师近日佛法又别。"师云:"作么生别?"僧云:"近日又道非心非佛。"师云:"这老汉惑乱人未有了日。任汝非心非佛,我只管即心即佛。"其僧回,举似马祖,祖云:"大众,梅子熟也。"[僧问禾山①:"大梅怎么道,意作么生?"禾山云:"真师子儿。"]自此学者渐臻,师道弥著。

(《景德传灯录》卷第七《明州大梅山法常禅师》)

【校注】

①禾山:位于今江西永新县西北,唐属吉州境内。这里指禾山无殷禅师。无殷(?~960),俗姓吴,福州连江(在今福建)人。七岁依雪峰真觉禅师出家,受戒以后游方,为九峰道虔弟子,住吉州禾山大智院,后受南唐国主李璟召请,住扬州祥光院。复乞入山,栖止于江西翠岩院。时上兰院复虚其室,命来往阐化,号澄源禅师。《景德传灯录》中多有他的拈句。传记、语录见《祖堂集》卷十二、《景德传灯录》卷十

七、《联灯会要》卷二十五、《五灯会元》卷六等。

湖南东寺如会禅师者,始兴曲江人也。初谒径山,后参大寂。学徒既众,僧堂内床榻为之陷折,时称折床会也。自大寂去世,师常患门徒以即心即佛之谭诵忆不已,且谓:"佛于何住而曰即心,心如画师而云即佛?"遂示众曰:"心不是佛,智不是道。剑去久矣,尔方刻舟。"时号东寺为禅窟焉。

(《景德传灯录》卷第七《湖南如会禅师》)

汾州无业禅师者,商州上洛人也,姓杜氏。初,母李氏闻空中言:"寄居得否?"乃觉有娠,诞生之夕,神光满室。俯及龀岁,行必直视,坐即跏趺。九岁,依开元寺志本禅师[①]受大乘经,五行俱下,讽诵无遗。十二落发,二十受具戒于襄州幽律师[②]。习《四分律疏》,才终,便能敷演。每为众僧讲《涅槃》大部,冬夏无废。后闻马大师禅门鼎盛,特往瞻礼。马祖睹其状貌瑰伟,语音如钟,乃曰:"巍巍佛堂,其中无佛。"师礼跪而问曰:"三乘文学,粗穷其旨,常闻禅门即心是佛,实未能了。"马祖曰:"只未了底心即是,更无别物。"师又问:"如何是祖师西来密传心印?"祖曰:"大德正闹在。且去,别时来。"师才出,祖召曰:"大德!"师回首,祖云:"是什么?"师便领悟,礼拜。祖云:"这钝汉,礼拜作么?"

[云居锡[③]拈云:"什么处是汾州正闹?"]

(《景德传灯录》卷第八《汾州无业禅师》)

【校注】

①开元寺志本禅师:开元寺,《宋高僧传》卷十一说无业

九岁"依止本郡开元寺志本禅师",故这里的开元寺应在商州。志本,生平事迹不详。

②襄州幽律师:唐代襄州即今湖北襄樊一带,设于贞观六年（632）,辖襄阳（今襄樊）、临汉、南漳、义清、宜城、乐乡、谷城等七县,治所在襄阳。幽律师,生平事迹不详。

③云居锡:云居即云居山,位于今江西永修县西部,距南昌市七十五公里,唐属洪州境内。云居锡,即清锡法师（生卒年不详）,泉州人。初住龙须山广平院,次住云居山,后住泉州西明院,法眼文益弟子。传记、语录见《景德传灯录》卷二十五。

池州南泉普愿禅师者,郑州新郑人也,姓王氏。唐至德二年,依大隗山大慧禅师受业,三十诣嵩岳受戒。初习相部旧章,究毗尼篇聚,次游诸讲肆,历听《楞伽》、《华严》,入《中》、《百》门观①,精练玄义。后扣大寂之室,顿然忘筌,得游戏三昧。一日,为僧行粥次,马大师问:"桶里是什么?"师云:"这老汉合取口作怎么语话。②"自余同参之流,无敢征诘。

（《景德传灯录》卷第八《池州南泉普愿禅师》）

【校注】

①入《中》、《百》门观:《中》指《中论》,《百》指《百论》,二者都是阐述大乘般若空观的论典。"入《中》、《百》门观"就是说掌握了《中论》和《百论》的空观观点。

②这老汉合取口作怎么语话:这段文字的读法和意义不太容易确定。就读法来说,既可以读为一句,也可以读为两句,即"这老汉合取口,作怎么语话"。就意义来说,"合取口"

的基本意思是"闭口"或"把嘴闭上",但是在禅语录中也经常被用作命令句或祈使句。入矢本认为"合取口"前有主语"这老汉",因此在这里不是命令句,南泉这句话的意思是揶揄马祖连日常生活的自家受用都不会,却还一个劲地说教。根据这样的理解,入矢本将这段文字译为"这个老汉闭着嘴说这样的话"(《馬祖の語録》第53页)。但是这样的译法显然于义不通,而其他各种译法也很难使前一半的"这老汉合取口"与后一半的"作怎么语话"联贯起来。这段文字可能读为两句更好,上句"这老汉合取口"的意思是说"这老头子应该把嘴闭上",下句"作怎么语话"大概含有埋怨的语气,意思是说"还说这样的废话"。这样的话,上下两部分的文义便可联贯起来。

师有时云①:"江西马祖说即心即佛,王老师不怎么道,不是心,不是佛,不是物。怎么道还有过么?"

(《景德传灯录》卷第八《池州南泉普愿禅师》)

【校注】

①师有时云:师,这里是指南泉普愿禅师。下文的"王老师"也是指南泉普愿。

五台山①隐峰禅师者,福建邵武②人也,姓邓氏[时称邓隐峰]。幼若不慧,父母听其出家。初游马祖之门,而未能睹奥,复来往石头,虽两番不捷[语见马祖章],而后于马大师言下契会。师在石头时问云:"如何得合道去?"石头云:"我亦不合道。"师云:"毕竟如何?"石头云:"汝被这个得多少时耶?"

一日，石头和尚划草次，师在左侧叉手而立，石头飞划子，向师面前划一株草，师云："和尚只划得这个，不划得那个。"石头提起划子，师接得划子，乃作划势。石头云："汝只划得那个，不解划得这个。"师无对。[洞山代云："还有堆阜么？"] 师一日推土车次，马大师展脚在路上坐，师云："请师收足。"大师云："已展不收。"师云："已进不退。"乃推车碾过，大师脚损，归法堂，执斧子云："适来碾损老僧脚底出来。"师便出于大师前引颈，大师乃置斧。

（《景德传灯录》卷第八《五台邓隐峰禅师》）

【校注】

①五台山：又名清凉山，位于今山西五台县东北部。

②福建邵武：福建指福建观察使，邵武为唐代建州属下县置，即今福建邵武一带。

石臼和尚①初参马祖，问："什么处来？"师云："乌臼②来。"祖云："乌臼近日有何言句？"师云："几人于此茫然在。"祖云："茫然且置，悄然一句作么生？"师乃近前三步。祖云："我有七棒，寄打乌臼，尔还甘否？"师云："和尚先吃，某甲后甘。"却回乌臼。

（《景德传灯录》卷第八《石臼和尚》）

【校注】

①石臼和尚：马祖弟子，生平事迹不详。这段对话又见于《联灯会要》卷五、《五灯会元》卷三。

②乌臼：马祖弟子，生平事迹不详。机缘语句见《景德

传灯录》卷八、《联灯会要》卷五、《五灯会元》卷三等。

亮座主[隐洪州西山]，本蜀人也，颇讲经论。因参马祖，祖问曰："见说座主大讲得经论，是否？"亮云："不敢。"祖云："将什么讲？"亮云："将心讲。"祖云："心如工伎儿，意如和技者，争解讲得经？"亮抗声云："心既讲不得，虚空莫讲得么？"祖云："却是虚空讲得。"亮不肯，便出。将下阶，祖召云："座主。"亮回首，祖云："是什么？"亮豁然大悟，礼拜。祖云："这钝根阿师，礼拜作么？"亮归寺，告听众云："某甲所讲经论，谓无人及得。今日被马大师一问，平生功夫冰释而已。"乃隐西山，更无消息。

（《景德传灯录》卷第八《洪州西山亮座主》）

洪州水老和尚，初〔问〕①（参）马祖："如何是西来的的意？"祖云："礼拜著。"师才礼拜，祖便与一蹋，②师大悟，起来抚掌呵呵大笑，云："也大奇，也大奇，百千三昧，无量妙义，只向一毛头上，便识得根源去。"便礼拜而退。师住后告众云："自从一吃马师蹋，直至如今笑不休。"

（《景德传灯录》卷第八《洪州水老和尚》）

【校注】

①初问："问"，原作"参"，据原校记改。

②"祖云礼拜著"至"祖便与一蹋"：宋版《景德传灯录》作"祖乃当胸蹋倒"。

襄州居士庞蕴者，衡州衡阳县人也，字道玄。世以儒为业,而居士少悟尘劳,志求真谛。唐贞元初,谒石头和尚,忘言会旨,复与丹霞禅师为友。一日,石头问曰:"子自见老僧已来,日用事作么生?"对曰:"若问日用事,即无开口处。"复呈一偈云:

　　　日用事无别,唯吾自偶谐。
　　　头头非取舍,处处勿张乖。
　　　朱紫谁为号,丘山绝点埃。
　　　神通并妙用,运水及般柴。

石头然之,曰:"子以缁耶?素耶?①"居士曰:"愿从所慕。"遂不剃染。后之江西,参问马祖,云:"不与万法为侣者是什么人?"祖云:"待汝一口吸尽西江水,即向汝道。"居士言下顿领玄要,乃留驻参承,经涉二载。有偈曰:

　　　有男不婚,有女不嫁。
　　　大家团栾头,共说无生话。

自尔机辩迅捷,诸方向之。

　　　　　(《景德传灯录》卷第八《襄州居士庞蕴》)

【校注】

①子以缁耶?素耶:缁指缁衣,即僧人穿的黑色僧服;素指素衣,即俗人穿的本色素白的衣服。这里也分别兼指僧人与俗人的身份。

　　石头希迁大师,端州高要①人也,姓陈氏。……师问新到僧:"从什么处来?"僧曰:"江西来。"师曰:"见马大师否?"僧曰:"见。"师乃指一橛柴曰:"马师何似这个?"僧无对,却回,举似马大师。马曰:"汝见橛柴大小?"僧曰:"勿量大②。"马曰:"汝甚有力。"僧曰:"何也?"马曰:"汝从南岳负一橛柴来,岂不是有力?"

(《景德传灯录》卷第八《南岳石头希迁大师》)

【校注】

①端州高要:端州即今广东肇庆一带,始设于隋开皇十一年(591),唐武德五年(622)重置,辖高要(今肇庆)、平兴(今肇庆与高鹤之间)二县,治所在高要。

②勿量大:同"无量大"。

邓州①丹霞天然禅师,不知何许人也。初习儒学,将入长安应举,方宿于逆旅,忽梦白光满室。占者曰:"解空之祥也。"偶一禅客问曰:"仁者何往?"曰:"选官去。"禅客曰:"选官何如选佛?"曰:"选佛当往何所?"禅客曰:"今江西马大师出世,是选佛之场,仁者可往。"遂直造江西。才见马大师,以手托幞头额,马顾视良久,曰:"南岳石头是汝师也。"遽抵南岳,还以前意投之。石头曰:"著槽厂去。"师礼谢,入行者房,随次执爨役②凡三年。忽一日,石头告众曰:"来日划佛殿前草。"至来日,大众诸童行各备锹镢划草,独师以盆盛水净头,于和尚前胡跪③。石头见而笑之,便与剃发。又为说戒法,师乃掩耳而出。便往江西,再谒马师,未参礼,便入僧堂内,骑圣僧颈而坐。时大众惊愕,遽报马师,马躬入堂视之,曰:"我子天然。"师即下地礼拜曰:"谢师赐法号。"因名天然。马师问:"从什么处来?"师云:"石头。"马云:"石头路滑,还跶倒汝么?"师曰:"若跶倒即不来。"

(《景德传灯录》卷第十四《邓州丹霞天然禅师》)

【校注】

①邓州：即今河南邓州市一带，始设于隋开皇七年（587），唐武德二年（619）复置，辖穰（今邓州市）、南阳、新野、向城、临湍、菊潭、内乡等县，治所在穰县。

②执爨役：担当伙夫之类的事务。

③胡跪：右膝着地，竖左膝危坐，疲劳时则两膝互换姿势，大致相当于通常所说的单腿跪地。这种拜坐姿势源于西域，故称"胡跪"。

潭州招提慧朗禅师，始兴曲江①人也，姓欧阳氏。年十三，依邓林寺模禅师披剃，十七游南岳，二十于岳寺受具。往虔州龚公山谒大寂。大寂问曰："汝来何求？"师曰："求佛知见。"曰："佛无知见，知见乃魔界。汝从南岳来，似未见石头曹溪心要尔，汝应却归。"师承命回岳，造于石头。问："如何是佛？"石头曰："汝无佛性。"曰："蠢动含灵又作么生？"石头曰："蠢动含灵却有佛性。"曰："慧朗为什么却无？"石头曰："为汝不肯承当。"师于言下信入。后住梁端招提寺，不出户三十余年。凡参学者至，皆曰："去，去，汝无佛性。"其接机大约如此［时谓大朗禅师］。

（《景德传灯录》卷第十四《潭州招提慧朗禅师》）

【校注】

①始兴曲江：始兴，唐代韶州属下县置，与今广东始兴相当。

江西大寂道一禅师语

江西大寂道一禅师示众云："道不用修，但莫污染。何为污染？但有生死心，造作趣向，皆是污染。若欲直会其道，平常心是道。谓平常心无造作，无是非，无取舍，无断常，无凡无圣。经云：非凡夫行，非贤圣行，是菩萨行。①只如今行住坐卧，应机接物，尽是道。道即是法界，乃至河沙妙用，不出法界。若不然者，云何言心地法门？云何言无尽灯？一切法皆是心法，一切名皆是心名。万法皆从心生，心为万法之根本。经云：识心达本源，故号为沙门。名等、义等，一切诸法皆等，纯一无杂。若于教门中得随时自在，建立法界，尽是法界；若立真如，尽是真如；若立理，一切法尽是理；若立事，一切法尽是事。举一千从，理事无别，尽是妙用，更无别理，皆由心之回转。譬如月影有若干，真月无若干；诸源水有若干，水性无若干；森罗万象有若干，虚空无若干；说道理有若干，无碍慧无若干。②种种成立，皆由一心也。建立亦得，扫荡亦得，尽是妙用。妙用尽是自家，非离真而有立处，〔立处即真〕（即真立处）。③尽是自家体。若不然者，更是何人？一切法皆是佛法，诸法即解脱，解脱者即真如，诸法不出真如。行住坐卧，悉是不思议用，不待时节。经云：在在处处，则为有佛。④佛是能仁，有智慧，善机情，能破一切众生疑网，出离有无等缚。凡圣情尽，人法俱空，转无等轮，超于数量，所作无碍，事理双通。如天起云，忽有还无，不留〔踪〕（碍）迹⑤。犹如画水成文，不生不灭，是大寂灭。在缠名如来藏，出缠名大法身。⑥法身无穷，体无增减，能大能小，能方能圆，应物现形，如水中月，滔滔运用，不立根栽。不尽有为，不住无为。⑦有为是无为家用，无为是有为家依。不住于依，故云如空无所依。心生灭义，心真如义。⑧心真如者，譬如明镜照像，镜喻于心，像喻诸法，若心取法，即涉外因缘，即是生灭义。不取诸法，即是真如义。声闻闻见佛性，菩萨眼见佛性，了达无二，名平等性。性无有异，用则不同。在迷为识，在悟为智。顺理为悟，顺事为迷。迷即迷自家本心，悟即悟自家本性。一悟永悟，不复更迷。如日出时，不合于冥。智慧日出，不与烦恼暗俱。了心及境界，妄想即不生。⑨妄想既不生，即是无生法忍⑩。本有今有⑪，不假修道坐禅。不修不坐，即是如来清净禅⑫。如今若见此理真正，不造诸业，随分过生，一衣一钵，坐起相随，戒行增熏，积于净业，但能如是，何虑不通？久立，诸人珍重。"

（《景德传灯录》卷第二十八）

【校注】

①非凡夫行，非贤圣行，是菩萨行：语出《维摩诘所说经·文殊师利问疾品》。

②"譬如月影有若干"至"无碍慧无若干"：这种说法源于《维摩经·菩萨行品》："阿难，汝见诸佛国土地有若干，而虚空无若干也。如是见诸佛色身有若干耳，其无碍慧无若干也。"

③非离真而有立处，立处即真："立处即真"，原作"即真立处"，今依原校注改。这两句话源于僧肇的《不真空论》："不动真际为诸法立处。非离真而立处，立处即真也。"僧肇

所说的"真"原本是指"空",马祖在这里借用来指"心",意思是说所作所为无不是心的表现。入矢本注:"立处即真表示对现实的绝对肯定的立场,受到马祖影响的《临济录》里的'随处作主,立处皆真'尤其有名。"(《馬祖の語録》第38页)

④在在处处,则为有佛:这两句话的出典不详。不过佛经中有关于佛现各处以化众生的说法:"诸佛所居刹,善权法各异,在在处处现,现欲化群有。"(《菩萨璎珞经》卷第三)"在在处处,十方诸佛。"(《金光明经》寿量品第二)大乘佛教般若类经典中也屡说般若波罗蜜或般若经典所在之处即为有佛:"在所处有般若波罗蜜,则为有佛"(《摩诃般若波罗蜜经》卷十),"若是经典所在之处,则为有佛,若尊重似佛"(《金刚般若波罗蜜经》),"若世界中流行如是甚深般若波罗蜜多,当知是处则为有佛,出现世间,利乐一切"(《大般若波罗蜜多经》卷一二八),"甚深般若波罗蜜多,于三千界作大饶益,具大神力,随所在处则为有佛,作大佛事,所谓利乐一切有情"(同上书,卷五〇三)。马祖这两句话应是对上述说法的概括和引申。

⑤踪迹:"踪",原作"碍",今校改。

⑥在缠名如来藏,出缠名大法身:"缠"是烦恼的异名,"如来藏"是指隐含在烦恼中的真心佛性,"法身"是指佛身所体现的真理。《胜鬘经》中有"无量烦恼藏所缠如来藏"、"如来法身不离烦恼藏,名如来藏"的说法,或许是马祖所谓"在缠名如来藏"的依据。这两句的意思是说在烦恼中就叫做如来藏,出离了烦恼叫做法身。

⑦不尽有为,不住无为:语出《维摩经·菩萨行品》:

"如菩萨者，不尽有为，不住无为。"

⑧心生灭义，心真如义："心真如"和"心生灭"的说法源于《大乘起信论》，其中说："依一心法，有二种门。云何为二？一者心真如门，二者心生灭门，是二种门皆各总摄一切法。"

⑨了心及境界，妄想即不生：语出《楞伽阿跋多罗宝经》卷三的偈文。偈文原作"了心及境界，妄想则不生"（《大正藏》第16卷，第505页b）。

⑩无生法忍：指认证无生的道理，亦即对空、实相以及诸法不生不灭的认识和安住。"无生"是无生无灭的略称，"无生法"指远离生灭的真如实相，"忍"有认可、安忍的意思。大乘佛教认为诸法不生不灭，把认可和安住于无生无灭的真如实相的心态称为无生法忍。《楞伽经》："离心意意识，得无生法忍。"（《大正藏》第16卷，第509页c）《维摩经·入不二法门品》："法本不生，今则无灭，得此无生法忍，是为入不二法门。"（《大正藏》第14卷，第550页c）

⑪本有今有："本有"、"今有"的说法源于《大般涅槃经》的"本有今无"偈。该偈原是说明佛性是否为常的问题："文殊师利言：纯陀心疑如来常住，以得知见佛性力故。若见佛性而为常者，本未见时，应是无常。若本无常，后亦应尔。何以故？如世间物，本无今有，已有还无。如是等物，悉是无常。以是义故，诸佛菩萨，声闻缘觉，无有差别。尔时世尊，即说偈言：本有今无，本无今有，三世有法，无有是处。"（《大般涅槃经》卷第十《如来性品》第四之七）在禅宗中，神会曾对这个问题作过集中的论述："问：本有今无偈，其义云何？答曰：据《涅槃经》义，本有者本有佛性，今无者今无

无佛性。问：既言本有佛性，何故复言今无佛性？答：今言无佛性者，为被烦恼盖覆不见，所以言无。本无今有者，本无者本无烦恼，今有者今日具有烦恼。"按照神会的解释，"本有"是就佛性而言，佛性不生不灭，永恒真实，所以说是"本有"；"今有"是就烦恼而言，烦恼生生灭灭，变幻虚假，所以称为"今有"。马祖在这里所说的"本有今有"，意为本有佛性，今有烦恼。

⑫如来清净禅：入矢本的注释说："如来禅虽然是大乘经典里常见的术语，但因《楞伽经》将其作为四种禅的最高一种而在禅门中受到重视。如神会的《南宗定是非论》所说：'梁朝婆罗门僧学菩提达摩……少小出家，智惠甚深，于诸三昧，获如来禅。'是神会主唱的所在。《历代法宝记》说：'东京荷泽寺神会和上，每月作坛场，为人说法，破清净禅，立如来禅。'据此可得而明。因此在这里，本来应该是对立概念的清净禅和如来禅被合为一词是很奇异的，但是最近的研究证明，如来禅是北宗系已经使用的概念，无宁说《历代法宝记》里的分类和对立概念化乃是错误的。又，《传灯录》五慧能章里这样说：'道由心悟，岂在坐也？经云：若见如来，若坐若卧，是行邪道。何故？无所从来，亦无所去。若无生灭，是如来清净禅。诸法空寂，是如来清净坐。究竟无证，岂况坐耶？'"（《馬祖の語録》第47页）按：《楞伽经》卷二："云何如来禅？谓入如来地，得自觉圣智相，三种乐住，成办众生，不思议事。是名如来禅。"同经注解二："如来禅者，即首楞严也。"根据《楞伽经》的说法，如来禅系因修此种禅定可入如来之地、得自觉圣智而得名，而这种禅定的具体所指则为首楞严定。宗密《禅源诸诠集都序》卷一："若顿悟自心本

来清净，元无烦恼，无漏智性，本自具足，此心即佛，毕竟无异。依此而修者，是最上乘禅，亦名如来清净禅，亦名一行三昧，亦名真如三昧。此是一切三昧根本，若能念念修习者，自然渐得百千三昧。达摩门下，展转相传者，是此禅也。"按照宗密所说，如来禅又名如来清净禅，指一种体验自心本来清净、自心是佛的禅定，而且它是一切禅定的根本，来自达摩的传承。这种解释与《楞伽经》所说有所不同。上面入矢本注的引文中提到的"清净禅"当指慧能所批评的"看心看净"的禅定，神会在《菩提达摩南宗定是非论》里把这种禅定归纳为"凝心入定，住心看净，起心外照，摄心内证"，亦即一味追求净心的禅定。虽然《历代法宝记》里说神会"立如来禅"，但现存的神会语录中不见有"如来禅"的提法。与神会差不多同时代的永嘉玄觉使用了"如来禅"的提法，《证道歌》里说："顿觉了，如来禅，六度万行体中圆。"（《景德传灯录》卷三十）其中虽然没有对"如来禅"作具体的说明，但从上下文可以看出"如来禅"是一种自信自心圆满且比较开放式的禅。直到宗密那里，才有了关于"如来禅"的解释。不过宗密和马祖一样，把"清净"和"如来禅"合称，这与神会将二者对立起来的情况不一样。综合上述情况来看，大概从神会到宗密的时代，禅师们对"如来禅"与"清净禅"的关系的理解比较混乱，有的人将二者严格区分开来，认为"如来禅"不包含追求清净的因素；有的人则不对二者作严格的区分，认为"如来禅"就是以相信自心清净为前提的。不过这种区别并不是截然对立的，因为即使在慧能和神会那里，也都承认自心本来清净。另外，中晚唐时代又有"祖师禅"的提法。这个提法一般专指禅宗祖师所传的禅，即不立文字、教外别传的禅法。在这个意义上,"祖师禅"与宗密所解释的"如来禅"本为一事。但是当与"祖师禅"相对而言的时候,"如来禅"又有了新的意义,即指依赖和拘泥于经典教义的各种禅法;在这个意义上说,即使是像《楞伽经》中所说的那种"如来禅",也应该包括其中。总之,"如来禅"提法的意义殊不统一,它具体是指怎样的禅,只能根据禅师的具体话题来确定。马祖这里所说的"如来清净禅"虽然有"清净"二字,但显然不属于神会所破的那种"清净禅",而是与慧能以来南宗中流行的那种自信自心清净、自心是佛以及无修无为、不重坐禅的禅法同属一类。它既是中唐时代禅宗中推崇的"如来禅",又是晚唐以后禅宗中崇尚的"祖师禅"。

江西马祖道一禅师语录

《四家语录》序

达磨大师西来,不立文字,直指人心,见性成佛。心心相印,以迨六祖。六祖以下,分为南岳、青原,而南岳最盛。南岳又分为临济、沩仰,而临济最盛。世所传《四家语录》者,乃南岳以下马祖、百丈、黄檗、临济四尊宿应机接人语也,多者万言,少者亦不下数千言。果文字乎?非文字乎?西来之意,果不出此乎?嗟夫!指月示迷,迷者睹指遗月,以盘喻日,盲者自盘之钟,种种差别,胡可胜言?诸尊宿其能忘言邪?夫岂不欲直指人心,令其顿悟?譬之写照,以形求形,仅肖十一。惟此妙明,非可形求,非可意度,况可言显?即令可言,顾从门而入,恐非家珍,因言而明,不离道听。诸尊宿其忍直言邪?不忍直言,不容易言,又不能忘言。诸尊宿之心,其若之何?或谓人具此心,自有鉴觉,何烦诸尊宿之喋喋?不知情欲萌生,知识并出,前尘分别,〔误〕(悞)谓妙明①,趋妄背真,愈求愈远。傥执定相,辄堕黑山鬼窟,听其纳草,且至犯人禾稼。参承既远,余绪茫茫,不有格言,胡寻正脉?一心傅公,深入三昧,妙脱言诠,于诸尊宿,有深契焉。谓入道者,非此无阶,谓法施者,非梓莫广。会东安解君静山宁,宿植灵根,深培善力,相与捐赀,竟为缮刻。心公犹恐观者滞于文字，属余序其意于首。余不能深知诸尊宿之心，尝闻圣人之训矣，曰"予欲无言"。然今之希圣者，舍圣言又奚识焉？要知善会者，侈然无间，总是一〔默〕②（嘿）。不善会者，离言绝句，转隔万尘。四尊宿之语，其为文字邪？非文字邪？直指邪？非直指邪？必有能辨之者。

毗陵唐鹤征书

【校注】

①误谓妙明："误"，原作"悮"，今校改。
②总是一默："默"，原作"嘿"，今校改。

马祖百丈黄檗临济《四家语录》序
朝散郎尚书主客员外郎轻车都尉赐紫金鱼袋　杨　杰　撰

金鸡衔粟，出一马驹。牛懒鞭车，磨〔砖〕（塼）成鉴①。野鸭飞去，引鼻牵回。挂拂遭呵，耳聋三日。不隐家丑，重说偈言。累及儿孙，徒令吐舌。三回赐杖，犹自未知。再捋虎须，老婆心切。古人虽往，公案尚存。积翠老南，从头点〔检〕②（捡）。字字审的，句句不差。诸方丛林，传为宗要。只有一处，未免警讹。具眼底人，为他拈出。元丰八年十一月一日序。

【校注】

①磨砖成鉴:"砖",原作"塼",今校改。
②点检:"检",原作"捡",今校改。

读《四家语录》 引

解君刻是录毕,有客扣予曰:"但形文字,即属言教,乌得谓之教外别传邪?"予曰:"非也。有言固教,而无言亦教也,乃至非有言、非无言、非非有言、非非无言,皆教也。所谓离四句、绝百非。"客又曰:"灵龟曳尾,而其迹弥彰。四尊宿之语,不亦曳尾乎哉?"予曰:"非也。言四尊宿,有意泯迹,非教外也;无意泯迹,亦非教外也。乃至非有意、非无意、非非有意、非非无意,俱非教外也。"客曰:"然则孰谓为别传哉?"予曰:"待觑破下文,试与汝道。"

万历丁未秋八一日
荆溪释正传书

江西道一禅师,汉州什〔邡〕(方)县①人也。姓马氏,本邑罗汉寺出家。容貌奇异,牛行虎视,引舌过鼻,足下有二轮文。幼岁依资州唐和尚落发,受具于渝州圆律师。唐开元中,习定于衡岳传法院,遇让和尚。〔让〕知是法器②,问曰:"大德坐禅图什么?"师曰:"图作佛。"让乃取一砖于彼庵前磨。师曰:"磨砖作么?"让曰:"磨作镜。"师曰:"磨砖岂得成镜?"让曰:"磨砖既不成镜,坐禅岂得成佛耶?"师曰:"如何即是?"让曰:"如牛驾车,车不行,打车即是,打牛即是?"师无对。让又曰:"汝为学坐禅?为学坐佛?若学坐禅,禅非坐卧。若学坐佛,佛非定相。于无住法,不应取舍。汝若坐佛,即是杀佛。若执坐相,非达其理。"师闻示诲,如饮醍醐,礼拜问曰:"如何用心,即合无相三昧?"让曰:"汝学心地法门,如下种子。我说法要,譬彼天泽。汝缘合故,当见其道。"又问曰:"道非色相,云何能见?"让曰:"心地法眼,能见乎道。无相三昧,亦复然矣。"师曰:"有成坏否?"让曰:"若以成坏聚散而见道者,非见道也。听吾偈曰:

　　心地含诸种,遇泽悉皆萌。
　　三昧华无相,何坏复何成?"

师蒙开悟,心意超然。侍奉十秋,日益玄奥。

【校注】

①什邡县:"邡",原作"方",今校改。

②让知是法器:"让"字据文义补。入矢本在此处补"和尚"二字(《马祖の语录》第3页),然见于下文多有"让……"或"让和尚……"的行文,似补"让"字为宜。

初,六祖谓让和尚云:"西天般若多罗谶汝足下出一马驹,踏杀天下人。"盖谓师也。让弟子六人,惟师密受心印。始自建阳佛迹岭,迁至临川,次至南康龚公山。大历①中,隶名于钟陵②开元寺。时连帅路嗣恭聆风景慕,亲受宗旨,由是四方学者云集座下。让和尚闻师阐化江西,问众曰:"道一为众说法否?"众曰:"已为众说法。"让曰:"总未见人持个消息来。"遂遣一僧往彼:"俟伊上堂时,但问作么生,待渠有语记取来。"僧依教往问之。师曰:"自从胡乱后,三十年不少盐酱。"僧回,举似让,让然之。

【校注】

①大历:唐代宗年号,当公元766~779年。

②钟陵:唐代先后有两个钟陵,一在今江西进贤,一在今南昌。钟陵原为古县名,治所在今江西进贤县西北,初设于西晋太康初年(280),经梁、隋历朝,屡设屡废,入唐以后,先于武德五年(622)设钟陵县,位置与古钟陵县相同,属洪州,武德八年(625)废止,是为进贤的钟陵。宝应元年(762)六月,将洪州府所在地的豫章县(今南昌)改名为钟陵县,同年十二月又改名为南昌县,是为南昌的钟陵。盖马祖关系资料中提到的钟陵,皆指今之南昌,此处亦不例外。

师入室弟子一百三十九人,各为一方宗主,转化无穷。师于贞元四年正月中登建昌石门山,于林中经行,见洞壑平坦,谓侍者曰:"吾之朽质,当于来月归兹地矣。"言讫而回,既而示疾。院主问:"和尚近日尊候如何?"师曰:"日面佛,月面佛。"二月一日沐浴,跏趺入灭。元和①中,谥大寂禅师,塔曰大庄严。

【校注】

①元和:唐宪宗年号,当公元806~820年。

祖示众云:"汝等诸人,各信自心是佛,此心即佛。达磨大师从南天竺国来至中华,传上乘一心之法,令汝等开悟。又引《楞伽经》,以印众生心地,恐汝颠倒不信。此一心之法,各各有之。故《楞伽经》以佛语心为宗，无门为法门。夫求法者，应无所求。心外无别佛，佛外无别心。不取善，不舍恶，净秽两边，俱不依怙。达罪性空，念念不可得，无自性故。故三界唯心，森罗及万象，一法之所印。凡所见色，皆是见心。心不自心，因色故有。汝但随时言说，即事即理，都无所碍。菩提道果，亦复如是。于心所生，即名为色。知色空故，生即不生。若了此意，乃可随时著衣吃饭，长养圣胎，任运过时，更有何事？汝受吾教，听吾偈曰：

　　心地随时说，菩提亦只宁。
　　事理俱无碍，当生即不生。"

僧问："如何是修道？"曰："道不属修。若言修得，修成还坏，即同声闻；若言不修，即同凡夫。"又问："作何见解，即得达道？"祖曰："自性本来具足。但于善恶事中不滞，唤作修道人。取善舍恶，观空入定，即属造作。更若向外驰求，转疏转远。但尽三界心量，一念妄心，即是三界生死根本；但无一念，即除生死根本，即得法王无上珍宝。无量劫来，凡夫妄想，谄曲邪伪，我慢贡高，合为一体。故经云：但以众法，合成此身。起时唯法起，灭时唯法灭。此法起时，不言我起，灭时不言我灭。[①]前念后念中念，念念不相待，念念寂灭，[②]唤作海印三昧[③]。摄一切法，如百千异流，同归大海，都名海水。住于一味，即摄众味，住于大海，即混诸流，如人在大海中浴，即用一切水。所以声闻悟迷，凡夫迷悟。声闻不知圣心本无地位、因果、阶级，心量妄想，修因证果，住于空定八万劫、二万劫，虽即已悟，悟已却迷。诸菩萨观如地狱苦，沉空滞寂，不见佛性。若是上根众生，忽尔遇善知识指示，言下领会,更不历于阶级地位,顿悟本性。故经云:凡夫有反覆心,而声闻无也。④对迷说悟,本既无迷,悟亦不立。一切众生,从无量劫来,不出法性三昧,长在法性三昧⑤中著衣吃饭、言谈〔只〕(祇)对⑥。六根运用,一切施为,尽是法性。不解返源,随名逐相,迷情妄起,造种种业。若能一念返照,全体圣心。汝等诸人,各达自心,莫记吾语。纵饶说得河沙道理,其心亦不增;纵说不得,其心亦不减。说得亦是汝心,说不得亦是汝心。乃至分身放光,现十八变,⑦不如还我死灰来⑧。淋过死灰无力,喻声闻妄修因证果;未淋过死灰有力,喻菩萨道业纯熟,诸恶不染。⑨若说如来权教三藏,河沙劫说不尽,犹如钩锁,亦不断绝。若悟圣心,总无余事。久立珍重。"

【校注】

①"但以众法"至"灭时不言我灭":这几句话源于《维摩经·问疾品》:"当起法想,应作是念:但以众法,合成此身,起唯法起,灭唯法灭。又此法者,各不相知,起时不言我起,灭时不言我灭。"意思是说人身由因缘凑和而成,没有实在自体。马祖综述这段经文,意在为上文所说不该有我慢贡高等妄想的观点提供经典依据。

②前念中念后念,念念不相待,念念寂灭:关于"前念中念后念,念念不相待"二句,入矢本的注释说:"把相续之心加以分析,其最小的单位就叫做一念;念的过去叫做前念;中念的说法非常少见,好像是相对于前后而称为中,取现在一念之意;后念是继中念之后的一念。马祖不承认一念的连续性(因果关系),认为一念一念是独立自存的。'不相待'一词,《维摩经·弟子品》作'一切法生灭不住,,如幻如电,诸法

不相待，乃至一念不住'。宗密《禅源诸诠集都序》里认为顿悟顿修者是'一念不生，前后际断'，并举牛头法融为这样的实践者。"（《馬祖の語録》第29页）关于"念念寂灭"，字面意思是每一念都归于寂灭，结合上句"念念不相待"来看，其真正的意思是说每一念都在瞬间生起而又立刻消灭，每一念都不与前念和后念相连贯。马祖在上文用缘起的道理说明人身是由因缘会合而成，并无独立实在的自体，这里进一步说明人心不过是由一个个稍纵即逝的意念组合而成，并没有一个常住不变的心存在，以此揭示身心的虚幻，以破除人们对身心的执著。马祖用以说明身心虚幻的理由，恰恰是般若性空学说中的"法无去来"之说。关于"法无去来"的观点，僧肇曾有详尽的阐述。僧肇明确否认事物的连续性，认为所谓事物的连续，其实不过是一个个瞬间生灭现象的组合，但是人们误以为有古往今来的连续过程（参见《物不迁论》）。关于前念、今念、后念的关系，六祖慧能也有论述，但他的观点与马祖不同。慧能在解释"无念"、"无住"时说："无念者，于念而不念。无住者，为人本性，念念不住，前念、今念、后念，念念相续，若一念断绝，法身即离色身。"（敦煌本《坛经》）慧能强调的是"念念相续"，否认"一念断绝"，认为如果"一念断绝"，人就会形同死灰枯木。在他看来，只要听任意念的自然流动，不使意念停留在某一点上（"无住"），同样可以做到"无念"。根据"念念寂灭"的原理而要求彻底地克服意念活动的主张，正是慧能所反对的。马祖主张自然任运，本来以慧能那样的"无念"说作为前提才更顺理成章，但是他在这里强调"念念寂灭"，或许是为了打消人们对身心的执著。

③海印三昧：据说是佛在讲说《华严经》时所入的三昧

（禅定）。印，意为映现。海印就是说像大海一样映现一切事相。据说佛在这种禅定状态中，他的智慧就像大海映现一切事物那样一览无余地观照诸法实相。法藏在《修华严奥旨妄尽还源观》里解释说："言海印者，真如本觉也。妄尽心澄，万象齐现，犹如大海，因风起浪，若风止息，海水澄清，无象不现。《起信论》云：无量功德藏，法性真如海。所以名为海印三昧也。经云：森罗及万象，一法之所印。言一法者，所谓一心也。是心即摄一切世间出世间法，即是一法界大总相法门体，唯依妄念而有差别。若离妄念，唯一真如。故言海印三昧也。《华严经》云：或现童男童女形，天龙及以阿修罗，乃至摩睺罗伽等，随其所乐悉令见。众生形相各不同，行业音声亦无量，如是一切，皆能现海印三昧威神力。依此义故，名海印三昧也。"（《大正藏》第45卷，第637页b~c）就是说去除了妄念的心灵就像宁静的大海一样如实洞鉴一切现象，千差万别统归于一，这样的禅定就叫作"海印三昧"。在这里，马祖认为只要内心做到念念寂灭就是进入了海印三昧的境界。

④凡夫有反覆心，而声闻无也：入矢本的注释说这两句是"《维摩经·佛道品》的语句：'是故文殊师利，凡夫于佛法有反覆，而声闻无也。所以者何？凡夫闻佛法，能起无上道心，不断三宝，正使声闻终身闻佛法力无畏等，永不能发无上道意。'玄奘译《说无垢称经》里译作：'是故异生能报佛恩，声闻独觉终不能报。'即反覆心被认为是报恩心之意"（《馬祖の語録》第30页）。

⑤法性三昧：原是大乘经论中经常提到的一种三昧名，指观察诸法平等的禅观，如《大乘理趣六波罗蜜多经》卷九："一切众生恒为无量烦恼扰乱其心，菩萨摩诃萨得真三昧，随

彼有情烦恼品类，现如是等诸三昧门，令其解脱。菩萨摩诃萨勤加精进，住是三昧，令诸有情安住如是平等法中，所谓得心平等、行平等、相应平等。布施、持戒、忍辱、精进、禅定、智慧悉皆平等，即一切法普皆平等，是名法性三昧。"又《思益梵天王所问经》卷第二："舍利弗言：汝能不起于定而说法耶？普华言：颇有一法非是定耶？舍利弗言：无也。普华言：是故常知一切凡夫常在于定。舍利弗言：以何定故，一切凡夫常在定耶？普华言：以不坏法性三昧故。舍利弗言：若然者，凡夫圣人无有差别。普华言：如是如是。我不欲令凡夫圣有差别也。所以者何？圣人无所断，凡夫无所生，是二不出法性平等之相。"类似的说法又见于《大智度论》卷二十八。马祖这里所谓法性，实际上是指一心。因为一切都是心的体现，所以众生的各种活动都符合诸法平等的法性三昧，并且都可以归结为同一的法性（心）。

⑥只对：原作"祇对"，今校改。意为应对、回答。

⑦分身放光，现十八变：原指佛、菩萨等为了教化众生而作出的种种神奇变化。关于分身，如《法句譬喻经》卷三："世尊光相赫奕，分身散体，东没西现，存亡自由，身出水火，五色晃昱。"又《法华经·见宝塔品》："彼佛分身，诸佛在于十方世界说法尽。"关于放光，如《法句譬喻经》卷三："佛说是时，放大光明，照耀天地。"又《放光般若经·放光品》："尔时世尊复放身毛，一一诸毛孔皆放光明，复照三千大千国土，复照十方无数恒边沙国土。"关于十八变，各种经典所说不一，入矢注本认为是《法华经·妙法严王本事品》中列举的十四种神变（即"于虚空中行住坐卧，身上出水，身下出火，身下出水，身上出火，或现大身满虚空中，而复现

小,小复现大,于空中灭,忽然在地,入地如水,履水如地"),再加上右肋出水、左肋出火、右肋出火、左肋出水,共计十八种。(参见《馬祖の語録》第31~32页)

⑧还我死灰来:入矢本注释说:"比喻把断灭了六识的灭尽定烧光之后的骨灰,就是说:那就把那个实体给老子看看,检查一下是不是真家伙吧。像那种把涩液全都滴尽了的灰烬那样的空定并没有获得完全之果的力量,终究还是没有把涩液滴完的灰烬那样的定力才会产生菩萨之果。涩液就是使灰烬成为灰烬的能量,无论恶还是烦恼,都是'如来种'(《维摩经·佛道品》),因为据说'清净行者不入涅槃'(《文殊师利所说摩诃若般波罗蜜经》卷上)。"(《馬祖の語録》第32页)其中关于"如来种"的说法,在《维摩诘所说经·佛道品》里作"是故当知一切烦恼为如来种"。

⑨"淋过死灰无力"至"诸恶不染":淋是指淋水、浇湿。这几句的意思比较难解,大概是说淋过水的灰烬就彻底没有(燃烧发热的)力量了,它好比声闻修因证果的努力,无论如何也不会达到觉悟解脱的境地;没有淋过水的灰烬即使火已熄灭也还有(发热的)力量,它就好比菩萨的修行非常纯熟,在什么情况下都不会受到恶的污染。

示众云:"道不用修,但莫污染。何为污染?但有生死心,造作趋向,皆是污染。若欲直会其道,平常心是道。何谓平常心?无造作,无是非,无取舍,无断常,无凡无圣。经云:非凡夫行,非圣贤行,是菩萨行。只如今行住坐卧,应机接物,尽是道。道即是法界,乃至河沙妙用,不出法界。若不然者,云何言心地法门?云何言无尽灯?一切法皆是心法,一切名皆是心名。万法皆从心生，心为万法之根本。经云：识心达本源，故号为沙门。名等义等，一切诸法皆等，纯一无杂。若于教门中得随时自在，建立法界，尽是法界；若立真如，尽是真如；若立理，一切法尽是理；若立事，一切法尽是事。举一千从，理事无别，尽是妙用，更无别理，皆由心之回转。譬如月影有若干，真月无若干；诸源水有若干，水性无若干；森罗万象有若干，虚空无若干；说道理有若干，无碍慧无若干。种种成立，皆由一心也。建立亦得，扫荡亦得，尽是妙用，尽是自家。非离真而有立处，立处即真，尽是自家体。若不然者，更是何人？一切法皆是佛法，诸法即是解脱。解脱者即是真如，诸法不出于真如。行住坐卧，悉是不思议用，不待时节。经云：在在处处，则为有佛。佛是能仁，有智慧，善机性，能破一切众生疑网，出离有无等缚，凡圣情尽，人法俱空，转无等轮，超于数量，所作无碍，事理双通。如天起云，忽有还无，不留〔踪〕（碍）迹①，犹如画水成文。不生不灭，是大寂灭。在缠名如来藏，出缠名净法身。法身无穷，体无增减，能大能小，能方能圆，应物现形，如水中月，滔滔运用，不立根栽。不尽有为，不住无为。有为是无为家用，无为是有为家依。不住于依，故云如空无所依。心生灭义，心真如义。心真如者，譬如明镜照像。镜喻于心，像喻诸法。若心取法，即涉外因缘，即是生灭义。不取诸法，即是真如义。声闻闻见佛性，菩萨眼见佛性。了达无二，名平等性。性无有异，用则不同。在迷为识，在悟为智。顺理为悟，顺事为迷。迷即迷自家本心，悟即悟自家本性。一悟永悟，不复更迷。如日出时，不合于暗，智慧日出，不与烦恼暗俱。了心及境界，妄想即不生。妄想既不生，即是无生法忍。本有今有，不假修道坐禅。

不修不坐，即是如来清净禅。如今若见此理真正，不造诸业，随分过生，一衣一衲，坐起相随，戒行增薰，积于净业。但能如是，何虑不通？久立，诸人珍重。"

【校注】
①踪迹："踪"，原作"碍"，今校改。

西堂、百丈、南泉侍祖〔玩〕（翫）月次，祖曰："正恁么时如何？"西堂云："正好供养。"百丈云："正好修行。"南泉拂袖便去。祖云："经入藏，禅归海，唯有普愿独超物外。"
〔西堂藏，百丈海，南泉愿。〕

南泉为众僧行粥次，祖问："桶里是甚么？"泉曰："这老汉合取口，作恁么语话。"祖便休。

百丈问："如何是佛旨趣？"祖云："正是汝放身命处。"

大珠初参祖。祖问曰："从何处来？"曰："越州大云寺来。"祖曰："来此拟须何事？"曰："来求佛法。"祖曰："自家宝藏不顾，抛家散走作什么？我这里一物也无，求甚么佛法？"珠遂礼拜，问曰："阿那个是慧海自家宝藏？"祖曰："即今问我者是汝宝藏。一切具足，更无欠少，使用自在，何假向外求觅？"珠于言下自识本心，不由知觉，踊跃礼谢，事师六载。后归，自撰《顿悟入道要门论》一卷。祖见之，告众云："越州有大珠圆明，光透自在，无遮障处也。"

泐潭法会禅师问祖云："如何是西来祖师意？"祖曰："低声，近前来。"会便近前，祖打一掴，云："六耳不同谋，来日来。"会至来日，犹入法堂，云："请和尚道。"祖云："且去，待老汉上堂时出来与汝证明。"会乃悟，云："谢大众证明。"乃绕法堂一匝便去。

泐潭惟建禅师，一日在法堂后坐禅，祖见之，乃吹建耳两吹。建起定，见是祖，却复入定。祖归方丈，令侍者持一〔碗〕（椀）茶①与建，建不顾，便自归堂。

【校注】
①一碗茶："碗"，原作"椀"，今校改。

石巩慧藏禅师，本以弋猎为务，恶见沙门。因逐群鹿，从祖庵前过，祖乃迎之。藏问："和尚见鹿过否？"祖曰："汝是何人？"曰："猎者。"祖曰："汝解射否？"曰："解射。"祖曰："汝一箭射几个？"曰："一箭射一个。"祖曰："汝不解射。"曰："和尚解射否？"祖曰："解射。"曰："和尚一箭射几个？"曰："一箭射一群。"曰："彼此是命，何用射他一群？"祖曰："汝既知如是，何不自射？"曰："若教某甲自射，即无下手处。"祖曰："这汉旷劫无明烦恼，今日顿息。"藏当时毁弃弓箭，自以刀截发，投祖出家。一日在厨作务次，祖问曰："作什么？"曰："牧牛。"祖曰："作么生牧？"曰："一回入草去，便把鼻孔拽来。"祖曰："子真牧牛。"

僧问祖云："请和尚离四句、绝百非，直指某甲西来意。"

祖云:"我今日无心情,汝去问取智藏。"其僧乃问藏。藏云:"汝何不问取和尚?"僧云:"和尚令某甲来问上座。"藏以手〔摸〕(摩)头①云:"今日头痛,汝去问海师兄。"其僧又去问海。海云:"我这里却不会。"僧乃举似祖。祖云:"藏头白,海头黑。"

【校注】
①摸头:"摸",原作"摩",今校改。

麻谷宝彻禅师,一日随祖行次,问:"如何是大涅槃?"祖云:"急。"彻云:"急个什么?"祖云:"看水。"

大梅山法常禅师初参祖,问:"如何是佛?"祖云:"即心是佛。"常即大悟,后居大梅山。祖闻师住山,乃令一僧到问云:"和尚见马师,得个什么,便住此山?"常云:"马师向我道即心是佛,我便向这里住。"僧云:"马师近日佛法又别。"常云:"作么生别?"僧云:"近日又道非心非佛。"常云:"这老汉惑乱人,未有了日。任汝非心非佛,我只管即心即佛。"其僧回,举似祖。祖云:"梅子熟也。"

汾州无业禅师参祖。祖睹其状貌瑰伟,语音如钟,乃曰:"巍巍佛堂,其中无佛。"业礼跪而问曰:"三乘文学,粗穷其旨。常闻禅门即心是佛,实未能了。"祖曰:"只未了底心即是,更无别物。"业又问:"如何是祖师西来密传心印?"祖曰:"大德正闹在,且去,别时来。"业才出,祖召曰:"大德!"业回首,祖云:"是什么?"业便领悟礼拜。祖云:"这钝汉，礼拜作么?"

邓隐峰辞祖。祖曰："甚处去?"云："石头去。"祖曰："石头路滑。"云："竿木随身，逢场作戏。"便去。才到石头，乃绕禅床一匝，振锡一下，问："是何宗旨?"头曰："苍天！苍天！"峰无语。却回，举似祖，祖曰："汝更去，见他道苍天苍天，汝便嘘两声。"峰又去，一依前问。头乃嘘两声，峰又无语。归，举似祖，祖曰："向汝道石头路滑。"

峰一日推土车次，祖展脚在路上坐。峰云："请师收足。"祖云："已展不收。"峰云："已进不退。"乃推车碾过。祖脚损，归法堂，执斧子云："适来碾损老僧脚底出来。"峰便出，于祖前引颈，祖乃置斧。

石臼和尚初参祖。祖问："什么处来?"臼云："乌臼来。"祖云："乌臼近日有何言句?"臼云："几人于此茫然在。"祖云："茫然且置，悄然一句作么生?"臼乃近前三步。祖云："我有七棒，寄打乌臼，你还甘否?"臼云："和尚先吃，某甲后甘。"却回乌臼。

亮座主参祖。祖问曰："见说座主大讲得经论，是否?"亮云："不敢。"祖曰："将甚么讲?"亮云："将心讲。"祖曰："心如工伎儿，意如和伎者，争解得经?"亮抗声云："心既讲不得，虚空莫讲得么?"祖曰："却是虚空讲得。"亮不肯，便出。将下阶，祖召云："座主！"亮回首，豁然大悟，便礼拜。祖曰："这钝根阿师，礼拜作么?"亮归寺，告听众曰："某甲所讲经论，谓无人及得，今日被马大师一问，平生工夫冰消瓦解。"径入西山,更无踪迹。

洪州水老和尚①初参祖,问:"如何是西来的的意?"祖云:"礼拜著。"老才礼拜,祖便与一蹋。老大悟,起来抚掌呵呵大笑,云:"也大奇!也大奇!百千三昧,无量妙义,只向一毛头上便识得根源去。"便礼拜而退。后告众云:"自从一吃马师蹋,直至如今笑不休。"

【校注】
①水老和尚:老,《卍续藏经》校注:"老或作潦。"

庞居士问祖云:"不与万法为侣者是甚么人?"祖曰:"待汝一口吸尽西江水,即向汝道。"又问祖云:"不昧本来人,请师高著眼。"祖直下觑。士云:"一种没弦琴,唯师弹得妙。"师直上觑,士乃作礼。祖归方丈,士随后入,曰:"适来弄巧成拙。"又问:"如水无筋骨,能胜万斛舟。此理如何?"祖曰:"这里无水亦无舟,说甚么筋骨?"

僧问:"和尚为甚么说即心即佛?"祖曰:"为止小儿啼。"曰:"啼止时如何?"祖曰:"非心非佛。"曰:"除此二种人来,如何指示?"祖曰:"向伊道不是物。"曰:"忽遇其中人来时如何?"祖曰:"且教伊体会大道。"

问:"如何是西来意?"祖曰:"即今是甚么意?"

僧问:"如何得合道?"祖曰:"我早不合道。"问:"如何是西来意?"祖便打,曰:"我若不打汝,诸方笑我也。"

有小师耽源,行脚回,于祖前画个圆相,就上拜了立。祖曰:"汝莫欲作佛否?"曰:"某甲不解捏目。"祖曰:"吾不如汝。"小师不对。

有僧于祖前作四画,上一画长,下三画短,曰:"不得道一画长、三画短,离四句、绝百非,请和尚答某甲。"祖乃画地一画,曰:"不得道长短。答汝了也。"

祖令僧驰书与径山钦和尚,书中画一圆相。径山才开见,索笔于中著一点。后有僧举似忠国师,国师云:"钦师犹被马师惑。"

有讲僧来问,曰:"未审禅宗传持何法?"祖却问曰:"座主传持何法?"主曰:"忝讲得经论二十余本。"祖曰:"莫是狮子儿否?"主曰:"不敢。"祖作嘘嘘声。主曰:"此是法。"祖曰:"是甚么法?"主曰:"狮子出窟法。"祖乃默然。主曰:"此亦是法。"祖曰:"是甚么法?"主曰:"狮子在窟法。"祖曰:"不出不入,是甚么法?"主无对,遂辞出门,祖召曰:"座主!"主回首,祖曰:"是甚么?"主亦无对,祖曰:"这钝根阿师。"

洪州廉使问曰:"吃酒肉即是,不吃即是?"祖曰:"若吃是中丞禄,不吃是中丞福。"

药山惟俨禅师①初参石头,便问:"三乘十二分教,某甲粗知,常闻南方直指人心,见性成佛,实未明了,伏望和尚慈悲指示。"头曰:"恁么也不得,不恁么也不得,恁么不恁么总不得,子作么生?"山罔措。头曰:"子因缘不在此,且往马大师处去。"山禀命,恭礼祖,仍伸前问。祖曰:"我有时教伊扬眉瞬目②,有时不教伊扬眉瞬目,有时扬眉瞬目者是,有时扬眉瞬目者不是,子作么生?"山于言下契悟,便礼拜。祖曰:"你见甚么道理便礼拜?"山曰:"某甲在石头处,如蚊子上〔铁〕(鉄)牛。"祖曰:"汝既如是,善自护持。"侍奉三年。一日,祖问之曰:"子近日见处作么生?"山曰:"皮肤脱落尽,唯有一真实。"③祖曰:"子之所得,可谓协于心体,布于四肢。④既然如是,将三条篾⑤来,束取肚皮,随处住山去。"山曰:"某甲又是何人,敢言住山?"祖曰:"不然。未有常行而不住,未有常住而不行,欲益无所益,欲为无所为,宜作舟航,无久住此山。"山乃辞祖。⑥

【校注】

①药山惟俨禅师:药山,位于今湖南津市市南棠华乡,唐属澧州境内。今有药山寺,原名慈云寺,据传始建于唐初,惟俨禅师曾住。惟俨(751~834,依《宋高僧传》为759~828),俗姓韩(《宋高僧传》作寒),绛州(今山西新绛一带)人。十七岁出家,大历八年于衡岳受戒,后师从石头希迁,又往澧州住于药山,元和年间受朗州刺史李翱参问。传记、语录见《祖堂集》卷四、《宋高僧传》卷十七、《景德传灯录》卷十四和二十八、《联灯会要》卷十九、唐伸《澧州药山故惟俨大师碑铭并序》等。关于惟俨和马祖的交涉,见于唐伸的《碑

铭》和《联灯会要》。

②扬眉瞬目：源于《楞伽阿跋多罗宝经》卷二："大慧，非一切刹土有言说，言说者是作相耳。或有佛刹，瞻视显法，或有作相，或有扬眉，或有动睛，或笑或欠，或謦咳，或念刹土，或动摇。"马祖主张即心即佛，平常心是道，故扬眉瞬目等日常运用都是佛性的体现。但是这种观点被南阳慧忠禅师看作"与彼先尼（又译名胜军）外道无有差别"（参见《景德传灯录》卷第二十八《南阳慧忠国师语》）。

③皮肤脱落尽，唯有一真实：语出《涅槃经》。如宋译《大般涅槃经》卷三十五："世尊，如大村外有娑罗林，中有一树，先林而生，足一百年。是时林主，灌之以水，随时修治。其树陈朽，皮肤枝叶，悉皆脱落，唯〔真〕（贞）实在。如来亦尔，所有陈故，悉已除尽，唯有一切真实法在。"（《大正藏》第12卷，第845页b）比喻去除了杂质，最后只留得真实。

④协于心体，布于四肢：源于《墨子·修身篇》："藏于心者，无以竭爱；动于身者，无以竭恭；出于口者，无以竭驯。畅之四支，接之肌肤，华发堕颠而犹弗舍者，其唯圣人乎。"马祖在这里是比喻惟俨的悟境已达到浑身透彻、浑圆自如的程度。

⑤三条篾：入矢本译为"三条竹绳"，又注释说："暗示成为隐者。背景中有《列子·天瑞篇》的隐者荣启期把绳索当作腰带的意象。"（《馬祖の語録》第112页）按：《列子·天瑞篇》的相关记载是："孔子游于泰山，见荣启期行乎郕之野，鹿裘带索，鼓琴而歌。"

⑥从"协于心体"至"山乃辞祖"：在唐伸的《澧州药山

故惟俨大师碑铭并序》里也有相关记载，但是内容有异，可资对照。兹录如下：

> 寂曰："尔之所得，浃于心术，布于四体，欲益而无所益，欲知而无所知，浑然天和，合于大无，吾无有以教矣。佛法以开示群盲为大功，灭度众恶为大德，尔当以功德普济迷途，宜作梯航，无久滞此。"……忽一旦谓其徒曰："乘邮而行，及暮而息。未有久行而不息者，我至所诣矣，吾将有以息矣。灵源自清，混之者相，能灭诸相，是无二色，穷本绝外，尔其悉之。"（《全唐文》卷五三六）

丹霞天然禅师再参祖。未参礼，便入僧堂内，骑圣僧颈而坐。时大众惊愕，遽报祖。祖躬入堂视之，曰："我子天然。"霞即下地礼拜曰："谢师赐法号。"因名天然。

潭州慧朗禅师初参祖。祖问："汝来何求？"曰："求佛知见。"祖曰："佛无知见，知见乃魔耳。汝自何来？"曰："南岳来。"曰："汝从南岳来，未识曹溪心要。汝速归彼，不宜他往。"

祖问僧："什么处来？"云："湖南来。"祖云："东湖水满也未？"云："未。"祖云："许多时雨，水尚未满？"［道吾云："满也。"云岩云："湛湛地。"洞山云："甚么劫中曾欠少？"］

天圣广灯录

江西马祖大寂禅师。师讳道一，汉州什邡县人也。俗姓马，本邑罗汉寺出家。师容貌奇异，虎视牛行，引舌过鼻，足下有二轮文。幼岁依资州唐和尚落发，受具于渝州圆律师。开元中，习禅定于衡岳传法院，密受大惠心印。天竺般若多罗谶行化偈曰：

领得弥勒语，离乡日日敷。
东梁移近路，余气脚天徒。

师始自建阳佛迹岭，迁临川，次南康龚公山。大历中，隶名于钟陵开元寺，时连帅路嗣恭聆风景慕，亲授密旨，由是四方学者云集座下，厥后法嗣盛布于天下，时号江西马祖焉。

师谓众曰："汝等诸人，各信自心是佛，此心即是佛心。达磨大师从南天竺国躬至中华，传上乘一心之法，令汝等开悟。又引《楞伽经》文，以印众生心地，恐汝颠倒，不肯自信。此一心之法，各各有之。故《楞伽经》云：佛语心为宗，无门为法门。夫求法者，应无所求。心外无别佛，佛外无别心。不取善，不舍恶，净秽两边俱不依怙，达罪性空，念念不可得，无自性故，故三界唯心，森罗万像，一法所印。凡所见色，皆是见心，心不自心，因色故有。汝但随时言说，即事即理，都无所碍，菩提道果，亦复如是。于心所生，即名为色，知色空故，生即不生。若了此意，乃可随时著衣吃饭，长养圣胎，任运过时，更有何事？汝受吾教，听吾偈曰：

    心地随时说，菩提亦〔只〕①（祇）宁。

    事理俱无碍，当生即不生。"

【校注】

① 只："只"，原作"祇"，今校改。下同。

问："如何是修道？"师云："道不属修，〔若〕（即）言修得，修成还坏，即同声闻；若言不修，即同凡夫。"云："作何见解，即得达道？"师云："自性本来具足，但于善恶事上不滞，唤作修道人。取善舍恶，观空入定，即属造作，更若向外驰求，转疏转远。但尽三界心量，一念妄想，即是三界生死根本。但无一念，即除生死根本，即得法王无上珍宝。无量劫来，凡夫妄想，谄曲邪伪，我慢贡高，合为一体。故经云：但以众法合成此身。起时唯法起，灭时唯法灭。此法起时，不言我起，灭时不言我灭。前念、后念、中念，念念不相待，念念寂灭，唤作海印三昧。〔摄〕（接）一切法①，如百千异流同归大海，都名海水，住于一味，即〔摄〕（接）众味，住于大海，即混诸流，如人在大海水中浴，即用一切水。所以声闻悟迷，凡夫迷悟。声闻不知圣心本无地位、因果、阶级，心量妄想，修因证果，住其空定八万劫、二万劫，虽即已悟，却迷。诸菩萨观如地狱苦，沉空滞寂，又见佛性。若是上根众生，忽遇善知识指示，言下领会，更不历于阶级地位，顿悟本性。故经云：凡夫有返覆心，而声闻无也。对迷说悟，本既无迷，悟亦不立。一切众生，从无量劫来，不出法性三昧，长在法性三昧中，著衣吃饭，言谈〔只〕（祇）对，六根运用，一切施为，尽是法性。不解返源，随名逐相，迷情妄起，造种种业。若能一念返照，全体圣心。汝等诸人，各达自心，莫记吾语。纵饶说得河沙道理，其心亦不增。〔纵〕（总）说不得②，其心亦不减。说得亦是汝心，说不得亦是汝心。乃至〔全〕（今）身放光③，现十八变，不如还我死灰来。淋过死灰无力，喻声闻妄修因证果，未淋过死灰有力，喻菩萨道业纯熟。诸恶不染，若说如来权教三藏，河沙劫说不可尽。犹如钩〔锁〕（鏁），亦不断绝。若悟圣心，总无余事。久立，珍重。"

【校注】

①摄一切法："摄"，原作"接"，中文出版社影印宋本作"摄"，今校改。下同。

②纵说不得："纵"，原作"总"，今校改。

③全身放光："全"，原作"今"，今校改。

上堂，庞居士问："不与万法为侣是什么人？"师云："待汝一口吸尽西江水，即向汝道。"又问："不昧本来人，请师高著眼。"师直下觑。士云："一等〔无〕（勿）弦琴①，唯师弹得妙。"师直上觑，士礼拜。师归方丈，居士随后云："适来弄巧成拙。"

【校注】

①无弦琴："无"，原作"勿"，今校改。

问："如何是佛？"师云："即心是佛。"

问："离四句、绝百非，请师直指西来意。"师云："我今日无心情,汝去西堂,问取智藏。"僧至西堂问,西堂以手指头云:"我今日头痛,不能为汝说得,汝去问海兄。"僧去问海兄,海兄云:"我到〔这〕(者)里①却不会。"僧回,举似师,师云:"藏头白,海头黑。"

【校注】
①这里:"这",原作"者",今校改。

师采藤次,见水老便作放势。水老近前接,师便踏倒。水老起来,呵呵大笑云:"无量妙义,百千三昧,尽在一毛头上识得根源去。"

邓隐峰辞师,师云:"什么处去?"峰云:"石头去。"师云:"石头路滑。"峰云:"竿〔木〕①(本)随身,逢场作戏。"遂到石头,绕禅床一匝,振锡而立云:"是何宗旨?"石头云:"苍天,苍天。"峰无语,回,举似师。师云:"更去问,待他有答,汝便作嘘嘘声。"峰又去,依前问,石头作嘘嘘声。峰又无语,回,举似师。师云:"向汝道石头路滑。"

【校注】
①竿木:木,原作"本",中文出版社影印宋本作"木",今校改。

师令僧驰书与径山钦和尚,书中画一圆相。径山才开见,索笔于中著一点。后有僧举似忠国师,国师云:"钦师犹被马师惑。"

有僧于师前作四画,上一画长,下三画短,云:"不得道一画长,三画短,离四句、绝百非,请和尚答某甲。"师画一画,云:"不得道长短,答汝了也。"后有僧举似忠国师,国师云:"何不问我?"

师问僧:"什么处来?"云:"湖南来。"师云:"东湖水满也未?"云:"未。"师云:"许多时雨水尚未满?"〔道吾云:"满也。"云岩云:"湛湛地。"洞山云:"什么劫中曾欠少?"〕

百丈问:"如何是佛旨趣?"师云:"正是汝放身命处。"

师示众云:"道不用修,但莫污染。何为污染?但有生死心,造作趣向,皆是染污。若欲直会其道,平常心是道。何谓平常心?无造作,无是非,无取舍,无断常,无凡圣。故经云:非凡夫行,非圣贤行,是菩萨行。〔只〕(祇)如今行住坐卧,应机接物尽是道。〔道〕(今)即是法界①,乃至河沙妙用,不出法界。若不然者,云何言心地法门?云何言无尽灯?一切法皆是心法,一切名皆是心名,万法皆从心生,心为万法之根本。故经云:识心达本源,故号为沙门。名等、义等,一切法皆等,纯一无杂,若于教门中得随时自在,建立法界,尽是法界;若立真如,尽是真如;若立理,一切法尽是理;若立事,一切法尽是〔事〕②(变)。举一千从,事理无差,尽是妙用,更无别理,皆由心之回转。譬如月影有若干,真月无若干;诸源水有若干,水性无若干;森罗万像有若干,虚空无若干;说道理有若干,无碍慧无若干。种种成立,皆由一心也。建立亦得,扫荡亦得,尽是妙用,妙用尽是自家。非离真而有立处,立处即真,尽是自家体。若不然者,更是何人?一切法皆是佛法,诸法即是解脱,解脱者即是真如。诸法不出于真如,行住坐卧,悉是不思议用,不待时节。经云:在在处处,则为有佛。佛是能仁,有智慧,善机情,能破一切众生疑网,出离有无等缚。凡圣情尽,人法俱空,转无等轮,超于数量,所作无碍,事理双通。如天起云,忽有还无,不留踪迹,犹如画水成文。不生不灭,是大寂灭。在缠名如来藏,出缠号净法身。体无增减,能大能小,能方能圆,应物现形,如水中月,滔滔运用,不立根苗。〔不〕(木)尽有为③,不住无为,有为是无为之用,无为是有为之依,不住于依,故云如空无所依。心生灭义,心真如义。心真如者,喻如明镜照像,镜喻于心,像喻于法,若心取法,即涉外因,即是生灭义;不取于法,即是真如义。声闻耳闻佛性,菩萨眼见佛性,了达无二,名平等性。性无有异,用则不同。在迷为识,在悟为智;顺理为悟,顺事为迷。迷则迷自本心,悟则悟自本性。一悟永悟,不复更迷。如日出时,不与暗对。智慧日出,不与烦恼暗俱。了心境界,妄想即除。妄想既除,即是无生法〔忍〕④(性)。本有之性,不假修成。禅不属坐,坐即有著。若见此理,真正合道。随缘度日,戒行增熏,积于净业。但能如是,何虑不通?久立,珍重。"

【校注】

①道即是法界:"道",原作"今",据中文出版社影印宋本校改。

②一切法尽是事:"事",原作"变",据中文出版社影印宋本校改。

③不尽有为:"不",原作"木",据中文出版社影印宋本校改。

④无生法忍:"忍",原作"性",据《景德传灯录》校改。

师于贞元四年正月登建昌石门山，于林中经行，见洞壑平坦，峰峦秀拔，谓侍者曰："兹吉祥所，乃吾终焉之地矣。"既而示疾，院主问："和尚近日尊候如何？"师云："日面佛，月面佛。"至二月一日，沐浴〔跏〕（加）趺①而化。享年八十，僧腊六十。元和中，德宗皇帝②追谥大寂禅师，塔曰大中庄严。

（《天圣广灯录》卷第八，《卍续藏经》第135册）

【校注】

①跏趺：跏，原作"加"，今校改。
②德宗皇帝：公元780~805在位。

洪州百丈山大智禅师。师讳怀海，福州长乐人也，俗姓王。丱岁离尘，三学该练，属大寂阐化江西，乃倾心依附。与西堂智藏、南泉普愿同号入室三大士焉。

一夕，三大士随侍马祖玩月次，祖问："正当与么时如何？"西堂云："正好供养。"师云："正好修行。"南泉拂袖便去。祖云："经入藏，禅归海，唯有普愿独超物外。"

师为马祖侍者。一日，随侍马祖路行次，闻野鸭声，祖云："什么声？"师云："野鸭声。"良久，祖云："适来声向什么处去？"师云："飞过去。"祖回头，将师鼻〔便〕（使）扭，①师作痛声。祖云："又道飞过去？"师于言下有省。明日，祖升堂，才坐，师出来卷却簟，祖便下座。师随至方丈，祖云："适来要举转因缘，你为什么卷却簟？"师云："为某甲鼻头痛。"祖云："你什么处去来？"师云："昨日偶有出入，不及参随。"祖喝一喝，师便出去。

【校注】

①将师鼻便扭:"便"原作"使",今校改。

马祖一日上堂,众集,以手点拂柄三下,便下座。师默有省,三日后举似祖。祖上堂告众曰:"吾何忧矣?自有大默在,是汝诸人之师也。"

马祖一日问师:"什么处来?"师云:"山后来。"祖云:"还逢著一人么?"师云:"不逢著。"祖云:"为什么不逢著?"师云:"若逢著,即举似和尚。"祖云:"什么处得〔这〕(者)个消息来?①"师云:"某甲罪过。"祖云:"却是老僧罪过。"师再参马祖,祖竖起拂子,师云:"即此用,离此用。"祖挂拂子于旧处,良久,祖云:"你已后开两片皮,将何示人?"师遂取拂子竖起。祖云:"即此用,离此用。"师亦挂拂子于旧处。祖便喝,师直得三日耳聋,方乃大悟。

(《天圣广灯录》卷第八《洪州百丈山大智禅师》)

【校注】

①什么处得这个消息来:"这"原作"者",今校改。

马祖令人驰书并酱三瓮与师,师令挑向法堂前。乃上堂,众才集,师以拄杖指酱瓮云:"道得即不打破,道不得即打破。"众无语,师便打破,归方丈。

(《天圣广灯录》卷第八《洪州百丈山大智禅师》)

黄檗到师处,一日辞云:"欲礼拜马祖去。"师云:"马祖已迁化也。"檗云:"未审有何言句?"师遂举再参马祖竖拂因缘。檗闻举,不觉吐舌。师云:"子已后莫承嗣马祖去么?"檗云:"不然。今日因师举,得见马祖大机之用,然且不识马祖,若嗣马祖,已后丧我儿孙。"师云:"见与师齐,减师半德;见过于师,方堪传授。子甚有超师之见。"

后沩山问仰山:"百丈再参马祖竖拂因缘,此二尊宿意旨如何?"仰山云:"此是显大机之用。"沩山云:"马祖出八十四人善知识,几人得大机?几人得大用?"仰山云:"百丈得大机,黄檗得大用,余者近是喝道之师。"沩山云:"如是,如是。"

(《天圣广灯录》卷第八《洪州百丈山大智禅师》)

五家正宗赞

江西马祖禅师

师讳道一,汉州什邡人,姓马氏。容貌奇异,虎视牛行。得法南岳,后归蜀乡,人喧迎之。溪边婆子云:"将谓有何奇特,元是马簸箕家小子。"师遂曰:"劝君莫还乡,还乡 1 道不成。溪边老婆子,唤我旧时名。"再返江西。

西天二十七祖般若多罗谶云:

　　金鸡解衔一粒粟,供养十方罗汉僧。

六祖谓南岳云:"尔后出一马驹,蹋杀天下人去在。"

石巩为猎时,从师〔庵〕(菴)前过。师见问曰:"汝是何人?"曰:"猎者。"师曰:"汝解射不?"曰:"解射。"师曰:"汝一箭射几个?"曰:"一箭射一个。"师曰:"汝不解射。"曰:"和尚解射不?"师曰:"解射。"曰:"一箭射几个?"师曰:"一箭射一群。"曰:"彼此生命,何用射他一群?"师曰:"汝既知如是,何不自射?"曰:"若教某甲自射,直是无下手处。"师曰:"〔这〕(者)汉旷劫无明,一时顿息。"巩遂掷弓箭,投师出家。

师与百丈行次,见水鸭。师问:"水鸭子在何处?"丈曰:"飞过去也。"师遂捏丈鼻,丈作痛声。师曰:"又道飞过去也?"丈乃有省。遂归寮中大哭,同事问曰:"有何事?"丈曰:"汝去问和尚。"同事往方丈,问曰:"不知海侍者有何事而哭,令某甲来问和尚。"师曰:"汝自去问他。"同事归问,丈大笑。同事曰:"适来哭,而今笑。"丈曰:"适来哭,而今笑。"

庞居士参次,问云:"不与万法为侣者是什么人?"师云:"待汝一口吸尽西江水,即向汝道。"士于此有省。

师与百丈、南泉、智藏玩月次,师曰:"正恁么时如何?"藏曰:"正好修行。"丈曰:"正好供养。"南泉拂袖便行。师曰:"经归藏,禅归海,唯有普愿独超物外。"后示寂于泐潭。

赞曰:

虎视牛行,虬髭铁面。
灭菩提达磨之心宗,应般若多罗之悬谶。
金鸡解衔一粒粟,祸孽潜萌;
马驹踏杀天下人,恶声难掩。
射鹿印石巩无明荡除,过鸭将百丈鼻头捏转。
吸江口,㩀杀庞公;玩月机,坑埋普愿。
八十四人阿辘辘,成团如破炉脊上苍蝇。
七千余里走区区,被人唤马簸箕家小团。
赤手逗曹溪正脉,古今分宗派滔滔,
即心得临济克家,儿孙上传灯衮衮。
稽首真空大法王,荡荡乎民无得而称焉。
拟觅踪由,太虚闪电。

(《五家正宗赞》卷第一,《卍续藏经》第135册)

古尊宿语录

马祖大寂禅师，师讳道一，汉州什邡人也。俗姓马氏，江西法嗣布于天下，时号马祖焉。

问："如何是修道？"师云："道不属修，若言修得，修成还坏，即同声闻；若言不修，即同凡夫。"云："作何见解，即得达道？"云："自性本来具足，但于善恶事上不滞，唤作修道人。取善舍恶，观空入定，即属造作。更若向外驰求，转疏转远。但尽三界心量，一念妄想，即是三界生死根本。但无一念，即除生死根本，即得法王无上珍宝。无量劫来，凡夫妄想，谄曲邪伪，我慢贡高，合为一体。故经云：但以众法，合成此身，起时唯法起，灭时唯法灭，此法起时不言我起，灭时不言我灭。前念、后念、中念，念念不相待，念念寂灭，唤作海印三昧，摄一切法，如百千异流，同归大海，都名海水，住于一味，即摄众味，住于大海，即混诸流。如人在大海中浴，即用一切水。所以声闻悟迷，凡夫迷悟。声闻不知圣心本无地位因果阶级，心量妄想，修因证果，住其空定八万劫、二万劫，虽即已悟，却迷。诸菩萨观如地狱苦，沉空滞寂，不见佛性。若是上根众生，忽遇善知识指示，言下领会，更不历于阶级地位，顿悟本性。故经云：凡夫有反覆心，而声闻无也。对迷说悟，本既无迷，悟亦不立。一切众生，从无量劫来，不出法性三昧，长在法性三昧中，著衣吃饭，言谈〔只〕（祇）

对，六根运用，一切施为，尽是法性。不解返源，随名逐相，迷情妄起，造种种业，若能一念返照，全体圣心。汝等诸人，各达自心，莫记吾语。纵饶说得河沙道理，其心亦不增；纵说不得，其心亦不减。说得亦是汝心，说不得亦是汝心，乃至分身放光，现十八变，不如还我死灰来。淋过死灰无力，喻声闻妄修因证果；未淋过死灰有力，喻菩萨道业纯熟，诸恶不染。若说如来权教三藏，河沙劫说不可尽，犹如钩〔锁〕（鏁）亦不断绝。若悟圣心，总无余事。久立珍重！"

上堂。庞居士问："不与万法为侣者是什么人？"师云："待汝一口噏尽西江水，即向汝道。"又问："不昧本来身，请师高著眼。"师直下觑，士云："一等没弦琴，唯师弹得妙。"师直上觑，士礼拜。师归方丈，居士随后云："适来弄巧成拙。"

问："如何是佛？"师云："即心是佛。"

问："离四句、绝百非，请师直指西来意。"师云："我今日无心情，汝去西堂，问取智藏。"僧至西堂问，西堂以手指头云："我今日头痛，不能为汝说得，汝去问海兄。"僧去问海兄，海兄云："我到〔这〕（者）里却不会。"僧回，举似师。师云："藏头白，海头黑。"

师采藤次，见水潦①，便作放势。水潦近前接，师即便踏倒。水潦起来呵呵大笑云："无量妙义，百千三昧，尽在一毛头上识得根源去。"

【校注】

①水潦:《祖堂集》、《景德传灯录》等作"水老"。

师令僧驰书与径山钦和尚,书中画一圆相。径山才开见,索笔于中著一点。后有僧举似忠国师,国师云:"钦师犹被马师惑。"

问:"和尚为甚么说即心即佛?"师曰:"为止小儿啼。"曰:"啼止时如何?"师曰:"非心非佛。"曰:"除此二种人来,如何指示?"师曰:"向伊道不是物。"曰:"忽遇其中人来时如何?"师曰:"且教伊体会大道。"

问:"如何是西来意?"师曰:"即今是甚么意?"

师问僧:"什么处来?"云:"湖南来。"师云:"东胡水满也未?"云:"未。"师云:"许多时雨水尚未满?"〔道吾云:"满也。"云岩云:"湛湛地。"洞山云:"什么劫中曾欠少?"〕

又问:"如水无筋骨,能胜万斛舟。此理如何?"师曰:"这里无水亦无舟,说甚么筋骨?"①

【校注】

①这段对话在《宗镜录》、《景德传灯录》、《联灯会要》里作庞居士与马祖的问答。

一夕,西堂、百丈、南泉随侍玩月次,师问:"正恁么时如何?"堂曰:"正好供养。"丈曰:"正好修行。"泉拂袖便行。师曰:"经归藏,禅归海,唯有普愿独超物外。"

师问百丈:"汝以何法示人?"丈竖起拂子,师曰:"〔只〕(祇)这个?为当别有?"丈抛下拂子。

僧问:"如何得合道?"师曰:"我早不合道。"

问:"如何是西来意?"师便打,曰:"我若不打汝,诸方笑我也。"

有小师耽源行脚回,于师前画一圆相,就上拜了立。师曰:"汝莫欲作佛否?"曰:"某甲不解捏目。"师曰:"吾不如汝。"小师不对。

有讲僧来问曰:"未审禅宗传持何法?"师却问曰:"座主传持何法?"主曰:"忝讲得经论二十余本。"师曰:"莫是师子儿否?"主曰:"不敢。"师作嘘嘘声。主曰:"此是法。"师曰:"是甚么法?"主曰:"师子出窟法。"师乃默然。主曰:"此亦是法。"师曰:"是甚么法?"主曰:"师子在窟法。"师曰:"不出不入是甚么法?"主无对[百丈代云:"见么?"],遂辞出门。师召曰:"座主。"主回首,师曰:"是甚么?"主亦无对。师曰:"这钝根阿师。"

洪州廉使问曰:"吃酒肉即是?不吃即是?"师曰:"若吃是中丞禄,不吃是中丞福。"

师入室弟子一百三十九人,各为一方宗主,转化无穷。师于贞元四年正月中登建昌石门山,于林中经行,见洞壑平坦,谓侍者曰:"吾之朽质,当于来月归兹地矣。"言讫而回,既而示疾。院主问:"和尚近日尊候如何?"师曰:"日面佛,月面佛。"二月一日,沐浴跏趺入灭。元和中谥大寂禅师,塔名大庄严。

(《古尊宿语录》卷一)

南岳大慧禅师,讳怀让,金州人也。俗姓杜,于仪凤二年①四月八日降诞。感白气应于玄象,在安康②之分。太史瞻见,遂奏闻高宗皇帝③。帝乃问何祥瑞,太史对曰:"国之法器,不染世荣。"帝传敕金州太守韩偕④,亲往存慰其家。家有三子,惟师最小,年始三岁,炳然殊异,性惟恩让,父乃安名怀让。至年十岁,惟乐佛书。时有三藏玄静过舍,见而奇之,告其父母曰:"此子若出家,必获上乘,广度众生。"至垂拱三年⑤,方十五岁,辞亲往荆州玉泉寺,依弘景律师出家。通天二年⑥受戒,后习毗尼藏。一日,自叹曰:"夫出家者,为无为法,天上人间,无有胜者。"时同学坦然,知师志气高迈,劝师同谒嵩山安禅师。安启发之,乃直诣曹溪礼六祖。六祖问:"什么处来?"师云:"嵩山安和尚处来。"祖云:"什么物与么来?"师无语。遂经八载,忽然有省,乃白祖云:"某甲有个会处。"祖云:"作么生?"师云:"说似一物即不中。"祖云:"还假修证也无?"师云:"修证即不无,污染即不得。"祖云:"只此不污染,是诸佛之护念。汝既如是,吾亦如是。西天二十七祖般若多罗谶汝曰:

　　震旦虽阔无别路,要假儿孙脚下行。

　　金鸡解衔一粒粟,供养什邡罗汉僧。

[又谶传道一法]

　　心里能藏事,说向汉江滨。

　　湖波探水月,将照二三人。"

祖云:"先师有言:从吾向后,勿传此衣,但以法传。若传此衣,命如悬丝,惟示道化,听吾偈曰:

　　心地含诸种,普雨悉皆萌。

　　顿悟华情已,菩提果自成。

汝向后出一马驹,踏杀天下人。应在汝心,不须速说。"

【校注】

①仪凤二年：唐高宗年号，当公元677年。

②安康：唐代金州属下县置，位于今山西石泉县南，至德二年（757）改名汉阴县。

③高宗皇帝：公元650~683年在位。

④太守韩偕：太守原为秦汉时代州郡地方长官官名，此处指州郡刺史。韩偕的事迹不详。

⑤垂拱三年：武则天年号，当公元687年。

⑥通天二年：武则天年号，当公元697年。

师侍奉一十五载，唐先天二年，始往南岳，居般若寺，示徒云："一切万法，皆从心生。心无所生，法无能住。若达心地，所作无碍。非遇上根，宜慎辞哉。"僧问："如镜铸像，像成后光归何处？"师云："如大德未出家时相状，向什么处去？"僧云："成后为什么不鉴照？"师云："虽然不鉴照，谩他一点不得。"

马祖居南岳传法院，独处一庵，唯习坐禅，凡有来访者都不顾，师往彼亦不顾。师观其神宇有异，遂忆六祖谶，乃多方而诱导之。一日将砖于庵前磨，马祖亦不顾。时既久，乃问曰："作什么？"师云："磨作镜。"马祖云："磨砖岂得成镜？"师云："磨砖既不成镜，坐禅岂能成佛？"祖乃离座云："如何即是？"师云："譬牛驾车，车若不行，打牛即是，打车即是？"又云："汝学坐禅，为学坐佛？若学坐禅，禅非坐卧。若学坐佛，佛非定相。于无住法，不应取舍。汝若坐佛，即是杀佛；若执坐相，非达其理。"马祖闻斯示诲，豁然开悟，礼拜问云:"如何用心,即合无相三昧?"师云:"汝学心地法门,如下种子;我说法要,譬彼天泽,汝缘合故,当见其道。"马祖云:"道非色相,云何能见?"师云:"心地法眼,能见乎道,无相三昧亦复然矣。"祖云:"有成坏否?"师云:"若以成坏聚散而见道者,非也。听吾偈曰:

　　心地含诸种,遇泽悉皆萌。

　　三昧华无相,何坏复何成?"

马祖一蒙开悟,心地超然,侍奉十秋,日益深奥。师入室弟子六人,各印可曰:"汝等六人同证吾身,各契其一。一人得吾眉,善威仪[常浩];一人得吾眼,善顾盼[智达];一人得吾耳,善听理[坦然];一人得吾鼻,善知气[神照];一人得吾舌,善谈说[严峻];一人得吾心,善古今[道一]。"

后马祖阐化于江西开元寺,师问众曰:"道一为众说法否?"众曰:"已为众说法。"师云:"未见通个消息来。"遂遣一僧去,嘱云:"待伊上堂时,但问作么生,记取答话来。"僧如教回,举似师:"马祖云:自从胡乱后,三十年不曾少盐酱。"师然之。

师天宝三年①八月十一日示寂于南岳,敕谥大慧禅师最胜轮之塔,吏部侍郎归登②撰塔记。

(《古尊宿语录》卷第一)

【校注】

①天宝三年:唐玄宗年号,当公元744年。

②吏部侍郎归登:唐代侍郎为各部副长官官名,吏部侍郎相当于吏部的副部长。归登(754~820),字冲之,苏州吴郡人,贞元初进士,德宗朝长期任起居舍人,顺宗朝任工部侍

郎，宪宗朝任兵部侍郎，官至工部尚书。德、顺两朝长期担任皇子侍读，又曾参与佛经翻译。《旧唐书》卷一四九、《新唐书》卷一六四有传，然不见其任职吏部侍郎的记载。

百丈怀海禅师，福州长乐人也。师参马大师，为侍者。檀越每送斋饭来，师才揭开盘盖，马大师拈起一片胡饼，示众云："是甚么？"每日如此，师经三年。①

【校注】
①这段文字又见于《联灯会要》卷四。

一日，随侍马祖路行次，闻野鸭声。马祖云："什么声？"师云："野鸭声。"良久，马祖云："适来声向什么处去？"师云："飞过去。"马祖回头，将师鼻便搊，师作痛声。马祖云："又道飞过去？"师于言下有省。却归侍者寮，哀哀大哭。同事问曰："汝忆父母耶？"师曰："无。"曰："被人骂耶？"师曰："无。"曰："哭作甚么？"师曰："我鼻孔被大师搊得痛不彻。"同事曰："有甚因缘不契？"师曰："汝问取和尚去。"同事问大师曰："海侍者有何因缘不契？在寮中哭。告和尚，为某甲说。"大师曰："是伊会也，汝自问取他。"同事归寮，曰："和尚道汝会也，教我自问汝。"师乃呵呵大笑。同事曰："适来哭，如今为甚却笑？"师曰："适来哭，如今笑。"同事罔然。

明日，马祖升堂，才坐，师出来卷却簟。马祖便下座，师随至方丈。马祖云："适来要举转因缘，你为什么卷却簟？"师曰："为某甲鼻头痛。"马祖云："你什么处去来？"师云："昨日偶有出入，不及参随。"马祖喝一喝，师便出去。①

【校注】

①这一段在《联灯会要》卷四的记述中略有出入,兹录如下:

> 马大师次日升堂,众才集,师出,卷却席,祖便下座,归方丈。却问师:"我适来上堂,未曾说话,你为甚么卷却席?"师云:"某甲昨日被和尚挡得鼻头痛。"祖云:"汝昨日向甚么处留心?"师云:"鼻头今日又不痛也。"祖云:"汝深得今日事。"师作礼而退。

马祖一日问师:"什么处来?"师云:"山后来。"祖云:"还逢著一人么?"师云:"不逢著。"祖云:"为什么不逢著?"师云:"若逢著,即举似和尚。"祖云:"什么处得〔这〕(者)个消息来?"师云:"某甲罪过。"祖云:"却是老僧罪过。"

师再参马祖,祖竖起拂子。师云:"即此用,离此用。"祖挂拂子于旧处。良久,祖云:"你已后开两片皮,将何为人?"师遂取拂子竖起。祖云:"即此用,离此用。"师亦挂拂子于旧处。祖便喝,师直得三日耳聋。

后住洪州大雄山,以居处岩峦峻极,故号百丈。既处之,未期月,参玄之宾四方麇至,沩山、黄檗当其首。

一日,师谓众曰:"佛法不是小事,老僧昔被马大师一喝,直得三日耳聋。"黄檗闻举,不觉吐舌。师曰:"子已后莫承嗣马祖去么?"檗曰:"不然。今日因和尚举,得见马祖大机大用,然且不识马祖。若嗣马祖,已后丧我儿孙。"师曰:"如是,如是。见与师齐,减师半德;见过于师,方堪传授。子甚有超师之见。"檗便礼拜。

(《古尊宿语录》卷一)

马祖令人驰书并酱三瓮与师,师令排向法堂前。乃上堂,众才集,师以拄杖指酱瓮云:"道得即不打破,道不得即打破。"众无语,师便打破,归方丈。

(《古尊宿语录》卷一)

沩山①问仰山②百丈再参马祖竖拂因缘:"此二尊宿意旨如何?"仰山云:"此是显大机大用。"沩山云:"马祖出八十四人善知识,几人得大机?几人得大用?"仰山云:"百丈得大机,黄檗得大用,余者尽是唱道之师。"沩山云:"如是,如是。"

(《古尊宿语录》卷一)

【校注】

①沩山:又名大沩山,位于今湖南宁乡县西北边界,唐属潭州(治所在长沙)。其中毗卢峰下密印禅寺,传为灵祐禅师祖庭。此处沩山代指灵祐禅师。

②仰山:又名大仰山,位于今江西宜春市南洪江乡西北四公里处,唐属袁州(治所在宜春)。山下栖隐寺(后名太平兴国寺)为灵祐弟子慧寂禅师祖庭。此处仰山代指慧寂禅师。

如今只是说破两头句,一切有无境法,但莫贪染,及解缚之事,无别语句教人。若道别有语句教人,别有法与人者,此名外道,亦名魔说。须识了义教、不了义教语,须识遮语、不遮语，须识生死语，须识药病语，须识逆顺喻语，须识总别语。说道修行得佛，有修有证，是心是佛，即心即佛，是佛说，是不了义教语，是不遮语，是总语，是升合担语，是拣秽法边语，是顺喻语，是死语，是凡夫前语。不许修行得佛，无修无证，非心非佛，（佛）亦是佛说①，是了义教语，是遮语，是别语，是百石担语，是三乘教外语，是逆喻语，是拣净法边语，是生语，是地位人前语。从须随洹向上直至十地②，但有语句，尽属法尘垢；但有语句，尽属烦恼边收；但有语句，尽属不了义教。了义教是持，不了义教是犯，佛地无持犯，了义不了义教尽不许也。

(《古尊宿语录》卷一《百丈怀海广录》)

【校注】

①亦是佛说：原作"佛亦是佛说"，其中第一个"佛"字疑为衍文，今删。

②须陀洹向上直至十地：须陀洹，梵文 Srota-āpanna 的音译，意译为"初果"、"预流果"等，是声闻四乘中最初级的果位，指断尽"见惑"、初入圣流之人。十地，又名十住。地，梵文 bhūmi 的音译，意为住处、住持、生成。十地即十种地位，通常指菩萨修行所经历的全部五十二个阶位中的第四十一至第五十的十个阶位，具体指欢喜地、离垢地、发光地、焰慧地、难胜地、现前地、远行地、不动地、善慧地、法云地。据说达到此十地的菩萨能见佛性、生无漏智、长养佛智。

补 遗

二,泯绝无寄宗者,说凡圣等法,皆如梦幻,都无所有,本来空寂,非今始无。即此达无之智,亦不可得。平等法界,无佛无众生,法界亦是假名。心既不有,谁言法界?无修不修,无佛不佛,设有一法胜过涅槃,我说亦如梦幻。无法可拘,无佛可作,凡有所作,皆是迷妄。如此了达,本来无事。心无所寄,方免颠倒,始名解脱。石头、牛头,下至径山,皆示此理。便令心行与此相应,不令滞情于一法上。日久功至,尘习自亡,则于怨亲苦乐,一切无事。因此便有一类道士、儒生、闲僧,泛参禅理者,皆说此言,便为臻极,不知此宗不但以此言为法。荷泽①、江西、天台等门下,亦说此理,然非所宗。

【校注】

①荷泽:指荷泽神会禅师。神会(684~758),俗姓高,襄阳(今湖北襄樊)人。曾先后受学于神秀、慧能,为慧能门下重要弟子。开元八年(720)奉旨北上,住南阳二十余年,人称"南阳和尚"。天宝四年(745)入洛阳,住洛阳荷泽寺,人称"荷泽和尚"。因宣传慧能的禅法和批评北宗而受到排斥,先后被贬逐到弋阳、武当、襄州、荆州,最后卒于荆州开元寺。安史之乱期间,神会设坛场主持度僧仪式,以所获"香水钱"支援郭子仪收复两京,由此使唐王朝改变了对他的

态度。传记、语录见《祖堂集》卷三,《宋高僧传》卷第八,《景德传灯录》卷五、卷二十八,《南阳和上问答杂征义》,《南阳和上顿教解脱禅门直了性坛语》,《菩提达摩南宗定是非论》等。关于神会的生卒年,各种文献有不同记载。此处根据宗密《圆觉经大疏钞》卷三之下和《大唐东都荷泽寺殁故第七祖国师大德于龙门宝应寺龙首腹建身塔铭并序》(载于《中原文物》1985年特刊号第211页)的记载。

三,直显心性宗者,说一切诸法,若有若空,皆唯真性。真性无相无为,体非一切。谓非凡非圣,非因非果,非善非恶等。然即体之用,而能造作种种,谓能凡能圣、现色现相等。于中指示心性,复有二类。一云即今能语言动作、贪嗔慈忍、造善恶、受苦乐等,即汝佛性。即此本来是佛,除此无别佛也。了此天真自然,故不可起心修道。道即是心,不可将心还修于心;恶亦是心,不可将心还断于心。不断不修,任运自在,方名解脱。性如虚空,不增不减,何假添补?但随时随处,息业养神,圣胎增长显发,自然神妙,此即是为真悟、真修、真证也。二云诸法如梦,诸圣同说,故妄念本寂,尘境本空,空寂之心,灵知不昧。即此空寂之知,是汝真性。任迷任悟,心本自知,不藉缘生,不因境起,知之一字,众妙之门。由无始迷之,故妄执身心为我,起贪嗔等念,若得善友开示,顿悟空寂之知。知且无念无形,谁为我相人相?觉诸相空,心自无念。念起即觉,觉之即无,修行妙门,唯在此也。故虽备修万行,唯以无念为宗。但得无念知见,则爱恶自然淡泊,悲智自然增明,罪业自然断除,功行自然增进。既了诸相非相,自然无修而修。烦恼尽时,生死即绝,生灭灭已,寂照现前,应用无穷,名之为佛。然此两家皆会相归性①,故同一宗。

(宗密《禅源诸诠集都序》卷上,中文出版社影印高丽本,1986年)

【校注】

①会相归性:"归",原作"皈",今校改。

洪州宗者,先即六祖下傍出。谓有禅师,姓马,名道一,先是剑南金和尚①弟子也。[金之宗源即智诜也,亦非南北。]高节至道,游方头陀,随处坐禅,乃至南岳,遇让禅师,论量宗教,理不及让,方知传衣付法,曹溪为嫡,乃回心遵禀。便住〔虔〕(处)州②、洪州,或山或郭,广开供养,接引道流。后于洪州开元寺,弘传让之言旨,故时人号为洪州宗也。让即曹溪门下傍出之派徒[曹溪此类数可千余],是荷泽之同学,但自率身修行,本不开法。因马和尚大扬其教,故成一宗之源。

(宗密《中华传心地禅门师资承袭图》,《卍续藏经》第110册)

【校注】

①剑南金和尚:剑南,指剑南节度使,设于开元七年(719),治所在益州(今四川成都一带),辖境包括今四川中部一带。金和尚,即益州净众寺无相禅师。无相(684~762,或680~756),俗姓金,新罗国人。开元十六年(728)到中国,先入京,后入蜀,师从德纯寺唐和尚,得唐和尚付法,后住成都净众寺,直到去世。传记、语录见《历代法宝记》、《宋高僧传》卷十九等。

②虔州:"虔",原作"处",今校改。唐代处州即今浙江丽水一带,马祖到处州之事不见于其他记载,"处"字应为"虔"字之误。

洪州意者,起心动念,弹指动目,所作所为,皆是佛性全体之用,更无别用。全体贪嗔痴,造善造恶,受乐受苦,此皆是佛性。如面作种种饮食,一一皆面。意以推求此身,四大骨肉,喉舌牙齿,眼耳手足,并不能自语言、见闻、动作,如一念命终,全身都未变坏,即便口不能语,眼不能见,耳不能闻,脚不能行,手不能作,故知能言语动作者,必是佛性。且四大骨肉,一一细推,都不解贪嗔烦恼,故知贪嗔烦恼并是佛性。佛性体非一切差〔别〕①(引)种种,而能造作一切差别种种。体非种种者,谓此佛性非凡非圣,非因非果,非善非恶,无色无相,无根无住,乃至无佛无众生也。能作种种者,谓此性即体之用,故能凡能圣,能因能根,能善能恶,现色现相,能佛能众生,乃至能贪嗔等。若覆其体性,则毕竟不可见、不可证,如眼不自见眼等。若就其应用,即举动运为,一切皆是,更无别法,而为能证所证。彼意准《楞伽经》云:如来藏是善不善因,能遍兴造一切趣生,受苦乐,与因俱。又佛语心,经云:或有佛刹,扬眉动睛,笑吹謦咳,或动摇等,皆是佛事。既悟解之理,一切天真自然。故所修行,理宜顺此,而乃不起心断恶,亦不起心修道。道即是心,不可将心还修于心;恶亦是心,不可将心还断于心。不断不造,任运自在,名为解脱人。无法可拘,无佛可作,犹如虚空不增不减,何假添补?何以故?心性之外,更无一法可得故,故但任心即为修也。

【校注】

①别：原作"引"，今据原校记改。

评曰：此与前宗①敌体相反。前则朝暮分别动作，一切皆妄；此则朝暮分别动作，一切皆真。奉问疑其互相诋訾，〔莫〕②（暮）肯会同，且所见如此相违，争不诋訾？若存他则失己，争肯会同？

（宗密《中华传心地禅门师资承袭图》，《卍续藏经》第110册）

【校注】

①前宗：这里指北宗和四川的保唐宗（即金和尚弟子保唐无住一派）。

②莫：原作"暮"，据原校记改。

又上三家见解异者，初一切皆妄，次一切皆真，后一切皆无。若就行说者，初伏心灭妄，次信任情性，后休心不起。宗密①性好勘会，一一曾参，各搜得旨趣如是。若将此语问彼学人，即皆不招承，问有答空，征空认有，或言俱非，或言皆不可得。修不修等皆类此也。彼意者常恐堕于文字，常怕滞于所得，故随言拂也。有归心学者，方委细教授，令多时观照，熟其行解矣。然每宗复有多种方便，拒于外难，诱于徒属，不可具书。今但罗其意趣，举其宏纲也。

（宗密《中华传心地禅门师资承袭图》，《卍续藏经》第110册）

【校注】

①宗密：此二字原为小字注文，今列入正文。

复有一类人指示云：即此黑暗便是明珠，明珠之体永不可见，欲得识者，即黑便是明珠，乃至即青黄种种皆是。致令愚者，的信此言，专记黑相，或认种种相为明珠；或于异时，见黑〔串〕①（柙）子珠、米吹青珠、碧珠乃至赤珠、琥珀、白石英等珠，皆云是摩尼；或于异时，〔见〕（是）摩尼珠②都不对色时，但有明净之相，却不认之，以不见有诸色可识认故，疑恐局于一明珠相故。[洪州见解如此也。言愚者，彼宗后学也。异时见黑串子等者，心涉世间，分别尘境时，见贪嗔爱慢之念也。琥珀石英者，如慈善谦敬之念也。不对色时者，无所念也。但有明净者，了了自知无念也。疑局者，彼之唯认知是偏局也。]

（宗密《中华传心地禅门师资承袭图》，《卍续藏经》第110册）

【校注】

①串：原作"柙"，今校改。
②见摩尼珠："见"，原作"是"，今校改。摩尼，梵文音译，意为宝珠。

问："洪州亦云灵觉及鉴照等，何异于知？"答："若据多义，以显一体，即万法皆是一心，何唯灵觉鉴照等？今就克体指示，即愚智善恶，乃至禽畜，心性皆然，了了常知，异于木石。其觉智等言，即不通一切。谓迷者不觉，愚者无智。心无记时，即不名鉴照等，岂同心体自然常知？故〔华〕（花）严疏主①答顺宗②云：无住心体，灵知不昧。③又云：任运寂知。④又云：双照寂知。⑤《华严经》亦拣知与智别，⑥况洪州虽云灵觉，但是标众生有之，如云皆有佛性之言，非的指示，指示则但云能言语等。若细诘之，即云一切假名，无有定法。且统论佛教，有遣显二门。推其实义，有真空妙有，空其本心，具体具用。今洪州、牛头，以拂迹为至极，但得遣教之意，真空之义，唯成其体，失于显教之意，妙有之义，阙其用也。"

【校注】

①华严疏主：指澄观（738~839），俗姓夏侯，越州山阴（今浙江绍兴）人。游历各地，遍参诸方，博通各类经论，尤精《华严》，著有《华严经》注疏多部，久住清凉山（五台山），又曾被召入京，后代尊为华严宗四祖。《宋高僧传》卷五有传。"华"，原作"花"，今校改。《景德传灯录》卷三十、《联灯会要》卷三十等收录有他答皇太子（即后来的唐宪宗）的《心要》。

②顺宗：即唐顺宗，公元805年在位。

③无住心体，灵知不昧：语出澄观答皇太子（唐宪宗）的《心要》，见《景德传灯录》卷三十《五台山镇国大师澄观答皇太子问心要》、《联灯会要》卷三十《澄观国师答皇太子心要》。另外，这两句在《宗镜录》卷二十九中亦有引用。

④任运寂知：语出澄观的《心要》，原话为"若任运寂知，则众行爰起"（见《景德传灯录》卷三十《五台山镇国大师澄观答皇太子问心要》、《联灯会要》卷三十《澄观国师答皇太子心要》）。

⑤双照寂知：语出澄观的《心要》，原话为"论观则双照

寂知"（见《景德传灯录》卷三十《五台山镇国大师澄观答皇太子问心要》、《联灯会要》卷三十《澄观国师答皇太子心要》）。

⑥《华严经》亦拣知与智别：此说源于《华严经·菩萨问明品》。据《大方广佛华严经》卷十三，诸菩萨向文殊师利菩萨提出"何等是佛境界智"、"何等是佛境界知"等问题，请文殊菩萨说明"何等是佛境界"。文殊以颂答曰："诸佛智自在，三世无所碍……非识所能识，亦非心境界，其性本清净，开示诸群生。"（参见《大正藏》第10卷，第69页a）宗密认为《华严经》中这段经文就说明了智与知的区别，即："智局于圣，不通于凡；知即凡圣皆有，通于理智。"（参见《禅源诸诠集都序》卷二）

问："洪州以能语言动作等，显于心性，即当显教，即是其用，何所阙耶？"答："真心本体有二种用，一者自性本用，二者随缘应用。犹如铜镜，铜之质是自性体，铜之明是自性用。明所现影，是随缘用。影即对缘方现，现有千差，明即自性常明。明唯一味，以喻心常寂是自性体，心常知是自性用，此能语言能分别动作等，是随缘应用。今洪州指示能语言等，但是随缘用，阙自性用也。又显教有比量①显、现量②显。洪州云心体不可指示，但以能语言等验之，知有佛性，是比量显也。荷泽直云心体能知，知即是心，约知以显心，是现量显也。洪州阙此。"

（宗密《中华传心地禅门师资承袭图》，《卍续藏经》第110册）

【校注】

①比量：指推论、推理的认识过程及知识，如见烟而知有火。

②现量：指直接经验的认识过程及知识。

今次明顿悟渐修两门者。然真如之理尚无佛无众生，况有师资传授？今既自佛以来祖祖传授，即知约人修证趣入之门也。既就人论，即有迷悟、始终、凡圣。从迷而悟即顿，转凡成圣即顿悟也。顿悟者，谓无始迷倒，认此四大为身，妄想为心，通认为我。若遇善友，为说如上不变随缘、性相体用之义，忽悟灵灵知见，是自真心。心本空寂，无边无相，即是法身，身心不二，是为真我，即与诸佛分毫不殊，故云顿也。[此下举喻，即随文注，以法合之。]如有大官［佛性］，梦［迷也］在牢狱［三界］，身［本识］著枷锁［贪爱］，种种忧苦［一切业报］，百计求出［问法勤修］，遇人唤起［善知识也］，忽然觉悟［闻法心开］，方见自身［法身真我］，元在自家［《净名经》云：毕竟空寂舍也］，安乐［寂灭为乐］富贵［体上本有河沙功德也］，与诸朝〔僚〕①（寮），都无别异［同诸佛之真性，法合一一，如注可知］。据此法喻，一一分明，足辨梦悟。身心本源虽一，论其相用，倒正悬殊。不可觉来还作梦事，以喻心源虽一，迷悟悬殊。梦时拜相［迷时修得大梵天王等位］，不及觉时作尉［悟后初入十信位也］，梦得七宝［迷时修无量功德也］，不及觉时百钱［悟时持五戒十善］。皆以一妄一真，故不可类［诸教皆云：施三千七宝，不如闻一句偈。是此意也］。今洪州但言贪嗔戒定一种是佛性作用者，阙于拣辨迷悟倒正之用也。彼意在真如心性常知②，如不变之湿性，心既无迷，即非无明，如风顿止，悟后自然攀缘渐息，如波浪渐停，以定慧资薰身心，渐渐自在，乃至神变无碍，普利群生，如春阳冰泮，溉灌洗涤，善利万物也。洪州常云：贪嗔慈善皆是佛性，有何别者？如人但观湿性始终无异，不知济舟覆舟，功过悬殊。故彼宗于顿悟门虽近而未的，于渐修门有误而全〔乖〕③（垂）。

（宗密《中华传心地禅门师资承袭图》，《卍续藏经》第110册）

【校注】

①僚：原作"寮"，今校改。

②真如心性常知：原校记云："'性'、'常'之间佚失十六字，诘十八行。"

③乖：原作"垂"，据原校记改。

疏有触类是道而任心者，第四家也。其先从六祖下分出，谓南岳观音台让和上，是六祖弟子，本不开法，但居山修道，因有剑南沙门道一，俗姓马，是金和上弟子，高节志道，随处坐禅，久住荆南明月山①，后因巡礼圣迹，至让和上处，论量宗运，征难至理，理不及让。又知传衣付法曹溪为嫡，便依之修行。住乾州②、洪州、〔虔〕（虎）州③，或山或〔郭〕④（廓），广开供养，接引道流，大弘此法。起心动念，弹指、磬咳、扬〔眉〕⑤（扇），因所作所为，皆是佛性全体之用，更无第二主宰。如面作多般饮食，一一皆面，佛性亦尔。全体贪嗔痴造善恶、受苦乐故，一一皆性。意以推求，而四大骨肉、舌齿、眼耳、手足，并不能自语言、见闻、动作，如一念〔命〕⑥（今）终，全身都未变坏，即便口不能语，眼不能见，耳不能闻，脚不能行，手不能作。故知语言作者，必是佛性。四大骨肉，一一细推，都不解贪嗔故，贪嗔烦恼并是佛性。佛性非一切差别种种，而能作一切差别种种。意准《楞伽经》云：如来藏是善不善因，能遍兴造一切〔趣〕（起）生，⑦受苦乐，与因俱。又云佛语心，又云：或有佛刹，扬眉动睛，笑〔叹〕（欠）〔罄〕（磬）咳，或动摇等，⑧皆是佛事。故云触类是道也。言任心者，彼息业养神［或云息神养道］之行门也。谓不起心造恶修善，亦不修道。道即是心，不可将心还修于心；恶亦是心，不可以心断心。不断不造，任运自在，名为解脱人，亦名过量人。无法可拘，无佛可作。何以故？心性之外，无一法可得。故云但任心即为修也。此与第三家敌对相违。谓前则一切是妄，此即一切是真。

（《圆觉经大疏钞》卷三之下，《卍续藏经》第 14 册）

【校注】

①荆南明月山：荆南，指荆南节度使，设于至德二年（757），治所在荆州（后改为江陵府，今湖北荆沙市荆州区故江陵县城），辖境包括今湖北荆沙、宜昌、秭归、巴东、奉节，四川万县，湖南常德等地。明月山，柳田圣山认为在湖北省巴东县西北四十里（参见《初期禅宗史书の研究》第 337 页，法藏馆，2000 年）。但是，根据唐宋时代的舆地资料，与荆州或荆南有关的明月山并不限于巴东，属于荆南境内的即有二处：一在唐代荆州境内松滋县（在今湖北枝江、松滋之间）西七十里，据说"山岭弯弯如明月"（参见《太平寰宇记》卷一四六）；二在唐代归州境内秭归县（今湖北秭归），秭归西邻即巴东县，因此说明月山"在巴东，山上有窍如明月"（王

象之《舆地纪胜》卷七十四、祝穆《方舆胜览》卷五十八）。此外，在紧靠荆州或荆南南端的唐代辰州沅陵县（在今湖南）东二百里处亦有明月山，据说山下有明月池（参见《元和郡县图志》下，第747页，中华书局，1983年）。其中松滋县和秭归（或巴东）县的明月山都在唐代荆南节度使的范围之内，但是始见于宋代的记载，至于唐代是否名为明月山，今已不得而知；沅陵县境内的明月山虽然不在荆州和荆南节度使的范围，但是靠近荆州或荆南节度使的南界，而且见于唐代的记载。现在很难断定马祖住过的明月山究竟是其中的哪一处，但是鉴于归州为"四川之门户"（《方舆胜览》卷五十八），因而在通常情况下，这里应是马祖走出四川的必经之地，所以他曾住秭归（或巴东）明月山的可能性也更大一些。

②乾州：唐代先后有两个乾州，一个位于今四川茂县西部，另一个位于今陕西乾县一带。茂县的乾州设于大历三年（768），其时马祖早已不在四川，而在江西；乾县的乾州设于乾宁元年（894），其时已在马祖去世百年之后。因此，这两个乾州均与马祖到过的乾州无关，宗密这里所说的乾州究竟是指哪里，目前不得而知。纯一法师认为乾州的"治所即今湖南省吉首县西南乾州镇"，马祖曾经到过那里（参见释纯一《试论马祖道一禅师对中国佛教的建树》一文。该打印稿由中国社会科学院世界宗教研究所黄夏年教授提供，又见《中国禅宗网》马祖文化研究中心网页 http://www.chanzong.cn，聊备参考）。

③虔州："虔"，原作"虎"，今校改。唐代无虎州，"虎"字应系"虔"字之误。

④郭：原作"廓"，今校改。

⑤眉：原作"扇"，据《卍续藏经》校记改。

⑥命：原作"今"，于义不通，今校改。

⑦如来藏是善不善因，能遍兴造一切趣生：语出《大乘入楞伽经》卷第五。"趣"，原作"起"，今据《大乘入楞伽经》校改。

⑧"或有佛刹"至"或动摇等"：源于《楞伽阿跋多罗宝经》卷第二："大慧，非一切刹土有言说，言说者是作相耳。或有佛刹，瞻视显法，或有作相，或有扬眉，或有动睛，或笑或欠，或謦咳，或念刹土，或动摇。""笑叹謦咳"，原作"笑欠謦咳"，据《大正藏》校记改。

禅宗长老百岩大师①之师曰大寂禅师，传佛语心法，始自达摩，至于〔慧〕②（惠）能之化行于南服，流于天下，大抵以五蕴、九识、十八界皆空，犹镜之明也，③虽万象毕呈④，而光性无累，心之虚也，虽三际不住，而觉观湛然。得于此者，即凡成圣，不然一尘瞥起，⑤六入胶固，循环回复于生死之中，风涛火轮，迷妄不息。授受吻合，大师得之，一言宗通，深入无碍。

（权德舆《唐故章敬寺百岩大师碑铭并序》，《全唐文》卷五百一）

【校注】

①百岩大师：即章敬怀晖禅师，马祖弟子。怀晖，俗姓谢，泉州人。贞元初师从洪州马祖。时彭城刘济颇德晖，互相推证。后潜岨崍山，次寓齐州灵岩寺，次移百家岩，又隐居中条山行禅法。元和三年（808），应宪宗诏入京，住章敬寺毗

卢遮那院，复诏入麟德殿赐斋，推居上座。关于怀晖的生卒年，据权德舆的《唐故章敬寺百岩大师碑铭并序》，为公元756~815年，据《宋高僧传》为754~815年，《五灯会元》作卒于元和十三年（818）。传记、语录又见《宋高僧传》卷十、《五灯会元》卷三等。

②慧：原作"惠"，今校改。下同。

③犹镜之明也：四部丛刊本《权载之文集》卷十八作"犹镜之明焉"。

④万象毕呈：四部丛刊本《权载之文集》卷十八作"万象毕陈"。

⑤不然一尘瞥起：四部丛刊本《权载之文集》卷十八作"不然则一尘瞥起"。

　　道悟①，渚宫②人，姓崔氏，子玉③之后允也。年十五，依长沙寺昙翥律师④出家，二十三诣嵩山受戒，三十三参石头，频沐指示，曾未投机，次谒忠国师，三十四与国师侍者应真⑤南还，谒马祖。祖曰："识取自心，本来是佛，不属渐次，不假修持，体自如如，万德圆满。"师于言下大悟。祖嘱曰："汝若住持，莫离旧处。"师蒙旨已，便返荆州，去郭不远，结草为庐。

　　　　　　（邱元素《天王道悟禅师碑》，《全唐文》卷七一三）

【校注】

①道悟：即《宋高僧传》和《景德传灯录》中的荆州天皇道悟禅师，石头希迁弟子。关于道悟的传记，邱元素的《天王道悟禅师碑》作俗姓崔，渚官人，卒于元和三年，寿八

十二，僧腊六十三，即其生卒年为公元727~808年。《宋高僧传》卷十和《景德传灯录》卷十四作俗姓张，婺州东阳（今浙江东阳）人。十四岁于明州出家，二十五岁于杭州竹林寺受戒。后投径山国一禅师，密受宗要，服勤五载，大历十一年（776）入余姚大梅山。建中初（780）诣钟陵马大师，二年秋谒石头希迁。后居澧阳（今湖南临澧东北、澧县东南），次居于漻口，继栖当阳（今湖北当阳）紫柴山。应荆州连帅之邀，移居荆州天皇寺，受江陵尹右仆射裴公礼敬。卒于元和丁亥岁，春秋六十，僧腊三十五，则其生卒年为公元748~807年。

②渚宫：江陵的别称，相当于今湖北荆州市荆州区。

③子玉：这里可能是指春秋时代的楚国元帅子玉。

④长沙寺昙粥律师：事迹不详。

⑤应真：即吉州耽源山应真禅师，南阳慧忠弟子。语录见《祖堂集》卷四、《景德传灯录》卷十三、《联灯会要》卷三等。

　　大寂之徒，多诸龙象，或名闻万乘，入依京辇；或化洽一方，各安郡国。唯大师好耽幽隐，栖止云松，遗名而德称益高，独往而学徒弥盛。

（陈诩《唐洪州百丈山故怀海禅师塔铭》，《全唐文》卷四四六）

　　应身无数，天竺降其一；禅祖有六，圣唐得其三。在高祖①时，有道信②叶昌运；在太宗③时，有〔弘〕（宏）忍④示元珠；在高宗⑤时，有〔慧〕⑥（惠）能筌月指。自此脉散丝分，或遁秦，或居洛，或之吴，或在楚。秦者曰秀⑦，以方便显,普寂⑧其允也。洛者曰会⑨,得总持之印,独曜莹珠;习徒迷真,橘枳变体,竟成《坛经》传宗,优劣详矣。吴者曰融⑩,以牛头闻,径山其裔也。楚者曰道一,以大乘摄。

(韦处厚《兴福寺内道场供奉大德大义禅师碑铭》,《全唐文》卷七一五)

【校注】

①高祖:指唐高祖,公元618~626年在位。

②道信:即禅宗四祖道信。道信(580~651),俗姓司马,河内(今河南沁阳)人。少年出家,入舒州皖公山从二僧修禅。大业年间(605~618)至吉州(今江西吉安),后住庐山大林寺十年,最后住蕲州黄梅(在今湖北)双峰山三十年。传记、语录见《续高僧传》卷二十、《楞伽师资记》、《历代法宝记》、《祖堂集》卷二、《景德传灯录》卷三等。

③太宗:即唐太宗,公元627~649年在位。

④弘忍:禅宗五祖。"弘",原作"宏",今校改。弘忍(602~675,《祖堂集》作603~672),俗姓周,黄梅(在今湖北)人。七岁从道信出家,至双峰山习禅,师从道信三十年,得其付法。后居双峰山以东冯茂山,法门大启,学徒奔凑,人称"东山法门"。传记、语录见《楞伽师资记》、《历代法宝记》、《宋高僧传》卷八、《祖堂集》卷二、《景德传灯录》卷三、《最上乘论》等。

⑤高宗:即唐高宗皇帝,公元650~683年在位。

⑥慧:原作"惠",今校改。

⑦秀:指神秀禅师。神秀(约606~706),俗姓李,汴州尉氏(在今河南)人。少通儒业,博学多闻,奋志出家。至

蕲州双峰山师从弘忍，为弘忍门下大弟子之一。后住荆州玉泉寺，九十岁时被武则天召入洛阳，后又入长安内道场，受武则天礼敬。传记、语录见《楞伽师资记》、《宋高僧传》卷九、《景德传灯录》卷四、《观心论》、《大乘五方便北宗》等。

⑧普寂：即嵩山普寂禅师。普寂（651~739），俗姓冯，蒲州河东（今山西永济）人，神秀弟子。幼年修学经律，于荆州玉泉寺师从神秀，久视元年（700）神秀应诏赴洛阳，普寂受度为僧。中宗皇帝敕命代神秀领众，开元二十三年（735）应召入京。传记见李邕《大照禅师塔铭》、《宋高僧传》卷九等。

⑨会：指荷泽神会禅师。

⑩融：指牛头法融禅师。

师讳齐安。……后闻南康之龚〔公〕①（工）山大寂大师随化度人，慈缘幽感，裹足振锡，不日而至。本师奇而悦之，乃以辨惠，畅其指归，俾刹那而登妙觉。

（卢简求《杭州盐官县海昌院禅门大师〔塔〕（墙）碑》，《全唐文》卷七三三）

【校注】

①公：原作"工"，今校改。

一朝乃言曰："大丈夫当离法自静，焉能屑屑事细行于衣巾耶？"是时南岳有迁，江西有寂，中岳有洪，皆悟心契。乃知大圭之质，岂俟磨砻？照乘之珍，难晦符彩。自是，寂以大乘法闻四方学徒，至于指心传要，众所不能达者，师必默识悬解，不违如愚。居寂之室，垂二十年。寂曰："尔之所得，可谓浃于心术，布于四体，欲益而无所益，欲知而无所知，浑然天和，合于大无，吾无有以教矣。佛法以开示群盲为大功，度灭众恶为大德，尔当以功德普济迷途。宜作梯航，无久滞此。"由是陟罗浮①，涉清凉②，历三峡，游九江③。贞元④初，因憩药山，喟然叹曰："吾生寄世，若萍蓬耳，又何效其飘转耶？"既披榛结〔庵〕（菴），才庇跌坐。乡人知者，乃赍携饮馔，奔走而往。师曰："吾无德于人，吾何以劳人乎哉？"并谢而不受。乡人跪曰："愿闻日费之具。"曰："米一升足矣。"自是常以山蔬数本佐食。一食讫，就座转《法华》、《华严》、《涅槃经》，昼夜若一，始终如是，殆三十年矣。游方求益之徒，知教之在此。后数岁而僧徒葺居禅室，接栋麟差，其众不可胜数。至于沃烦正覆，导源成流，有以见寂公⑤先知之明矣。

（唐伸《澧州药山故惟俨大师碑铭并序》，《全唐文》卷五三六）

【校注】

①罗浮：即罗浮山，位于今广东惠州西北四十五公里，横跨博罗、龙门、增城三县。

②清凉：即清凉山，又名五台山。

③九江：隋代郡置，设于大业三年（607），治所在湓城（今江西九江）。唐武德四年（621）复为江州，辖境包括今江西九江、星子、都昌、德安、瑞昌、彭泽等地，治所在浔阳（今九江）。

④贞元：唐德宗年号，当公元785~804年。

⑤寂公：指大寂禅师，即马祖。

惟洪州道一大师古相标奇，足文现异，俯爱河而利涉，靡顿牛行，过朽宅以衔悲，频回象际。早从上首，略动遐心，携仁寿之剃刀，振天台之锡杖，遄违百濮，直出三巴，拂衡岳以倘佯，指曹溪而怅望。都遗喻筏，尽灭化城①，罢悬栎于顿门，抗前旌于超地。披荆西里，坐树南康。有感则通，无闻不耸。医龟思遇，哽虎求探。化汉水之渔人，奚求往哲？度青萝之猎客，肯愧前修？……彼四大士②者，皆行贯迦维③，名高记莂④，且夫纷纶藻绘，列慈氏之云台，合沓缃囊，贮圣王之蓬阁。

（李商隐《唐梓州⑤慧义精舍南禅院四证堂碑铭并序》，《全唐文》卷七八〇）

【校注】

①化城：即乾闼婆城的意译，意为幻化的城郭。佛教经常用以比喻诸法如海市蜃楼，虚幻不实。《方广大庄严经》卷十："因缘和合生，空寂无所有，如乾闼婆城，如虚空阳焰。"又《大智度论》卷八十九："是法皆毕竟空无所有，众生颠倒虚妄故，见似如有，如化如幻，如乾闼婆城，无有实事，但诳惑人眼。"

②四大士：指益州无相、保唐无住、洪州道一、西堂知藏。

③迦维：梵文迦维罗卫（Kapilavastu）的音译略称，指净饭王的都城，如来降生之地。

④记莂：又作"记别"，亦称"授记"，指佛为诸弟子未来成佛及相关之事所作的预言。

⑤梓州：唐代梓州辖境包括今四川三台、中江、盐亭、射洪等地，治所在郪县（今三台）。

南阳慧忠国师语

　　南阳慧忠国师问禅客："从何方来？"对曰："南方来。"师曰："南方有何知识？"曰："知识颇多。"师曰："如何示人？"曰："彼方知识直下示学人即心是佛。佛是觉义，汝今悉具见闻觉知之性，此性善能扬眉瞬目，去来运用，遍于身中，挃头头知，挃脚脚知，故名正遍知，离此之外，更无别佛。此身即有生灭，心性无始以来未曾生灭。身生灭者，如龙换骨、蛇脱皮、人出故宅，即身是无常，其性常也。南方所说，大约如此。"师曰："若然者，与彼先尼外道①无有差别。彼云：我此身中有一神性，此性能知痛痒，身坏之时神则出去，如舍被烧，舍主出去，舍即无常，舍主常矣。审如此者，邪正莫辨，孰为是乎？吾比游方，多见此色，近尤盛矣。聚却三五百众，目视云汉，云是南方宗旨，把他《坛经》改换，添糅鄙谭，削除圣意，惑乱后徒，岂成言教？苦哉，吾宗丧矣！若以见闻觉知是佛性者，净名不应云法离见闻觉知，若行见闻觉知，是则见闻觉知非求法也。"僧又问："法华了义开佛知见，此复若为？"师曰："他云开佛知见，尚不言菩萨二乘，岂以众生痴倒便同佛之知见耶？"僧又问："阿那个是佛心？"师曰："墙壁瓦砾是。"僧曰："与经大相违也。《涅槃》云：离墙壁无情之物，故名佛性。今云是佛心，未审心之与性为别不别？"师曰："迷即别，悟即不别。"曰："经云：佛性是常，心是无常。今云不别，何也？"师曰："汝但依语而不依义。譬如寒月，水结为冰，及至暖时，冰释为水。众生迷时，结性成心；众生悟时，释心成性。若执无情无佛性者，经不应言三界唯心。宛是汝自违经,吾不违也。"问:"无情既有心性,还解说法否?"师曰:"他炽然常说,无有间歇。"曰:"某甲为什么不闻?"师曰:"汝自不闻。"曰:"谁人得闻?"师曰:"诸佛得闻。"曰:"众生应无分邪?"师曰:"我为众生说,不为圣人说。"曰:"某甲聋瞽,不闻无情说法,师应合闻?"师曰:"我亦不闻。"曰:"师既不闻,争知无情解说?"师曰:"我若得闻,即齐诸佛。汝即不闻我所说法。"曰:"众生毕竟得闻否?"师曰:"众生若闻,即非众生。"曰:"无情说法,有何典据?"师曰:"不见《华严》云:刹说、众生说、三世一切说,众生是有情②乎?"曰:"师但说无情有佛性,有情复若为?"师曰:"无情尚尔,况有情耶?"曰:"若然者,前举南方知识云见闻是佛性,应不合判同外道。"师曰:"不道他无佛性,外道岂无佛性耶?但缘见错,于一法中而生二见,故非也。"曰:"若俱有佛性,且杀有情,即结业互酬,损害无情,不闻有报。"师曰:"有情是正报,计我我所而怀结恨,即有罪报。无情是其依报,无结恨心,是以不言有报。"曰:"教中但见有情作佛,不见无情受记。且贤劫千佛,孰是无情佛耶?"师曰:"如皇太子未受位时,唯一身尔。受位之后,国土尽属于王,宁有国土别受位乎?今但有情受记,作佛之时,十方国土悉是遮那佛身,那得更有无情受记耶?"曰:"一切众生,尽居佛身之上,便利秽污佛身,穿凿践踏佛身,岂无罪耶?"师曰:"众生全体是佛,欲谁为罪?"曰:"经云:佛身无挂碍,今以有为质碍之物而作佛身,岂不乖于圣旨?"师曰:"《大品经》③云:不可离有为而说无为。④汝信色是空否?"曰:"佛之诚言,那敢不信?"师曰:"色既是空,宁有挂碍?"曰:"众生佛性既同,只用一佛修行,一切众生应时解脱。今既不尔,同义安在?"师曰:"汝不见华严六相义⑤云:同中有异,异中有同,成坏总别,类例皆然。众生佛虽同一性,不妨各各自修自得,未见他食我饱。"曰:"有知识示学人:但自识性了,无常时抛却嗀漏子一边著,灵台智性,迥然而去,名为解脱。此复若为?"师曰:"前已说了,犹是二乘外道之量。二乘厌离生死,欣乐涅槃。外道亦云:吾有大患,为吾有身。⑥乃趣乎冥谛,须陀洹⑦人八万劫,余三果人,六、四、二万,辟支佛一万劫,住于定中。外道亦八万劫,住非非想中。二乘劫满,犹能迴心向大,外道还却轮回。"曰:"佛性一种,为别?"师曰:"不得一种。"曰:"何也?"师曰:"或有全不生灭,或半生半灭,半不生灭。"曰:"孰为此解?"师曰:"我此间佛性全不生灭,汝南方佛性,半生半灭,半不生灭。"曰:"如何区别?"师曰:"此则身心一如,心外无余,所以全不生灭。汝南方身是无常,神性是常,所以半生半灭,半不生灭。"曰:"和尚色身,岂得便同法身不生灭耶?"师曰:"汝那得入于邪道?"曰:"学人早晚入邪道。"师曰:"汝不见《金刚经》色见声求皆行邪道⑧。今汝所见,不其然乎?"曰:"某甲曾读大小乘教,亦见有说不生不灭中道正性之处,亦见有说此阴灭、彼阴生⑨、身有代谢而神性不灭之文,那得尽拨同外道断常二见⑩?"师曰:"汝学出世无上正真之道,为学世间生死断常二见耶?汝不见肇公⑪冤云:谭真则逆俗,顺俗则违真,违真故迷性而莫返,逆俗故言淡而无味,中流之人如存若亡,下士拊掌而不顾。⑫汝今欲学下士笑于大道乎?"曰:"师亦言即心是佛,南方知识亦尔,那有异同?师不应自是而非他。"师曰:"或名异体同,或名同体异,因兹滥矣。只如菩提、涅槃、真如、佛性,名异体同；真心、妄心、佛智、世智，名同体异。缘南方错将妄心言是真心，认贼为子，有取世智称为佛智，犹如鱼目而乱明珠，不可雷同，事须甄别。"曰："若为离得此过？"师曰："汝但子细反观阴入界处，一一推穷，有纤毫可得否？"曰："子细观之，不见一物可得。"师曰："汝坏身心相耶？"曰："身心性离，有何可坏？"师曰："身心外更有物不？"曰："身心无外，宁有物耶？"师曰："汝坏世间相耶？"曰："世间相即无相，那用更坏？"师曰："若然者，即离过矣。"禅客唯然受教。

(《景德传灯录》卷第二十八)

【校注】

①先尼外道：先尼，梵文 Senika 的音译，意译为胜军，古代中印度拘萨罗国王，原本凶横残暴，后改恶从善，皈依佛教。外道，指佛教以外的各种学说。

②刹说、众生说、三世一切说，众生是有情："刹说、众生说、三世一切说"，语出《大方广佛华严经》卷三十三《普贤菩萨行品》的偈文。

③《大品经》：即《大品般若经》。鸠摩罗什所译《摩诃般若波罗蜜经》有二十七卷本和十卷本两种，其中二十七卷本俗称《大品般若经》，十卷本俗称《小品般若经》。

④不可离有为而说无为：源于《大品般若经》的经文。《摩诃般若波罗蜜经》卷二十六："离有为法，无为法不可得；离无为法，有为法不可得。"又《放光般若经》卷二："有为不离无为，无为亦不离有为。"

⑤华严六相义：即《华严经》中菩萨所发大愿之一，六

相是指总相、别相、同相、异相、成相、坏相。《大方广佛华严经》卷三十四:"菩萨住此欢喜地……又发大愿:愿一切菩萨行,广大无量,不坏不杂,摄诸波罗蜜,净治诸地,总相别相,同相异相,成相坏相,所有菩萨行,皆如实说,教化一切,令其受行,心得增长,广大如法界,究竟如虚空,尽未来际,一切劫数,无有休息。"(《大正藏》第10卷,第181页c)根据华严宗的解释,如果从凡夫看来,六相之间相互隔碍;但是从圣眼看来,一一事相皆具此六相,六相之间相互圆融无碍,无尽缘起。

⑥吾有大患,为吾有身:语出《老子》第十三章:"吾所以有大患者,为吾有身。及吾无身,吾有何患?"

⑦须陀洹:梵文音译,意译为"预流",声闻四果之一,指断除三界见惑、刚刚进入圣流的修行者。

⑧色见声求皆行邪道:语出《金刚经》的偈文。偈文原作:"若以色见我,以音声求我,是人行邪道,不能见如来。"

⑨此阴灭、彼阴生:阴,又作"蕴",意为类别或堆积,具体指色(身体)、受(感受)、想(想象)、行(意志)、识(认识)等五阴(亦名"五蕴"),也就是人的身心整体。《阿含》类经典中多有关于如何如何则苦阴灭、如何如何则苦阴生的说法,这里所谓"此阴灭、彼阴生"或许指此。

⑩断常二见:指断见和常见。断见认为事物会断灭消失,常见认为事物永恒不灭,佛教认为这两种看法都是错误的。

⑪肇公:指后秦时代的僧肇。僧肇(384~414),京兆(今陕西西安)人。家贫以佣书为业,因缮写而历观经史,备览群籍。爱好玄微,崇尚老庄,后见旧译《维摩经》,始知所归。因此出家,学大乘经论,兼通三藏,及在冠年而名震关

辅。时人不服，多与抗辩，每被僧肇折其锋锐。后至姑臧（今甘肃武威）投奔鸠摩罗什，又随罗什至长安，奉后秦主姚兴之命，入逍遥园协助罗什译经。在罗什门下受教十余年，精通大乘般若学说，深受罗什赏识。所著《般若无知论》，曾得到罗什、慧远的称赞。又著《不真空论》、《物不迁论》等，并传于世。罗什殁后，乃著《涅槃无名论》。所著诸论，后人辑为《肇论》一书。另有《注维摩诘经》传世。传记见于《高僧传》卷六。

⑫"谭真则逆俗"至"下士拊掌而不顾"：语出僧肇《物不迁论》。僧肇的原文是："夫谈真则逆俗，顺俗则违真。违真故迷性而莫返，逆俗故言淡而无味，缘使中人未分于存亡，下士抚掌而弗顾。"

马祖卧疾，闭门不出。有僧云："远远投师，乞师一接。"师云："伸手来。"僧伸手于窗内入，师于手心以一搯。

（《宗门摭英集》卷上，入矢义高《馬祖の語録》）

马祖因定庆①参问："什么处来？"庆云："岘山②来。"祖云："岘山重多少？"庆云："三斤二两。"祖云："为什么祇重许多？"庆云："称尺在手。"祖乃呵呵大笑。

【校注】

①定庆：即岘山定庆禅师，马祖弟子，生平事迹不详。《景德传灯录》卷七有录无传。

②岘山：入矢注本认为可能是指湖北襄阳的岘山（参见《馬祖の語録》第187页）。位于今湖北襄樊市襄阳城西南一

公里处，亦名岘首山。

智海逸①颂：
　　称尺何人得自持？高低轻重祇师知。
　　岘山一举三斤二，笑杀江西老古锥。
　　（《禅门拈颂集》卷第五，入矢义高《馬祖の語録》）

【校注】

①智海逸：即东京智海本逸禅师。本逸（生卒年不详），俗姓彭，福州人。九岁出家，云门宗开先善暹弟子，应宋神宗（1068~1085年在位）之诏（《嘉泰普灯录》卷二十二作宋真宗诏），住东京（今河南开封）智海禅院，赐号"本觉禅师"。传记、语录见《续传灯录》卷五、《建中靖国续灯录》卷六、《嘉泰普灯录》卷二、《五灯会元》卷十六等。

师曰："是心是佛，是心作佛。情计所有，斯皆想成。佛是智人，心是采集主，皆对物时，他便妙用。大德，莫言认心认佛，设认得是境，被他唤作所知愚。故江西大师云：不是心，不是佛，不是物。且教你后人恁么行履。今时学人，披个衣服，傍家疑恁么闲事，还得否？"

【校注】

这段文字亦见于《景德传灯录》卷二十八的《池州南泉普愿和尚语》，在那里是作为对"即心是佛既不得，是心作佛否"之问题的回答。

又，师曰："〔这〕①（遮）汉向你道不会，谁论善知识？莫巧黠。看他江西老宿在日，有一学士来问：如水无筋骨，能胜万斛舟。此理如何？老宿云：〔这〕（遮）里无水亦无舟，论什么筋骨？他学士便休去。可不省力？所以数数向道，佛不会道，我自修行，用知作么？"

（《池州南泉普愿和尚语要》，《无著校写古尊宿语要》，中文出版社，1984年）

【校注】

①这：原作"遮"，今校改。

师曰："大难大难。汝看亮座主是蜀中人，解讲三十二本经论于江西，讲次来见开元寺老宿。宿问：见说座主解讲经，是否？主云：不敢。宿云：将什么讲？主云：将心讲。宿云：心如工伎儿，意如和伎者。争解讲得？主云：莫是虚空讲得？宿云：却是虚空讲得。主拂袖便行，宿召座主，主回首，宿云：是什么？主便开悟。兄弟，看他快利么？"

（《池州南泉普愿和尚语要》，《无著校写古尊宿语要》，中文出版社，1984年）

僧问："大道不属见闻觉知，未审如何契会？"师云："须会冥契自通，亦云了因，非从见闻觉知有，见知属缘，对物始有，〔这〕（者）个灵妙不可思议，不是有对。……故江西老宿①云：不是心，不是佛，不是物。先祖虽说即心即佛，是一时间语，空拳黄叶，止啼之说。如今多有人，唤心作佛，唤智为道，见闻觉知皆是道，若如是会者，何如演若达多，迷头认影,②设使认得,亦不是汝本来头,故大士呵迦旃延,以生灭心,说实相法,皆是情见。③若言即心即佛者,如兔马有角,非心非佛,牛羊无角,你心若是佛,何用非他?有无形相,以何是道?所以教中不许,宁作心师,不师于心。心如工伎儿,智如和伎者。故云:佛有道心,不离见闻觉知,皆属因缘而有,皆是焰物而有,不可常焰,所以心智俱不是道。且大道非明暗,法离有无数,数不能及,如空劫时,无佛名,无众生名,与么时,正是道。只是无人觉知,见他数不及,他唤作无名大道,早属名句了也。所以真理一如,更无思想,才有思想,即被阴拘,便有众生名,有佛名。"

(《池州南泉普愿和尚语要》,《无著校写古尊宿语要》,中文出版社,1984年)

【校注】

①江西老宿:指马祖。

②演若达多,迷头认影:源于《首楞严经》卷四:"室罗城中演若达多,忽于晨朝,以镜照面,爱镜中头眉目可见,嗔责己头,不见面目,以为魑魅,无状狂走。"

③"故大士呵迦旃延"至"皆是情见":这几句源于《维摩经》。大士指维摩诘,迦旃延是佛弟子,《维摩诘所说经·弟子品》记有维摩诘告诫迦旃延不要以生灭心说实相法,原文是:"唯迦旃延,无以生灭心行说实相法。迦旃延,诸法毕竟不生不灭,是无常义。五受阴洞达空无所起,是苦义。诸法究竟无所有,是空义。于我无我而不二,是无我义。法本不然,今则无灭,是寂灭义。说是法时,彼诸比丘,心得解脱。"(《大正藏》第14卷,第541页)

先师云：汝迷人不辨方所。

（《百丈广录》，入矢义高《馬祖の語録》）

举亮座主参马祖。祖问："讲甚么经？"云："《心经》。"祖云："将甚么讲？"云："将心讲。"祖云："心如工伎儿，意如和伎者，争解讲得经？"亮云："心既讲不得，莫是虚空讲得么？"祖云："却是虚空讲得。"亮拂袖而去。祖乃召云："座主。"亮回首，祖云："从生至老，只是这个。"亮因而有省。师云："看他古人恁么慈悲教人，如今作么生会？莫聚头向这里妄想。"

（《金陵清凉院文益禅师语录》，《大正藏》第47卷）

上堂，举越州大珠和尚昔日参见马祖，祖问："尔来作什么？"珠云："来求佛法。"祖云："尔为什么抛家失业？何不回头认取自家宝藏？"珠云："如何是自家宝藏？"祖云："只如今问者是。尔若回头，一切具足，受用不尽，更无欠少。"珠于是求心顿息，坐大道场。师云："汝等诸人各有自家宝藏，为什么不得其用？只为不回头。"击禅床，下座。

（《黄龙慧南禅师语录》，《大正藏》第47卷）

举一僧参马大师，师画一圆相云："入也打，不入也打。"僧便人，师便打。僧云："和尚打某甲不得。"大师靠却拄杖，休去。师云："二俱不了，和尚打某甲不得。"靠却拄杖，拟议不来，劈脊便打。

举伏牛为马祖驰书到国师处,国师问:"马祖有何言句示人?"牛云:"即心是佛。"国师云:"是什么语话?"良久再问:"更有什么言句?"牛云:"不是心,不是〔佛〕①(物),不是物。"国师云:"犹较些子。"师代当时便喝。牛却问:"和尚此间如何?"国师云:"三点如流水,曲似刈禾镰。"师云:"是什么语话?也好与一拶。见之不取,千载难忘。"

(《明觉禅师语录》卷第三,《大正藏》第47卷)

【校注】

①不是佛:原作"不是物",据文义校改。

举马大师云:"一切语言是提婆宗①,以此个为主。"师云:"好语只是无人问。"僧便问:"如何是提婆宗?"师云:"西天九十六种,尔是最下种。"

(《云门匡真禅师广录》卷中)

【校注】

①提婆宗:"提婆"是梵文 Deva 的音译,意译作"圣天",南印度人(或作斯里兰卡),龙树的弟子,公元三世纪大乘中观学者,主张名言所说皆为假有,著有《百论》、《广百论》、《百字论》等。提婆宗就是指大乘空宗。

岂不见药山参石头时,置个问端云:"三乘十二分教某粗知。诚闻南方直指人心,见性成佛。某甲实未明了,乞师指示。"石头云:"恁么也不得,不恁么也不得,恁么不恁么总不得。"山不契。直至江西马大师处,又如前问。马师云:

"有时教伊扬眉瞬目,有时教伊不扬眉瞬目,有时教伊扬眉瞬目是,有时教伊扬眉瞬目不是。"药山于是有省。马云:"尔见什么道理?"山云:"我在石头时,如蚊子上铁牛相似。"今时众中兄弟便道,石头一向壁立万仞,所以他不会。马祖放开一线,他乃悟去。殊不知石头恁么道,已是漏逗了也。马祖道处,这一著尤更毒害。因甚么药山得悟去?且道因什么如此?到此须是生铁铸就底汉始得。所以云:此事不在语言上,不在文字上。看他置个问头问石头了。及至马祖处,亦如是问。此人是个铁石身心,如今若有如是心底人,何忧不彻?

(《圆悟佛果禅师语录》卷第十三,《大正藏》第47卷)

洪州百丈怀海禅师,福州长乐人也。师参马大师,为侍者。檀越每送斋饭来,师才揭开盘盖,马大师拈起一片胡饼,示众云:"是甚么?"每日如此。师经三年,方有省。

(《联灯会要》卷第四,《卍续藏经》第136册)

幽州盘山①宝积禅师,在马大师会下,一日出街持钵,忽见一客人买肉,谓屠者曰:"精底割一斤来。"屠家放下刀,叉手云:"长史②,那个不是精底?"师于是有省。后一日,见人舁丧,歌郎振铃云:"红轮决定沈西去,未〔审〕③(委)魂灵往那方?"幕下孝子哭云:"哀哀。"师即大悟,踊跃而归,马祖印其所证。

(《联灯会要》卷第四,《卍续藏经》第136册)

【校注】

①幽州盘山:幽州为唐代方镇之一,先天二年(713)置

幽州节度经略镇守使，治所位于今北京市区西南，天宝元年（742）改为范阳节度使，宝应元年（762）复置。盘山，位于今天津蓟县官庄乡北部，距蓟县县城约十三公里。

②长史：本为官名，唐代州刺史下设长史一人，职务类似于今秘书长或办公室主任。

③审：原作"委"，今校改。

本则亦见于《五灯会元》卷第三。

师谓众云："马祖接八十余员善知识，动著屙辘辘地①，唯有归宗②较些子。牛头横说竖说，未知有向上关捩子③。有此眼脑，方辨得邪正宗党。若不如是，但知念言念语，堅向皮袋里，称我会禅会道，还替得生死么？轻忽老宿，入地狱如箭射。我才见你入门来，便识得你了也。急须努力。"

（《联灯会要》卷第七，《卍续藏经》第136册）

【校注】

①屙辘辘地：又作"阿辘辘地"。按照古贺英彦的解释，"阿"是词头，"辘辘"是石磨叽里咕噜回转的声音，"地"是词尾。"阿辘辘地"就是自在地拈弄一切的样子（参见《禅语辞典》第4页）。

②归宗：即庐山归宗寺，位于庐山南麓，距星子县城十二公里。这里指庐山归宗智常禅师。智常，马祖弟子，与南泉普愿多有交往，元和中住庐山归宗净院，受到白居易、李渤礼敬。其他生平事迹不详。传记、语录见《宋高僧传》卷十七、《景德传灯录》卷七等。

③关捩子：按照古贺英彦的解释，指为了便于门户的开阖

而安装的"枢",以及门坎上承受枢的"启",二者的合称,书面语叫作"户枢",比喻使位置、视角一下子得到转变的契机(参见《禅语辞典》第4页)。

示众云:"毗耶杜口,①仿效宗乘。鹫岭拈花,②翻成毒药。九年面壁,③钝置先宗。半夜传衣,④欺他后学。马祖即心是佛,大似待兔守株。盘山非心非佛,可谓和泥合水。如斯之见,尽是败祖宗风,灭胡种族。承虚接响,罔圣欺贤,后学无辜,遭他指注。若论此事,诸佛不曾出世,亦无一法与人,达磨不西来,二祖不得髓,⑤直得皇风荡荡,野老讴歌,心无所恃,行无所依,闻禅与道,似见冤家,说色与心,如逢猛虎。法昌⑥然后与你挑野菜,舂黍米,作和罗饭⑦,煮骨董羹⑧,饥即食,困即眠。不由诸位自崇高,莫学三乘立功课。"

(《联灯会要》卷第二十八,《卍续藏经》第136册)

【校注】

①毗耶杜口:源于僧肇《涅槃无名论》,僧肇的原文作"净名杜口于毗耶"。净名是指维摩诘居士,毗耶是梵文"毗耶离"的简称,为古印度国名,在今印度比哈尔邦穆查发浦尔(Muzaffarpur)。据《维摩诘所说经》,维摩诘居士就住在毗耶离城,当文殊师利问"何等是菩萨入不二法门"时,维摩诘以默然无言应之,于是文殊师利赞叹说:"善哉善哉!乃至无有文字语言,是真入不二法门。"是为"净名杜口于毗耶"的出典。

②鹫岭拈花:指释迦牟尼佛在灵鹫山上拈花示众,默授正法眼藏、涅槃妙心。

③九年面壁：指菩提达磨在嵩山面壁坐禅九年之事。

④半夜传衣：指禅宗五祖弘忍于夜半时分将传法袈裟授予慧能之事。

⑤二祖不得髓：二祖即禅宗二祖慧可，达磨的弟子。慧可（487~593），俗姓姬，虎牢（今河南荥阳西北汜水镇西，或作武牢）人。少为儒生，博览群书，年四十遇菩提达磨于嵩洛，立雪断臂以求法，从学六年，精究一乘，达磨授以四卷《楞伽》以为心要。达磨灭后，慧可隐形于河涘。天平初（534），北至邺（今河北临漳）传法，遭到当时北方禅师的排挤迫害。或谓慧可从达磨得法后，隐居皖公山（今安徽潜山县西北天柱山）及洛（今河南洛阳）、相（今河南安阳）二州四十年，付法僧璨之后，隐入司空山（在今安徽岳西县西南店前镇），佯狂说法。传记见《续高僧传》卷十六、《楞伽师资记》、《历代法宝记》、《祖堂集》卷二、《景德传灯录》卷三等。得髓，指慧可得到达磨禅法的精髓，此说最早见于《历代法宝记》。

⑥法昌：即法昌禅院，位于洪州分宁县（今江西修水）北。因倚遇禅师住此，故以法昌自称。倚遇，北宋云门宗禅僧，俗姓林，漳州（今福建漳浦一带）人。幼岁出家，受具后游方各地，投师北禅智贤，后住洪州法昌禅院，年七十七而卒。传记、语录见《联灯会要》卷二十八、《五灯会元》卷十六、《续传灯录》卷五、《洪州分宁法昌禅院遇禅师语录》（宋释密录，宋崇宁四年徐俯刻本）等。

⑦和罗饭：钵和罗饭的简称。钵和罗（又作"钵多罗"），梵文音译，意为钵盂。钵和罗饭就是指钵盂中的饭食。

⑧骨董羹：指用长时间煮成的老汤。

澧州药山惟俨禅师，绛州韩氏子，精持律行，博通经论。一日自叹云："大丈夫当离法自净，谁能屑屑事细行耶？"直造石头。问："三乘十二分教，某甲粗知。尝闻南方直指人心，见性成佛，实未明了。伏望和尚慈悲指示。"头云："恁么也不得，不恁么也不得，恁么不恁么总不得，汝作么生？"师伫思，头云："子因缘不在此，江西马大师处去，必为子说。"师造江西，复理前问。马大师云："我有时教伊扬眉瞬目，有时不教伊扬眉瞬目，有时教伊扬眉瞬目者是，有时教伊扬眉瞬目者不是。"山于言下顿悟，便作礼。马大师云："子见个甚么道理便礼拜？"师云："某甲在石头时，如蚊子上铁牛相似。"马大师云："汝既如是，宜善护持。"马大师一日问师："子近日见处如何？"师云："皮肤脱落尽，唯有真实在。"马云："子之所得，可谓协于心体，布于四肢。既然如是，宜将三条篾束取肚皮，随处住山去。"师云："某甲又是何人，敢言住山？"师云："不然。未有长行而不住，未有长住而不行。欲益无所益，欲为无所为。宜作舟航，无久住此。"师即礼辞，复返石头。

（《联灯会要》卷第十九，《卍续藏经》第 136 册）

洪州开元寺石门道一禅师塔碑铭并序①

权德舆

钟陵之西曰海昏，海昏南鄙有石门山，禅宗大师马氏塔庙之所在也。门弟子以德舆尝游大师之藩，俾文言而揭之②。曰：三如来身以大慈为之本，六波罗蜜以般若为之键。非上德宿殖者，恶乎至哉？大师讳道一，③代居德阳，生有异表，幼无儿戏，嶷如山立，湛如川渟。舌广长以覆准，足文理而成字。全德法器，自天授之。尝以为九流六学，不足经虑，局然理世之具，岂资出世之方？唯度门正觉，为上智宅心之域耳。初落发于资中，进具于巴西。后闻衡岳有让禅师者，传教于曹溪六祖，贞心超诣，④是谓顿门，跋履造请，一言悬解，始类颜子如愚以知十，俄比净名默然于不二。以法惟无住，化亦随方，尝禅诵于抚之西里山，又南至于虔之龚公山。⑤攫搏者驯，悍戾者仁，瞻其仪相，自用丕变。刺史今河南尹裴公，久于禀奉，多所信向，由此定惠，发其明诚。大历中，尚书路冀公之为连帅也，舟车旁午，请居理所。贞元元年，⑥成纪李公，以侍极司宪，临长是邦，勤护法之诚⑦，承最后之说。大抵去三以就一，舍权以趣实⑧，示不迁不染之性，无差别次第之门。尝曰⑨：佛不远人，即心而证，法无所摄⑩，触境皆如，岂在多歧以泥学者？故夸父谡诃⑪，求之愈疏，而金刚醍醐，正在方寸。于是解其结，发其覆，如利刃之破罥索，甘露之洒稠林。随其义味，快得善利者，可胜道哉？化缘既周，跌坐报尽。时贞元二年二月庚辰⑫，春秋八十，夏腊六十。前此，以石门清旷之境，为宴默终焉之地，忽谓入室弟子曰：吾至二月当还，尔其识之。及是委化，如合符节。当夹钟发生之候，协拘尸薪火之期⑬。缁素幼艾，失声望路。沨㵎流而法雨滂洒，及山门而天香纷霭。天人交感，⑭昧者不知。沙门惠海、智藏、镐英、志贤、智通、道悟、怀晖、惟宽、智广、崇泰、惠云等，体服其劳，心通其教，以为吾师真性湛然⑮，与虚空俱。唯是体魄化为舍利，则西方之故事传焉。不可已也，乃率吁其徒，从荼毗⑯之法。珠圆玉洁，煜耀盈升。建兹严事，众所瞻仰。至七年而功用成，竭诚信故缓也。德舆往因稽首，粗获击蒙。虽飞鸟在空，莫知近远，而法云覆物，已被清凉。今兹铭表之事，敢拒众多之请？铭曰：

达磨心法，南为曹溪。
顿门巍巍，振拔沉泥。
禅师弘之，俾民不迷。
九江西部，为一都会。
亦既戾止，玄津横霈⑰。
慈哀摄护，为大法砺。
五浊⑱六触，翳然相蒙。
直心道场，决之则通。
随器受益，各见其功。
真性无方，妙道不竭。
顾兹梦幻，亦有生灭。
微言密用，焕炳昭晣⑲。
过去诸佛，有修多罗。
心能悟之，在一刹那。

何以寘哀，兹宰堵波。

（《唐文粹》卷六十四，世界书局影印本，1972年）

【校注】

①本文另见于《权载之文集》卷二十八及《全唐文》卷五百一，题名均作《唐故洪州开元寺石门道一禅师塔铭并序》。

②俾文言而揭之："揭"，《全唐文》作"楬"。

③大师讳道一：《全唐文》作"大师法讳道一"。

④贞心超诣："贞"，《全唐文》作"真"。

⑤虔之龚公山："虔"，《全唐文》作"处"。"处"指处州（今浙江丽水），然处州并无龚公山，其山乃在虔州（今江西赣州），故《唐文萃》本为是。

⑥贞元元年：《全唐文》作"贞元二年"。下文"成纪李公"是指李兼（又作"李谦"），李兼于贞元元年（785）四月被任命为洪州刺史、江西都团练观察使（参见郁贤皓《唐刺史考全编》第2256~2257页，安徽大学出版社，2000年），故《唐文萃》本为是。

⑦勤护法之诚："勤"，《全唐文》作"勒"。

⑧舍权以趣实："趣"，《全唐文》作"趋"。

⑨尝曰："尝"，《全唐文》作"常"。

⑩法无所摄："摄"，《全唐文》作"著"。

⑪夸父謘诟："謘"，《全唐文》作"吃"。

⑫贞元二年二月庚辰："贞元二年"，《全唐文》作"贞元二年"，四部丛刊本《权载之文集》作"贞元四年"。关于马祖的卒年，《宋高僧传》作"戊辰岁"（788），《祖堂集》、

《景德传灯录》、《古尊宿语录》、《江西马祖道一禅师语录》等均作贞元四年。贞元二年当公元786年，戊辰岁即贞元四年，当公元788年。又，据贞元七年（791）李兼等人作于马祖舍利石函上的题记，"大师贞元四年二月一日入灭"，可知马祖卒于贞元四年，故《权载之文集》本为是。

⑬协拘尸薪火之期："协"，《全唐文》作"叶"。

⑭天人交感："感"，《全唐文》作"际"。

⑮真性湛然："性"，《全唐文》作"心"。

⑯荼毗："荼"，《全唐文》作"茶"，误也。

⑰玄津横霈："玄"，《全唐文》作"元"。

⑱五浊："浊"，《全唐文》作"滓"，《唐文萃》本为是。

⑲焕炳昭晰："炳"，《全唐文》作"如"。

宋高僧传

唐洪州开元寺道一传

释道一,姓马氏,汉州人也。华以喻性,不植于高原,浪以辩识,发明于溟海。生而凝重,虎视牛行,舌过鼻准,足文大字。根尘虽同于法体,相表特异于幻形,既云在凡之境,亦应随机之教。年方稚孺,厌视尘躅,脱落爱取,游步恬旷,削发于资州唐和尚,受具于渝州圆律师。示威仪之旨,晓开制之端,浣衣锻金,观门都错,大龙香象,羁绊则难。权变无方,机缘有待。闻衡岳有让禅师,即曹溪六祖之前后也,于是出岷峨玉叠之深阻,诣灵桂贞篁之幽寂。一见让公,泯然无际,顿门不俟于三请,作者是齐于七人。以为法离文字,犹传蠹露,圣无方所,亦寄清源,遂于临川栖南康龚公二山,[①]所游无滞,随摄而化。先是,此峰岫间,魑魅丛居,人莫敢近,犯之者〔灾〕(炎)衅立生[②]。当一宴息于是,有神衣紫玄冠致礼言:"舍此地为清净梵场。"语终不见。自尔猛鸷毒蛰,变心训扰;沓贪背〔憎〕(僧)[③],即事廉让。郡守河东裴公,家奉正信,恭勤咨禀,降英明简贵之重,穷智术慧解之能。每至海霞敛空,山月凝照,心与境寂,道随悟深。自明者在乎周物,博施者期乎济众。居无何,裴公移典庐江、寿春二牧,于其进修惟勤,率化不坠。大历中,圣恩博洽,隶名于开元精舍。其时连率路公，聆风景慕，以钟陵之壤，巨镇奥区，政有易柱之弦，人同凑毂，禅宗庡止，降祥则多，顺而无违。居仅十祀，日临扶桑，高山先照，云起肤寸，大雨均霑。建中中有诏，僧如所隶，将归旧壤，元戎鲍公，密留不遣。至戊辰岁，举措如常，而请沐浴讫，俨然〔跏〕（加）趺归寂④。享年八十，僧腊五十⑤。先于建昌鄙山名石门，环以绝巘，呀为洞壑，平坦在中，幽偏自久。是谋薪火尘劫之会，非议冈阜地灵之吉。亚相观察使陇西李公，藩寄严厉，素所钦承，于以率徒依归，缅怀助理，爰用营福，道在观化，情存饰终。辍诸侯之旌旗，资释子之幢盖。其时日变明晦，人萃遐迩，楫覆水而为陆，炬通宵而成昼。山门子来，财施如积，邑里僧供，饭香普熏。自昔华严归真于嵩阳，善导瘗塔于秦岭，礼视赗赗，人倾国城，哀送之盛，今则三之。初于林中经行，座下开示，平等垂法，不标于四科，安恬告尽，刻期于二月。此明一终之先兆也。示疾云逝，俾葬远山，凡百攀援，愿留近郭，终遂穷僻，式遵理命。此又明一晦迹之素诚也。将归灵龛，爰诉浅濑，人力未济，舟行为迟。膏雨骤下于远空，穷溪遄变于深涉。此又明一通神之应感也。惟一知真在空，无我于有，是二俱离，假一为乘。示生死者，人能作佛，辨邪正者，魔亦似圣。现身不留于大士，负手俄萎于哲人。弟子智藏、镐英、崇泰等，奉其丧纪，宪宗追谥曰大寂禅师，丹阳公包佶为碑纪述，权德舆为塔铭。今海昏县影堂存焉。

（《宋高僧传》卷第十，《大正藏》第 50 卷）

【校注】

①遂于临川栖南康龚公二山：此句乃属病句，因南康既不

在临川,又不是山名,不妨读作"遂栖于临川、南康龚公之山"。

②犯之者灾衅立生:"灾"原作"炎",据中华书局校勘本校改。

③杳贪背憎:"憎"原作"僧",据《大正藏》校记改。

④跏趺归寂:"跏",原作"加",今校改。

⑤僧腊五十:关于马祖的僧腊,权德舆的《碑铭》和禅宗灯史均作六十,可参考。

马祖舍利石函铭文

函盖铭文

泐潭山，今上沼下□重建造。敕谥大寂禅师塔，录大师贞元四年二月一日示归寂灭，焚身舍利，建塔龛藏于兹山。宪宗皇帝谥大寂禅师，敬宗皇帝赐塔号"大和圆证之塔"。洎会昌六年，武宗不喜释子王华夏、窃仕农等四科之耗，偕令束发冠带，各归于本，海内几至都尽，天下诸节度使一留寺一所，僧侣五六而已。其塔一倒毁拆。未几，今上御宇，大中四年七月一日，遽下诏书，委当道廉向裴公复重建置。奏差禅大德僧惠立为都勾当，即继副右押衙熊慎遥指扔。其先舍利约三百粒，院主僧师偃发日，密使送府开元寺。会灾烧寺，卒救不及坠。先师徒僧用先启踪潜窃二十六枚供养，光彩耀耀，遂获之重盛棺。其年十二月五日，掩塞于塔底。噫！大道虽云无迹，兴替莫之由主，鸣恩聿临遗像，俨若人歌鸟舞，尽荷圣慈，坚牢塔安，与天齐朽。释宾防略记，刻石函之阳，乡贡进士殷翔书。

石函左侧铭文

维唐贞元七年,岁次辛未,七月庚申,朔十七日景子,故大师道一和上黄金舍利,建塔于此地。大师贞元四年二月一日入灭,洪州刺史李兼、建昌令李启、石门法林寺门人等记。

石函右侧铭文

大师自唐建塔,诸大老□□相继,续焰联芳。宋元丰间,迁上顶头,人物凋瘵,到今近六百年矣。大元延祐戊午,妙周钦奉特旨,选举住持,前来兴废。一日岫云释到山,善于地理,施一针之妙用,整万劫之弊风。吉安路太和州大檀越履茎箫居士,与祖有缘,捐金鸠匠,迁回旧址。至治元年八月二十五日撤□祖翳现出佛光,千祥万瑞蔼然,异鸟奇禽翔舞。略记实事,刊于龛右。□□寺兴,从斯复始。时岁辛酉九月十二日,领旨兴废,焚修住持□□□□元有舍利廿六颗函塔,众点视一百廿颗瘗塔。

(《宝峰山志》第272~273页,中华佛教出版社,2004年)

附录

马祖综论
——关于马祖的经历、遗迹、禅学、时代及语录
邢东风

中国禅宗有两个最显著的特征：一是禅的实践溶于日常生活当中，二是教团组织分布广泛、法脉持久。但在历史上，禅宗也有形成、发展和变化的过程，上述特征并不是从禅宗一开始就有的，而是从唐代马祖道一禅师开始的。马祖对于禅的生活化和教团组织的发展壮大都做出过巨大贡献，因此他是中国禅宗史上极为重要的人物。但是关于马祖的生平经历，历史上只有简单的记载，而且有不少分歧异说，于是使后人难以了解马祖的全貌。笔者自2005年8月至2007年3月，先后走访了四川的什邡，江西的抚州、南昌、赣州，湖南的南岳衡山，福建的建阳，对马祖遗迹进行调查。通过实地调查，不仅发现了一些新的资料，而且对上述各地与马祖相关的历史文化也获得一定的了解。本文首先根据实地调查的资料，结合有关的史料记载及研究成果，对马祖的生平经历及相关遗迹加以辨析和说明，然后分析马祖禅的特征及其时代背景，最后综述马祖语录的编纂和流传情况，并就马祖的研究作一展望。

一、马祖的经历和遗迹

马祖道一禅师，生于唐中宗景龙三年（709），卒于唐德

宗贞元四年（788），生前曾被称为"马师"、"马大师"等，后人习惯上称他为"马祖"或"大寂"。马祖的一生到过很多地方，根据唐宋时代的史料记载，可知他的足迹所至除了故乡四川以外，还有湖北、湖南、福建、江西，遍及当时南中国的大部分地区。与此相应，马祖的生平经历也可以大致分为几个阶段，如四川时期、湖南时期、江西时期，等等，其中他在江西生活的时间最长。

（一）马祖和四川

马祖道一俗姓马，汉州什邡县人。唐代什邡县位于今四川什邡市。今什邡市区西北方向约15公里处有两路口乡，那里有一座村庄名叫"马祖村"，当地自古传说为马祖出生之地，在村庄的入口处还有一座佛寺名为"马祖庙"。现在的庙宇虽系重建，但寺址古已有之。为纪念马祖道一禅师，什邡市政府于2005年8月将两路口乡改名为"马祖镇"，并同时举办了隆重的"马祖文化节"。

据《祖堂集》卷十四记载，马祖少年出家，出家的地点就在罗汉寺。罗汉寺位于今什邡市区北侧，该寺历史悠久，至今保存有许多古迹，其中有一口"马祖古井"，传为马祖的遗迹。马祖当年虽在罗汉寺出家，但是尚未削发剃度，应属寄居在寺内的少年行者。以后到了青年时期，来到资州（治所在今四川资中），在那里剃度为僧。在他21岁时，即开元十七年（729），在巴西受具足戒，从此成为比丘[①]。

有的史料说马祖"幼岁依资州唐和尚落发，受具于渝州

[①] 权德舆的《塔铭》说马祖"初落发于资中，进具于巴西"。

圆律师"①，但是这种说法不见于唐代的记载，而是宋代以后才出现的，未必十分可信。唐和尚是指处寂禅师（669～736），他是四川本地出身，长期跟随弘忍十大弟子之一的资州智诜禅师，可以说是辅助智诜禅师开创四川禅宗的人物。处寂在资州传法二十余年，马祖到资州时，处寂已在那里，因此可能有机会跟随处寂受学。不过，根据唐代僧人宗密的记载，马祖是金和尚的弟子②。金和尚是指无相禅师（684～762），他是新罗人，开元十六年（728）至中国，大约于开元十八年（730）到四川，在资中成为处寂禅师的弟子。金和尚在资中住了两年，而马祖当时才受大戒不久，不大可能离开资州远走高飞，因此也不排除他在资州师从金和尚的可能。总之，当马祖受戒的前后，唐、金二人都在资州，他们都有足够的资格作马祖的老师，马祖与二人也都有接触的可能，但由于金和尚是唐和尚的弟子，马祖不大可能同时兼为二人的弟子，于是他在资州期间的老师究竟是谁便成了问题。鉴于宗密的时代仅比马祖稍晚，如果一定要在唐、金二人当中决出一位马祖的老师，那么理所当然地只能依从宗密的记载。

但是，现在大多数学者都认为马祖是唐和尚的弟子，柳田圣山还认为马祖本人由于得法于南岳怀让而不愿意被人知道自己与处寂的师承关系，权德舆的《塔铭》里只说马祖在资州落发而不提处寂之名，也是因为马祖作为怀让唯一法嗣的地位确立之后而故意嫌弃与处寂的师承，而宗密也是故意把马祖说

---

① 《景德传灯录》卷六、《江西马祖道一禅师语录》等，《宋高僧传》卷十作"削发于资州唐和尚，受具于渝州圆律师"。
② 参见宗密：《中华传心地禅门师资承袭图》、《圆觉经大疏钞》卷三之下。

成金和尚的弟子①,也就是说宗密为了压低马祖的辈分而故意抹杀马祖与处寂的关系。这样的看法是由于拘泥宋代以来的成说,以至于无视和否定唐代的记载。至于柳田圣山的看法,缺乏有力的证据,猜测性的成分很大。实际的情况或许和柳田的看法刚好相反,即马祖早年的师承关系本来就比较复杂,所谓"圣人无常师",于是在记载上就难免混乱不清;就算他真的曾经师从处寂,也不至于因为后来嗣法南岳得到曹溪正传而引处寂为耻;而宗密作为一代禅学大家,即使对洪州禅有所贬抑,也不至于卑劣到在马祖的师承记述上作手脚,再说宗密对洪州禅也不是全盘否定,洪州禅在他的心目中毕竟是仅次于荷泽神会而已,更何况马祖乃当时禅林中著名的"大士",随意误记马祖的经历,岂非自讨没趣、贻笑世人?实际的情况很可能是后代的禅僧出于对马祖的尊敬而故意将马祖的辈分抬高,即使马祖曾经师从过名不见经传的人物,也要把他说成师出名门以拔高他的地位,于是马祖在唐人的笔下或是"落发于资中"而不记其师,或说其师本为金和尚,可是到了宋人笔下,他的师承便被归属到辈分和知名度都比金和尚更高的唐和尚名下了。

至于马祖受戒的地点,唐代的记载说是在"巴西",宋代以后的记载说是"受具于渝州圆律师"。唐代叫作"巴西"的地方有两郡一县,两郡即隆中巴西郡和绵州巴西郡,前者相当于今四川阆中一带,后者相当于今四川绵阳一带,一县即绵州巴西郡的治所巴西县(今四川绵阳市)。如果依据唐代的记载,马祖受具的地点应当不超出这两个巴西郡的范围。唐代的

---

① 参见柳田圣山:《初期禅宗史書の研究》,法藏馆,2000年,第337~339页。

渝州即今重庆一带，虽然它的治所巴县（今重庆）也带一个"巴"字，然而巴县也好，渝州也罢，与当时的"巴西"可谓风马牛不相及。至于所谓"圆律师"，更是一个来历不明的人物。有的现代学者试图把唐代的记载和宋代的记载调和起来，于是曲费周折地将巴西和渝州解释为同一个地方，但皆属牵强附会，难以令人置信。唐代"巴西"是专有名词，它的所指非常明确，记载马祖"进具于巴西"的权德舆乃饱学之士，他虽没有明言这个"巴西"究竟是指哪个巴西，但是也不至于混乱到用这个专有地名去指称一个使人难以捉摸得到的渝州巴县的"巴县西"。权德舆和马祖时代相同，又曾与马祖及其弟子有过直接接触，若以他的记载为准，则马祖受戒或在阆中，或在绵阳，与今重庆无关。

在唐宋史料中提到一个被称为"长松山马"的人物①，柳田圣山最先提出此人就是马祖②，继有铃木哲雄承袭此说，认为马祖离开处寂后住在长松山，然后去到南岳③。长松山位于今成都市龙泉驿区长松乡境内，山上有长松寺遗址，现有寺宇的石基等遗物保存，而没有关于这座古寺的完整文字遗物。其实长松寺早在明代已有记载，据说该寺为马祖在开元年间创建④。假如史实果真如此，则马祖在四川的经历就应包括曾住

---

① 宗密的《圆觉经大疏钞》卷三之下最早提到"长松山马"，将此人列为"成都府净众寺金和尚"的弟子之一；继有《景德传灯录》卷四的目录里提到"益州长松山马禅师"，将其列为处寂的弟子。
② 参见柳田圣山：《初期禅宗史書の研究》，第283、338页。
③ 参见铃木哲雄：《唐五代の禅宗》，大东出版社，1984年，第115页；《唐五代禅宗史》，山喜房佛书林，1997年，第369页。
④ 曹学佺《蜀中广记》卷八："志云：西北七十里长松山为州斧，界内诸山皆发脉于此。长松寺本蚕丛庙址，开元中马祖、行空和尚乃建寺。明皇召对，赐额'长松衍庆寺'，又赐名香，为亭以贮之，曰'御香亭'。宋赐名'嘉福寺'，今名'灵峰'"。

长松山的一节。但是也有学者不赞同柳田的看法,例如西口芳男就对此说提出质疑,认为"长松山马"应指他人①。的确,"长松山马"这一地名加俗姓的称呼非常特别,马祖一生住过很多地方,其中有的地方住了很长时间,但是都没有得到类似的称号,而且即使马祖真的住过长松山,那么他当时还是一位年轻僧人,一般来说也没有理由被人称呼俗姓而不称其法名,因此"长松山马"也有可能是金和尚门下另外一位与马祖同姓的人物。关于"长松山马"和马祖道一的关系,四川大学博士生国威先生作有《长松山马禅师考》一文,认为"长松山马"法名行空,为处寂弟子,曾在巴西郡和简州长松山活动,并建长松寺,玄宗避蜀时受到召见,因其同为处寂弟子,同姓马氏,并且都在巴西郡活动过一段时间,故被后人混同于马祖道一,实际上是另一位姓马的僧人,生活时代略早于道一②。国威的文章对此问题考察最详,他的观点值得参考。

现代学者在论及马祖的早期经历时,往往不大注意宗密的相关记载,于是或认为马祖受戒以后不久便离开四川到了南岳,或认为他在处寂去世以后便去湖南投奔怀让。但是按照宗密的记载,马祖到南岳之前曾经有过"游方头陀,随处坐禅"以及"久住荆南明月山"的经历,后来因为"巡礼圣迹",于是才到南岳③。其中关于马祖的"游方头陀,随处坐禅"都到过哪些地方,今已无从知晓。关于"荆南明月山",唐宋史地资料中记载的与荆南有关的明月山有三处:一在松滋县(今

---

① 参见西口芳男:《馬祖の伝記》(《禅学研究》63 第 118~120 页,1984 年)。
② 参见国威:《长松山马禅师考》。2013 年 9 月,国威先生将该文原稿电子本送给笔者,特此申谢。
③ 参见宗密:《中华传心地禅门师资承袭图》、《圆觉经大疏钞》卷三之下。

湖北枝江、松滋之间）西七十里；一在秭归县（今湖北秭归），因秭归西邻巴东县，因此也可以说在巴东；一处在沅陵县（在今湖南）东二百里。其中前两处都属于唐代荆南节度使的辖境，但是始见于宋代的记载；后一处在今湖南境内，靠近荆州或荆南节度使的南界，唐代已有记载。宗密所说的明月山究竟是指哪里，目前很难断言，然就古代荆蜀之间的交通而言，三峡水路远比陆路更为方便，就像李白诗中所说的那样，"朝辞白帝彩云间，千里江陵一日还"（《早发白帝城》），因而马祖很可能也是经由三峡水路出蜀入荆，沿着三峡顺流而下，出了西陵峡就是秭归，因此归州应是马祖走出蜀的必经之地。数年前，笔者推测他曾住秭归（或巴东）明月山的可能性较大，又到秭归调查，但是没有结果。现在看来，宗密所说的"荆南明月山"，恐怕就在荆州，而非上面提到的三处。按《景德传灯录》卷四目录，益州无相禅师有法嗣五人，其中一人为"荆州明月山融禅师"。关于此人，仅有存目，不知其详，但他也是无相禅师的弟子，实际上与马祖为同学，因此马祖的"久住荆南明月山"，恐怕与这位融禅师有关，宗密所说的"荆南明月山"与《景德传灯录》中的"荆州明月山"应为一事。马祖在荆南明月山住了多久，现在已不清楚，但既然是"久住"，那么他在这里逗留的时间恐怕至少也有一年半载以上吧？考虑到马祖应不至于在受戒之后马上远走高飞离开四川，加上他"游方头陀"和"久住"明月山的经历大致需要数年时间，那么他离开四川和到达南岳的时间恐怕比学者们通常估计的要晚若干年。如果尊重唐代的记载，而不拘泥于宋代以后的成说，大概把马祖离开四川的年代设想为开元后期、也就是他 25 岁左右之后才更合乎情理。

马祖离开四川以后,是否回到过家乡,一直是个谜。今四川什邡罗汉寺内有马祖说法台遗址,传说是马祖当初返乡时说法的地方。据有的史料记载,马祖"得法南岳后归蜀乡,人喧迎之。……再返江西"①。如果这个记载属实,那么马祖应当有过回乡的经历;从"再返江西"的记载来看,那么他的回乡应当是从江西出发,然后又返回江西,这就意味着马祖回乡的经历发生在江西时期。

(二) 马祖和南岳

马祖出四川,住荆南,然后到了今湖南境内的南岳衡山,受法于怀让禅师。怀让(677~744),俗姓杜,金州安康(在今陕西)人,早年曾在荆州学律,后受学于嵩山慧安禅师,又往曹溪师从慧能,后住武当山,最后一直在南岳。马祖师从怀让的经历是史料中一致肯定的事实,但是关于马祖与怀让交涉的具体情况,史料中有不同的说法。权德舆的《塔铭》在提到马祖在巴西受戒之后接着记述道:"后闻衡岳有让禅师者……跋履造请,一言悬解,始类颜子如愚以知十,俄比净名默然于不二。"按照这样的记述,很容易给人造成马祖受戒后不久便前往南岳投奔怀让的印象,另外就是使人觉得马祖与怀让的接触似乎从一开始就很默契。但是按照宗密的记述,马祖先是游方头陀,随处坐禅,又曾久住明月山,后因巡礼圣迹才到南岳,而且马祖是经过与怀让"论量宗教"、被折服以后才师从怀让的②。如此说来,马祖到南岳之前应当经过了一段时期的辗转过程,并非从四川直奔南岳;马祖投靠怀让也不是一拍

---

① 《五家正宗赞》卷第一。
② 参见宗密:《中华传心地禅门师资承袭图》、《圆觉经大疏钞》卷三之下。

即合，而是经过了思想的较量。在这两种不同的说法中，由于宗密和马祖没有直接的关系，不必为贤者讳，所以他的记述也许更为客观。在后来出现的相关记载中，《宋高僧传》比较接近权德舆的说法①，而禅宗灯史中关于马祖在南岳先是一味坐禅、后来在怀让磨砖作镜的启发下才"心意超然"的禅门逸话②，多少带有宗密所谓"论量宗教，理不及让"的味道。无论如何，马祖通过师从怀让的经历，获得了曹溪法脉传人的禅门合法身份，这对他日后的发展无疑有着重要的意义；另外，他在怀让的启发下，明白了禅非坐卧、佛非定相的道理，这为他日后建立起溶禅的修行于日常生活之中的活泼禅法奠定了基础。

马祖在南岳期间住在传法院。传法院位于南岳衡山掷钵峰下，宋代以后又名马祖庵，至今遗迹犹存，数年以前经过重建。传法院的附近还有磨镜台遗迹，传说就是当年怀让磨砖作镜启发马祖的地方。

关于马祖在南岳的年代，唐代史料中没有记载，宋代以后才有相关的提及，其中一种说法是马祖于"唐开元中，习定于衡岳传法院，遇让和尚"③，另一种是马祖在怀让门下"侍奉十秋"④。按照前一种说法，马祖的南岳经历应在开元年间（712~741），但是开元年间长达二十九年，这个记载没有说明马祖的南岳经历到底是在开元年间的什么年代。后一种说法意

---

① 《宋高僧传》卷十："闻衡岳有让禅师，即曹溪六祖之前后也，于是出岷峨玉叠之深阻，诣灵桂贞篁之幽寂。一见让公，泯然无际，顿门不俟于三请，作者是齐于七人。"
② 参见《祖堂集》卷三、《景德传灯录》卷五。
③ 《景德传灯录》卷六。
④ 《景德传灯录》卷五、《古尊宿语录》卷一。又宋代的五祖法演禅师也曾说："马祖见让之时，亦相从十余载。"（净善《禅林宝训》卷一）

味着马祖在南岳住了十年，但是没有说明这十年的上下限各是什么年代。把这两种说法综合起来，就会使人得到这样的印象：马祖开元年间在南岳住了十年，但是不清楚他到达和离开南岳的时间。

不过，根据史料记载，马祖在离开南岳以后到了建阳佛迹岭。史料中虽然没有说明他到达建阳的年代，但是《宋高僧传》中提到志贤和道通都是在天宝元年（742）前往佛迹岭投奔马祖的①。既然天宝元年马祖已在建阳，那么他离开南岳的时间只能更早。正如王荣国教授指出的那样，由于马祖从初到建阳到传法受徒应需经过三年左右时间聚集其在当地的影响力，所以马祖到达建阳的时间很可能在开元末年②。如果马祖开元末年已经到达建阳的话，那么很显然，他离开南岳的时间还要更早一些。尽管目前无法确定马祖离开南岳的具体年代，但是根据以上理由，把这个时间设想为开元二十七、八年（739、740）前后，应当不会有太大的出入。

假如马祖在南岳的时间下限是开元二十七、八年前后，那么他是否还有可能在南岳住上十年之久呢？换句话说，他到达南岳实际上可能是在什么时候呢？如果按照"侍奉十秋"的说法，那么从开元二十七、八年上推十年，则当开元十八年（730）前后，此时马祖刚刚20岁出头，才受大戒不久，一般来说还不具备远走高飞的条件，加上宗密所述马祖在到南岳之前的种种经历也需要数年时间，因此马祖实际上不可能那么早就来到南岳。上文已经指出，马祖离开四川应该在他25岁

---

① 参见《宋高僧传》卷九、卷十。
② 参见王荣国：《马祖道一禅师的传法活动考论》，《马祖与中国禅宗文化学术研讨会论文集》，2005年8月什邡市编印，第41~42页。

（733）左右以后，因而他到达南岳的时间也相应地更晚一些。如此说来，史料中所谓"开元中"不一定就是指开元中期，而所谓"侍奉十秋"之说则显系夸张，实际上马祖在南岳住留的时间很可能只有六年左右，即开元二十一至二十七年（734~739）前后，而不可能有十年之久。有的现代学者把"开元中"理解得过于狭窄，并拘泥于"侍奉十秋"的说法，于是把马祖到达南岳的时间设想得过早，忽视了马祖到南岳之前的种种经历。

（三）马祖和建阳

马祖离开南岳以后，来到建阳佛迹岭。有一种说法认为马祖离开南岳后到过岭南的韶州（今广东韶关）参礼慧能遗迹，然后翻越大庾岭抵达虔州（今江西赣州），再由虔州向东进入汀州（今福建长汀），最后由汀州北上抵达建阳①。这种说法没有证据，不足凭信。关于马祖的建阳经历，在唐人的著作中没有提及，而始见于宋代的记载。如上文已经提到的那样，在《宋高僧传》里记载志贤、道通、明觉等人都是马祖在佛迹岭期间归依马祖的②，继而有《景德传灯录》说马祖"始自建阳佛迹岭，迁至临川，次至南康龚公山"③，最早将建阳经历列入马祖的传记，以后的禅宗灯史几乎一字不差地沿袭了这一记载。

唐代建阳为建州属下县置，位于今闽北建阳市。佛迹岭又

---

① 参见李浩：《马祖道一大师传》，佛光文化事业有限公司，1999 年，第 55~57、69 页。又参见郭辉图：《马祖道一生平年谱》，四川省什邡市政协学习文史委员会编：《马祖道一研究资料集》，2005 年 8 月什邡市编印，第 408 页；《马祖道一返蜀的时间、动机及其影响》，《马祖与中国禅宗文化学术研讨会论文集》，2005 年 8 月什邡市编印，第 101 页。
② 关于明觉在建阳归依马祖的记载，参见《宋高僧传》卷十一。
③ 《景德传灯录》卷六。

名佛迹岩，位于建阳的莒口镇境内，距建阳市区约20公里，山上有圣迹寺，当地传说为马祖住过的地方。圣迹寺附近有一"圣迹石"，上有一尺余长的足迹，当地古来或说为马祖行迹，或说马祖因为"钦慕佛迹"而到此地①。不难推想，实际上是先有圣迹石的存在，然后其附近的山冈和寺院才可能以"佛迹"或"圣迹"命名。再考虑到宗密所述马祖到南岳之前曾有"巡礼圣迹"的经历，那么马祖千里迢迢来到建阳，或许就是为了寻访这里的"圣迹"。根据当地的地方志以及圣迹寺的碑文记载，圣迹寺由晚唐五代时期的翁郜建立，由此可见马祖当时这里还没有正规的寺院。自从圣迹寺建立以后，翁氏后人一直是维护这处马祖遗迹的有力外护。

关于马祖在建阳的年代，史料中没有直接的记载。上文已经指出，通过《宋高僧传》中关于志贤和道通归依马祖经历的记载，可以判断马祖天宝元年已在建阳，又根据王荣国教授的推断，马祖到达建阳的时间可能还要早于天宝元年。那么马祖是什么时候离开建阳的呢？关于这个问题，史料中同样没有记载。不过，史料记载马祖离开建阳以后到了江西，因此可以根据他在江西的时间推测其离开建阳的大致年代。据《宋高僧传》记载，"释超岸……天宝二载至抚州兰若，得大寂开发"②。由此可知马祖天宝二年（743）已在江西抚州。另外，禅宗灯史中有一段怀让派人到江西勘问马祖、马祖答以"自从胡乱后，三十年不曾阙盐酱"的著名禅话③，这段故事发生

---

① 清人郑昱撰《重兴古佛迹寺碑记》谓："祖钦慕佛迹，初辟宗风。"该碑记现存圣迹寺。关于这篇碑文的内容，以及圣迹寺的古迹遗存情况，笔者在《马祖和建阳》一文有详细介绍。
② 《宋高僧传》卷十一。
③ 《景德传灯录》卷五。又《古尊宿语录》卷一也有大致相同的记载。

的时间,既不会早于马祖在建阳的天宝元年,也不会晚于怀让去世的天宝三年(744)八月,只能在天宝二年或天宝三年八月之前。这就意味着马祖在天宝二、三年时已经到了江西,而他离开建阳的时间自然还要更早一些。

总的来说,马祖的建阳经历大致始于开元二十八年(740)前后,终于天宝二(743),他在建阳度过了三年左右时光。三年时间在马祖的经历中并不算长,但是马祖的独立传法就是在这一期间开始的,《景德传灯录》所说的"始自建阳佛迹岭",就是指马祖独立传法的开始。建阳是马祖禅的发祥地,而且禅宗在福建地区的传播也是从马祖来到建阳开始的。

(四) 马祖和江西

马祖离开建阳,来到江西,在这里度过了他的大半生时光,因此历史上把他称为"江西马祖道一禅师",把他的教团称为"洪州宗"。在江西期间,马祖先后住在临川、南康、洪州等地,与此相应,他在江西的经历也可以大致分为三个阶段,即临川时期、南康时期、洪州时期。

大约在天宝二年,马祖来到临川,这里成为他在江西期间的第一个传法根据地。临川是唐代郡名,作为州置名为抚州,位于今江西抚州市。史料记载说马祖住在临川的西里山[①],但是关于西里山的具体情况,历史上没有记载。已故的原江西省地方志办公室何明栋先生首次披露了西里山就是后来的犀牛山的消息,并介绍了此山的一些具体情况[②]。经笔者实地调查,得知这座山在清代咸丰年间被铲平,如今早已不在。西里山原

[①] 参见权德舆的《塔铭》、《宋高僧传》卷十一、《景德传灯录》卷六、《江西马祖道一禅师语录》等。

[②] 参见何明栋:《马祖道一大师在赣弘法圣迹述略》,《禅》1996 年第 3 期。

来的位置，就在今抚州市临川区界内正觉寺和抚州市第六小学一带，在唐代应属临川城外的近郊。正觉寺或说建于唐初①，或说建于唐开元年间②，该寺大殿原来坐落在抚州市第六小学院内，如今整个寺院已被移置到第六小学的旁边，寺内还保存有古井圈一口，石雕建筑部件一个，据说还有一块石碑，可惜下落不明。总之，正觉寺的历史相当悠久，马祖当年曾经住在这里，如今是抚州市佛教协会的所在地。

另外，史料中还提到慧藏禅师在出家以前靠打猎为生，有一次追逐猎物来到马祖庵前，因受马祖的启发，于是皈依马祖出家为僧，后来住在石𫖮寺③。石𫖮寺位于今江西省宜黄县二都镇，距抚州市区约70公里，因该寺依山岩而建，山岩形状如拱，故名石𫖮寺。据清代同治年间的《宜黄县志》记载，马祖于唐肃宗（756~761年在位）时"自建阳佛迹岭迁至宜黄石𫖮，结庵𫖮下"④，可见当地自古相信马祖曾经住过此地。无论清代县志的记载是否符合史实，慧藏当年与马祖相遇的地方大概不会距石𫖮一带太远。当地还有"马祖射山"的传说，将石𫖮的形成与一位叫作"马祖"的人物结合起来，内容是东汉末年一位叫作马祖的神仙，因为痛恨富人将石𫖮山当作帝王"靠背"，一箭射开山岩，于是形成石𫖮⑤。这个传说虽然把马祖当作东汉时代的神仙，但是它的素材显然与马祖有关，曲折地透露出马祖与石𫖮的关系。假如马祖和石𫖮无缘，则很

---

① 参见《赣东史迹》，抚州地区群众艺术馆、文物博物管理所编印，1981年，第112页。
② 参见《正觉寺简介》。
③ 参见《祖堂集》卷十四、《景德传灯录》卷六、《江西马祖道一禅师语录》等。
④ 转引自《赣东寺庙》，中共抚州地委统战部《赣东寺庙》编委会编印，1997年，第30页。
⑤ 参见《赣东史迹》，第114页。又参见《赣东寺庙》，第31页。

难想象当地会出现这样的传说。根据这些记载和传说，马祖在临川期间，很有可能到过宜黄一带，而且给当地人留下同情平民的"神仙"印象。

由于马祖离开临川以后到了龚公山，因此他在临川的时间下限和在龚公山的时间上限应该大致在同一期间。但是，关于他何时离开临川、何时到达龚公山，史料中也没有记载。对于这个问题，学者们作过种种推测，例如铃木哲雄认为马祖于公元765年住龚公山①，西口芳男认为马祖于至德二年（757）年左右在龚公山②，王荣国认为马祖于大历初年（766）已在龚公山③。其中西口芳男提出的时间最早，他根据《祖堂集》关于招提慧朗的生平记载④，推测慧朗受戒和投奔马祖的年代为至德二年。其实《祖堂集》的记载只说明慧朗是受戒以后才去虔州投奔马祖，而不一定是说他受戒以后马上就了去龚公山。一般来说僧人受戒之后继续在原地修持磨练的情况更为常见，在这一点上慧朗和马祖的经历一样，未必会在受戒以后马上就远走高飞。如果是这样，则慧朗去虔州投奔马祖就可能是在他受戒若干年之后，与此相应，马祖在虔州龚公山的时间也应晚于至德二年。另外，根据唐技的《虔州龚公山西堂敕谥大觉禅师重建大宝光塔碑铭并序》，马祖的弟子西堂智藏"年廿三，首事大寂于临川西里山"⑤。智藏23岁时正当乾元三年

---

① 参见铃木哲雄：《唐五代禅宗史》，第378页。
② 参见西口芳男：《馬祖の伝記》，《禅学研究》63，1984年，第128~129页。
③ 参见王荣国：《马祖道一禅师的传法活动考论》，《马祖与中国禅宗文化学术研讨会论文集》，第45页。
④ 《祖堂集》卷四招提和尚章："师讳慧朗……年十三于邓林寺模禅师处出家，十七游衡岳，二十受戒，乃往虔州龚公山谒大寂。……至元和十五年庚子岁正月二十二日迁化，春秋八十三。"
⑤ 李景云手稿本《赣县龚公山宝华古寺志》历代碑铭录部分。

（760），其时马祖尚在临川，与此相应，马祖离开临川和来到龚公山的时间也就不会早于这一年，至于具体的年代，如果参考铃木哲雄和王荣国的意见，很可能就在公元760至765年之间。而《祖堂集》中关于慧朗投奔马祖的记载，如果不作狭隘的理解，刚好也与唐技《碑铭》的说法相呼应。这样，从天宝二年开始，马祖在临川住留了大约20年时间。

在此期间，先后有超岸、慧藏、智藏等人前来投奔，马祖教团得到进一步的发展。其中智藏禅师后来成为马祖门下资历最老、地位最高的弟子之一。智藏出身赣南，马祖离开临川转移到赣南，很可能与智藏有关。

虔州或南康是马祖在江西期间的第二个传法基地，他当时住留的地点就在龚公山。龚公山至今犹在，今人多称"宝华山"，位于江西赣县田村镇境内，距赣州市区约70公里，唐代属虔州或南康郡，因而史料中称为"虔之龚公山"或"南康龚公山"。山下有一古刹，名曰"宝华寺"，当地传说为马祖创建。在马祖之后，西堂智藏继续在这里领众传法。

据说宝华寺建于公元746年，寺内四方竹原产四川，由马祖当年从四川带来，马祖同时还带了139个徒弟来到这里；马祖于天宝五年（746）到佛日峰（后名马祖岩），后至龚公山，与弟子结茅开山，修筑禅院，住留长达28年，于大历八年（773）转至洪州钟陵开元寺；贞元七年（791），西堂智藏由洪州来到这里，继马祖之后主持法席[①]。近代以来，该寺自抗日战争期间始香火中断，赣州私立幼幼中学迁入寺内办学，蒋经国兼任该校名誉校长，曾多次到过这里；1960至1970年，

---

① 参见《赣县龚公山宝华古寺简介》。

寺内先后被用作敬老院、农业中学、知青林场等，"文革"期间遭到破坏；自1988年始得恢复①。

宝华寺内如今保存有唐至明清时期的古迹多处，其中最古的是"大宝光塔"和刻有唐扶《碑铭》的石碑。"大宝光塔"是西堂智藏舍利塔，因由玉石雕刻而成，当地俗称"玉石塔"，上有铭文。此塔最初建于元和十四年（819），长庆四年（824）由皇帝赐名"大宝光"，会昌五年（845）因唐武宗废佛而被毁，后于大中七年（853）重立。玉石塔为唐代遗物，"文革"期间遭局部破坏，但大体完好。

刻有唐扶《碑铭》的石碑今存宝华寺内，碑题全文为《虔州龚公山西堂敕谥大觉禅师重建大宝光塔碑铭并序》，刻立于北宋元丰二年（1079），比迄今学者们通常引用的清刻本《赣州府志》卷十六所载同一文献早出八百年左右，而且文字亦有若干差别，例如上文所引西堂智藏"年廿三，首事大寂于临川西里山"，在清刻本中作"年十三，首事大寂于临川西里山"，一字之差，便可导致对智藏投奔马祖及马祖住留临川的年代判断相差十年之久。

须要说明的是，关于碑文中"年廿三"的"廿"字，有的学者表示怀疑。例如赣州师范学院教授王利民先生也曾调查此碑，根据碑文字迹清洗、没有明显剥蚀的情况，认为此碑可能是后人重刻，"重勒者在'年十三'的'十'字上加了一竖画，遂使'年十三'变成了'年廿三'"②。之后，澳门大学

---

① 参见《赣县龚公山宝华古寺简介》，以及李景云手稿本《赣县龚公山宝华古寺志》概述部分第8~9页、历史沿革部分第18~20页。
② 王利民：《马祖道一赣州弘法考》。王教授的论文已在某刊物发表，笔者引用的是由赣州电视台原台长杨祥华先生提供的电子本，特此申谢。

教授贾晋华女士在《古典禅研究》的相关章节中参照王教授的考证，亦持"十三年"说。2012年12月末，笔者再次赴赣州调查，并与王利民教授一同到宝华寺观看原碑，碑上"廿"字呈"卄"字形状，两个竖画左短右长，笔者认为该字原型如此，并无补刻痕迹，当时王教授亦无异议。这样说来，"廿"字本身原来如此，应不成问题。至于碑文整体是否为宋代原刻，即如王教授在论文中所说："碑文文字清晰，点画棱角分明，几无一字漫漶，不像历经九百多年风雨剥蚀的宋代原刻。"[①] 这一点的确值得注意，假如真能弄清此碑究竟是宋代原物还是后代复制，那样当然最好，不过问题是能否找到其为重刻的有力证据。实际上，如果仔细观察原碑，上面的剥蚀之处还是随处可见，有些文字的局部已不清晰，只是总体上说来剥蚀不很严重，而且碑石的质地比较坚细，除了局部以外，属于经久耐腐的石料。尽管石料坚细，但还是有一定的剥蚀，足以表明此碑饱经风霜，年代历久。再有，仅就笔者见过的宋碑实物来说，保存状态良好、剥蚀轻微甚至几乎没有剥蚀的例子并不罕见，例如湖北荆门象山的"蒙泉"碑，由南宋陆九渊立碑，字迹保存甚佳，几乎看不出剥蚀痕迹。因此，仅凭字迹清晰，远不足以断定其非宋代原物，若要证明其为复制，必须有确凿的证据，特别是明确的史料记载，否则只能根据碑文本身的记载，确信其为宋代遗物。

另外，根据宋代的舆地资料以及赣南当地"先有马祖岩，后有宝华山"的传说，可知马祖入龚公山之前曾到过马祖岩。马祖岩位于今赣州市章贡区水东镇境内，山上岩洞据说为马祖

[①] 同上。

修炼处。此外，在今兴国县埠头镇至赣县吉埠镇之间有一河流名"平江"，距宝华山仅十华里左右，自古以来俗称"西江"，现在都是泥沙。西江之名古已有之，沿用至今，很可能就是马祖对庞居士所说的"西江"。西江水的泥沙浑浊恐怕亦非始于今日，设若如此，那么"一口吸尽西江水"的含意就不仅仅是"一口吞不下一条江水"那么简单意思了，而是或许还含有要人容得下世上无尽的浑浊的意思。

  在南康期间，先后有怀海、自在、齐安、无等等人投奔马祖，其中怀海禅师后来成为马祖门下的重要弟子之一。可以想见，马祖教团在这一时期成熟壮大起来。

  龚公山所在的虔州或南康一带是一个比较特殊的地方，这里远离当时政治文化中心的中原地区，属于比较贫瘠的偏远之地，但是由于靠近大庾岭，这里又是连接岭南和内地的交通要道。山高皇帝远，为马祖教团的发展提供了相对自由的空间；重要的战略地位，使得由朝廷派往这里的地方官员往往具有复杂的社会背景。根据史料记载，马祖在南康期间受到了当地官员的支持。例如权德舆在马祖的《塔铭》里说："刺史今河南尹裴公，久于禀奉，多所信向"①，《宋高僧传》说："郡守河东裴公，家奉正信，躬勤咨禀"②。这里提到的刺史或郡守裴公，是指曾任虔州刺史的裴谞。裴谞（719~793）于代宗、德宗时先后历任河东道租庸盐铁使、虔、饶、庐、亳诸州刺史、兵部侍郎、河南尹、东都副留守等职③。安史之乱时营救皇室数百人，后受代宗器重，因遭宰相元载排挤，于大历二年至大

---

① 《全唐文》卷五〇一。
② 《宋高僧传》卷十。
③ 参见《旧唐书》卷一二六、《新唐书》卷一三〇。

历五年（767~770）出任虔州刺史。裴谞在虔州任职期间，对于马祖多有亲近，显然对马祖在当地的传法事业提供了便利和支持。裴谞家族一方面是当时东都洛阳城里的显贵大户，父亲裴宽（681~755）曾任河南尹、户部尚书、礼部尚书，而且"弟兄多宦达，子姪亦有名称"①；一方面裴家世代在江西有着深厚的根基，除了裴谞曾任虔州刺史外，裴宽的父亲曾任袁州刺史，裴宽的侄子、裴谞的堂兄弟裴胄（729~803）也曾担任过江西观察使，而且裴胄与马祖《塔铭》的作者权德舆也是好友②；此外，裴氏家族还有信佛的传统，裴宽"崇信释典，常与僧徒往来，焚香礼忏，老而弥笃"③，而裴谞除了亲近马祖之外，后来还因庇护犯法的僧人而被贬官，可见其信佛之深。由于具有如此背景的地方官的热情支持，便可为马祖在当地的传法提供有力的外护。

关于马祖在南康的年代，根据上文提到的乾元三年（760）马祖尚在临川的情况，可知他在南康的时间上限应在乾元三年以后，只是目前无从确定其具体年代；又根据史料中关于马祖后来被路嗣恭请到洪州，以及路嗣恭于大历七年（772）前后出任江西观察使的情况，可知马祖在南康的时间下限大致在大历七年。总之，马祖在南康度过了大约十年时光。这一期间，马祖的传法事业获得巨大的发展，并开始得到地方官员的崇信与支持。

洪州是马祖在江西期间的第三个传法基地。据史料记载，

---

① 《旧唐书》卷一百。
② 参见《旧唐书》卷一四八、《新唐书》卷一六五权德舆本传。
③ 《旧唐书》卷一百。

马祖被路嗣恭以隆重的礼节请到洪州，住在开元寺①。洪州相当于今江西南昌及其周边一带，洪州城就在今日的南昌。南昌古名豫章，唐代先后名为豫章、钟陵、南昌，这里是唐代江西观察使的治所，也是江西地区的政治文化中心。开元寺位于今南昌市内，亦即当年的洪州城里，今名佑民寺，据说始建于南朝梁代，历史上先后名为大佛寺、开元寺、上蓝院、承天寺、能仁禅寺、永宁禅寺、佑清寺等，1930 年重建时改为今名，"文革"期间被完全废毁，1980 年代始得恢复②。开元寺与唐代各州设立的开元寺一样，乃是当地的官寺，马祖被请到这里，意味着他的禅法和教团得到了江西地区最高官府的认可与支持。不过，马祖在洪州期间并非一帆风顺，史料中关于他与洪州城大安寺主等讲僧交锋的记载③，表明当时洪州一带讲经之风盛行，马祖在洪州遇到讲僧的抵制，但是最终占了上风。这一期间又有更多弟子投奔马祖门下，如普愿、怀晖、智藏（京兆）、灵默、太毓等，马祖教团的发展臻于巅峰。

另外，史料中提到马祖去世前不久到过石门山，去世以后，他的塔庙就安置在那里④。石门山又名宝峰山，位于今南昌附近靖安县宝峰镇境内，距南昌市区约 70 公里，当地有宝峰寺，马祖舍利塔就在寺内。该塔于"文革"期间被毁，埋藏地下的马祖舍利石函亦被挖出。石函铭文记录了马祖去世的

---

① 参见权德舆《塔铭》、《宋高僧传》卷十、《景德传灯录》卷六、《江西马祖道一禅师语录》等。
② 参见何明栋的《述略》一文。
③ 参见《祖堂集》卷十四。
④ 参见权德舆《塔铭》、《祖堂集》卷十四、《宋高僧传》卷十、《景德传灯录》卷六、《江西马祖道一禅师语录》等。

年代①,是为权德舆《塔铭》之外确定马祖卒年的又一重要依据。现在的马祖塔为1993年重建,石函原物大概收藏在靖安县博物馆内。据说宝峰寺始建于天宝年间,原名泐潭寺、法林寺,大中四年(850)更名宝峰寺;马祖生前曾到这里,马祖去世以后,百丈怀海守塔而居,继续领众;以后宝峰寺一直香火不断,至宋代更有空前发展,名僧辈出,成为当时著名的禅宗据点;抗日战争时期曾遭洗劫破坏,至"文革"期间彻底被毁,1990年代得到重新恢复②。除了石门山宝峰寺以外,在南昌周围地区还有其他传说马祖到过的地方,由此可以想见马祖在洪州期间的活动范围很可能涉及洪州周边的诸多地方。

马祖在洪州期间与当地的地方官有过较多的接触,继路嗣恭之后,先后有鲍防、李兼(或作李谦)、权德舆等地方官员,都是亲近马祖的信奉者和支持者。其中路嗣恭(711～781)是一位敢作敢为的官员,例如他曾任关内副元帅郭子仪副使,知朔方节度营田押诸蕃部落等使,在任上杀掉了拥兵自重不服调遣的大将孙守亮,威震全军;到江西上任伊始,便杀掉了先为鱼朝恩手下的酷吏、后来又受到宰相元载庇护而为百姓痛恨的贾明观;后来兼任岭南节度使期间,率兵平定岭南将领哥舒晃的叛乱,斩叛军万余人,并诛宿奸者及商舶之人,私吞被杀商人家财百万贯③。路嗣恭自大历七年(772)前后至大历八年(773)十月期间任江西观察使,延请马祖到洪州就在这一期间。他大张旗鼓地把马祖请到洪州,恐怕与其果敢独

---

① 原文参见陈柏泉:《江西出土墓志选编》,江西教育出版社,1991年,第3页。本资料由王荣国教授提供,特此申谢。
② 参见《宝峰山志》,(香港)中华佛教出版社,2004年,第6~10页。
③ 参见《旧唐书》卷一二二、《新唐书》卷一三八。

断的作风不无关系。又路嗣恭的次子路恕以参与平定岭南叛乱之功，30岁即任怀州刺史，以后历任京兆少尹、监门卫大将军、吉州刺史等，死后追赠洪州都督①，由此可见路氏父子在江西有着深厚的根基。另外，《宋高僧传》中提到的那位撰写马祖碑文的包佶也是路恕的朋友②，在代宗、德宗时期历任汴东、江淮等地水运、两税、盐铁使，负责财务之职。包佶虽然不在江西，但是与路恕关系密切，史书上说"恕私第有佳林园，自贞元初（785）李纾、包佶辈迄于元和末（820），仅四十年，朝之名卿，咸从之游，高歌纵饮，不屑外虑"③。大概由于路氏家族的影响，于是包佶也和马祖也有过某种关系。

据史料记载，"建中中有诏僧如所隶，将归旧壤，元戎鲍公密留不遣。"④ 这位拒不执行诏谕而将马祖秘密留在洪州的"元戎鲍公"就是鲍防。鲍防（722~790）出身贫寒，通过科举步入仕途，先后担任过太原节度使、御史大夫、福建观察使、江西观察使、礼部侍郎等职。大概由于他在太原期间曾主持军事，所以被称为"元戎"。建中元年（780）四月由福建观察使转为洪州刺史、江西团练观察使⑤，建中三年（782）离任还京⑥，可见他在江西任职大约三年（780~782），与马

---

① 同上。
② 关于包佶的传记，见《新唐书》卷一四九。有的禅宗史著作将包佶与贺知章等一并被称为"吴中四士"（参见杜继文、魏道儒：《中国禅宗通史》，江苏古籍出版社，1993年，第320页）。据《新唐书》卷一四九："佶字幼正，润州延陵人。父融，集贤院学士，与贺知章、张旭、张虚若有名当时，号吴中四士。"贺知章生于659年，卒于744年，包佶乃活跃于代宗、德宗朝，当公元762~805之间，然则与贺知章齐名者应为包佶之父包融，而非包佶。
③ 《旧唐书》卷一二二、《新唐书》卷一三八。
④ 《宋高僧传》卷十。
⑤ 参见《旧唐书》德宗本纪上。
⑥ 参见傅璇琮主编：《唐才子传》第1册，中华书局，1987年，第498页。

祖的接触就在这一期间。鲍防与佛教的关系，史书没有记载，关于"建中中有诏，僧如所隶"的背景和经过，今也不得其详，但是鲍防秘密保护马祖的举动，恐怕既与他敢于自作主张的一贯作风有关①，同时也体现了这位出身寒门的官员对于平民化的马祖禅的本能认同。

又据权德舆的《塔铭》，还有一位江西的地方官"成纪李公""勤护法之诚，承最后之说"；《宋高僧传》也提到有"陇西李公"对马祖"素所钦承"。这位李公，史书中作李兼或李谦，于贞元元年四月出任洪州刺史兼江西观察使②，其时已是马祖的晚年，但从《宋高僧传》的记载来看，他与马祖的交往或许更早。又据他和当时的建昌县令李启等人所作的《马祖舍利石函铭文》，可知他于贞元七年（791）还在洪州刺史任上，当时参与或主持了马祖塔的建设。无论如何，李兼是马祖晚年最后一位护持马祖的江西地方官员。

另外，在李兼任职洪州期间，马祖《塔铭》的作者权德舆刚好也在李兼府内供职，担任判官。权德舆（759～818）的父亲于安史之乱时举家迁移洪州③，权德舆的青少年时期就是在洪州度过的。他在马祖《碑铭》里自谓"尝游大师之藩"，"往因稽首，粗获击蒙。虽飞鸟在空，莫知近远，而法云覆物，已被清凉。"根据这个记述，他可能很早就曾亲近马祖学佛问道。后来他又在为马祖弟子怀晖禅师所作的《碑铭》里

---

① 例如他曾在任职太原期间对进犯的回纥军盲目出击，后来贞元元年策试时又对穆质加以提拔（参见新旧两《唐书》本传）。
② 权德舆的《塔铭》说："贞元元年，成纪李公以侍极司宪，临长是邦。"《旧唐书》卷十二德宗本纪说："贞元元年……夏四月……鄂岳观察使李谦为洪州刺史、江西都团练观察使。"
③ 参见《旧唐书》卷一四八、《新唐书》卷一六五。

自述"三十年前尝闻道于大寂"。怀晖卒于元和十年（815），权德舆的《碑铭》作于是年，则三十年前刚好是贞元二年（786），其时已为马祖晚年，而权德舆也在洪州任职。

自路嗣恭出任江西至马祖去世前后，先后担任洪州刺史（包括兼任江西观察使者）的江西地方官员共有八人，而仅见于史料记载的即有近半数者与马祖有过亲近关系。地方官员的热情支持，显然是马祖及其教团得以在洪州发展的一项重要原因。

马祖自大历七年（772）来到南昌，至贞元四年（788）去世，在洪州渡过了他生涯中最后的大约十六年时光。

二、马祖禅及其时代

马祖在中国禅宗史上是继六祖慧能之后最卓越的宗教领袖人物，对禅宗的发展作出了多方面的重大贡献。在禅学思想方面，他提倡"即心即佛"、"非心非佛"、"平常心是道"等几大主张，将佛教的唯心论和彻底的空观圆满地结合起来，更加清楚地指明了觉悟解脱的依据就在现实的人心，而心本身又是空，不可执著；与此相应，修行实践也不需要抱定某种异常的心态和脱离正常的生活，而应当保持平常的心态或者在平常日用中进行。这些教义主张虽然并不都是马祖的发明①，其中大部分可以在以往的佛教中找到张本，但它确实是在马祖那里才被明确化而成为鲜明的旗帜，并且给后来的禅宗以深远的影响。在禅的实践方面，马祖一方面强调实践体验，明确反对当

---

① 例如关于即心即佛与非心非佛的观点，铃木哲雄列举了马祖以前和马祖以后诸多禅师的约四十条用例（参见铃木哲雄：《唐五代禅宗史》，第383~389页），可见这种观点是当时禅门中广泛流行的思潮。

时佛教中流行的讲经论、重义解的空谈风气，《祖堂集》的马祖传里用了大部分篇幅记述马祖及其弟子反对讲经讲论的事例，就是此类明证；另一方面，马祖也反对凝心入定式的禅修方法，而将禅的实践融汇到日常生活当中，利用日常生活中的各种场合作为禅悟的契机，从而使禅的修行实践变得灵活多样，不拘一格。禅宗虽然历来是佛教中的实践派，但是明确地反对讲经论、求义解，强调佛法的实践性，以及在实践上切切实实地把禅的修行溶入日常生活，都是从马祖开始的。在教团建设方面，马祖以远离当时政治文化中心的江西地方为根据地，依托于当地的官民支持，建立起庞大的教团组织。在马祖的影响下，江西一带自中唐时代起便成为整个中国佛教的一大重镇。马祖教团的形成，不仅使慧能以来的南宗势力获得了空前的发展壮大，而且为马祖以后南宗势力向全国的扩展提供了切实的组织保障。可以说，如果没有马祖教团，便根本无法想像中晚唐时代会形成南宗的势力覆盖全国的局面。由于马祖从诸多方面给禅宗的发展以巨大的影响，以至于有的学者认为中国禅宗的真正形成是从马祖开始的[1]。

马祖生当由盛唐向中唐过渡的时代，无论是作为思想学说、实践方式还是作为教团组织的马祖禅，它的出现并非独立孤起的现象，而是与当时社会文化发展变迁的大趋势相呼应的。经过安史之乱以后，唐王朝中央政权的势力大为削弱，而地方势力相应地增强。马祖所在的江西地方，虽然不像北方由强悍的节度使控制的地区那样可以无视朝廷的号令，但是毕竟地处偏远，加上朝廷的相对软弱和地方大员的自主专断，于是

---

[1] 参见柳田圣山：《馬祖禅の諸問題》。又参见入矢义高：《馬祖の語録》序。

才为马祖门下形成庞大的教团组织提供了有利条件。可以说，若没有朝廷的软弱，便不会有地方大员的专断；若没有地方大员的专断，马祖教团便不会得到本地官府的保护和支持。因此，马祖及其教团在江西的发展，虽然具有个人际遇的偶然性，但是这种个人际遇却是在当时整个社会政治格局变化的大背景下发生的具体一幕。

马祖禅虽然得到地方官员的保护和支持，但是马祖本人既不曾到过当时政治文化中心的中原地区，也没有和当时的朝廷及中心佛教势力发生瓜葛，而是以偏远的江西作为传法根据地，依靠包括地方官府在内的各种地缘关系，最终形成具有全国影响的一大宗派。马祖禅曾经受到南阳慧忠国师的抨击①，他们的禅学分歧，从某种意义上也可以说体现了贴近朝廷的中心佛教势力与远离朝廷的地方佛教之间的分歧。马祖门下的弟子中虽然也有个别人受到朝廷的尊重，但是大多数则分散在南方各地传法，保持了马祖的作风。还有一些弟子为了"选佛"而放弃仕途投奔到马祖门下，如丹霞和尚和庞居士就是此类典型②；至于汾阳无业禅师更是到处躲避官府的纠缠，并且明言"亲近国王大臣，非予志也"③。很明显，马祖禅反对那种注重经论义解的贵族化佛教，与朝廷和中心佛教势力保持距离，以远离当时政治文化中心的南方地区作为传法根据地，它在总体上保持了慧能以来南宗禅的地方性特征④。

另外，唐代的科举制度为庶族出身的士人进入上流社会提

---

① 参见《景德传灯录》卷二十八《南阳慧忠国师语》。
② 参见《祖堂集》卷四。
③ 《宋高僧传》卷十一。
④ 关于慧能南宗的地方性，可参见拙文《南宗禅的地方性》，载《世界宗教研究》2005 年第 1 期。

供了更多的机会,到了中唐时期,庶族出身的士人已经成为对当时的文化有着广泛影响的社会阶层。与此相应,中唐时期的文化也出现显著的变化,贵族文化衰落,世俗文化兴起①。佛教亦不例外,以往那种繁琐复杂的教义学说和实践方法越来越没有市场,而简明扼要的教义体系和简便易行的实践方式则受到雅俗各阶层人士的欢迎。马祖禅的教义和实践方式正是这样一种更平民化的宗教体系,与贵族化的佛教相反,其中凝聚着容易引起那些不靠门阀出身而靠自己的努力、通过科举的途径开辟自己的政治前途的新兴士大夫们共鸣的因素②。当时的江西虽然属于偏远落后的地区,但是"自中原多故,贤士大夫以三江五湖为家"③,由安史之乱所导致的士人南迁,同时也伴随着文化上的地域转移,因而世俗文化的风潮也不可避免地渗透到江西地区。正是在这样的背景下,那些庶族出身的士大夫遇到了世俗化的马祖禅,双方一拍即合,马祖禅成了用佛家语说寒门事的宗教,再加上它贴近平民的特性,于是便获得了广泛的社会认同。

三、马祖语录的编纂

马祖语录何时开始编纂,今已无从详考。《祖堂集》中载有马祖弟子东寺如会所说的下面一段话,其中透露出一些关于马祖语录编纂的最初消息:

---

① 关于中唐时期门阀世族与庶民阶层的地位变迁以及相应的文化转变,可参见那波利贞:《唐代に於ける士大夫階級と庶民階級とに就きて》一文(那波利贞:《唐代社会文化史研究》,创文社,1974年)。
② 参见西胁常记:《権徳輿とその周辺》,《唐代の思想と文化》,创文社,2000年,第101~102页、第107页。
③ 穆员:《鲍防碑》,《全唐文》卷七八三。

每曰:"自大寂禅师去世,常病好事者录其语本,不能遗筌领意,认即心即佛,外无别说,曾不师于先匠,只徇影迹。且佛于何住,而曰即心,心如画师,贬佛甚矣。"①

从东寺如会的议论可知,在马祖去世之后,即有"好事者"将马祖的言论记录下来,而其内容主要是关于"即心即佛"的说法。在东寺如会看来,那些关于"即心即佛"说的语录,只不过是马祖留下的"影迹",而非马祖禅的精神实质;而且佛是无限的,并不只限于心,"心如画师",它是能动不拘的,因此如果只说"即心即佛"的话,那就是对佛的贬低。如会虽然没有明言"好事者"是谁,但是一般来说,只有那些可以经常接触马祖、对马祖的教诲耳熟能详的弟子,才有条件将马祖生前的言论记录下来,因此如会所说的"好事者",很可能就是指马祖的一部分弟子。至于这些弟子是谁,今已无从知晓。

与如会所说的情况相应,在现存马祖弟子的语录中,可以看到他们对马祖言论的引用或评论,例如南泉普愿的语录里就反复引用马祖"不是心,不是佛,不是物"的说法,在百丈怀海的语录里则有对马祖"即心即佛"说和"非心非佛"说的评语。另外,在马祖禅系以外的禅师语录或著作中,也可以看到他们对马祖观点的评述,例如南阳慧忠的语录里有对"即心是佛"说的批评,宗密的著作里有对洪州宗观点的综述和评论,等等。这种情况表明,在马祖去世以后,其生前的言论不仅在弟子当中广为传诵,而且受到当时禅门的高度关注。

---

① 《祖堂集》卷第十五东寺章。

在这样的条件下,如会所谓有"好事者"编纂马祖的语录,应当并非虚言。除此之外,在唐人撰写的碑铭文字中也有一些关于马祖言行的记载。

就目前所能见到的范围而言,关于马祖言论的最早记载都比较零散,如上面提到的南泉普愿和百丈怀海的语录中引用的马祖言论,均为只言片语。除此之外,还有将马祖思想的要点加以概括综述的记载,其中最早的见于权德舆的《洪州开元寺石门道一禅师塔碑铭并序》和《唐故章敬寺百岩大师碑铭并序》。二文中的相关记载分别如下:

> 大抵去三以就一,舍权以趣实,示不迁不染之性,无差别次第之门。尝曰:佛不远人,即心而证,法无所摄,触境皆如,岂在多歧以泥学者?故夸父吃诟,求之愈疏,而金刚醍醐,正在方寸。

> 禅宗长老百岩大师之师曰大寂禅师,传佛语心法,始自达摩,至于惠能之化行于南服,流于天下,大抵以五蕴、九识、十八界皆空,犹镜之明也,虽万象毕呈,而光性无累,心之虚也,虽三际不住,而觉观湛然。得于此者,即凡成圣,不然一尘瞥起,六入胶固,循环回复于生死之中,风涛火轮,迷妄不息。

不难看出,权德舆记述的马祖思想要点在于"即心即佛"的说法。继权德舆之后,在宗密的《禅源诸诠集都序》、《中华传心地禅门师资承袭图》、《圆觉经大疏钞》等著作里,对以马祖为代表的"洪州宗"的主张也作了概括性综述,其要点还是侧重于"触类是道而任心"的说法。

总之,在马祖去世后的几十年内,已经有马祖语录的编纂,但是这些语录没有保存下来,所以现在已经无法了解当时编纂的马祖语录是什么样子。除此之外，至今保存下来的当时关于马祖言论及观点的记载，分别见于马祖弟子以及其他禅师的语录和著作当中，这些记载大多只是零散的片段，而稍有系统的记载并非马祖语句的实录，而是综合要点的转述。

现存最早而又成系统的马祖语录是《祖堂集》卷十四的"江西马祖"章。此书由五代时期的静、筠二僧编著，完成于南唐保大十年（952），是现存最早的禅宗灯史。其中的"江西马祖"章共约三千字，内容主要是马祖的对话记录，比起以往的马祖言论记载有了大量增加，如果再加上散见于其他章节里的马祖对话，则书中所记马祖语录更为详备。

大约与《祖堂集》同时，永明延寿（904~975）的《宗镜录》里也有马祖的言论记载。据说《宗镜录》的初稿完成于延寿住持雪窦寺期间（952~960），最后定稿于他住持永明寺（即今杭州净慈寺）期间（961~975）①，可见此书的编纂与《祖堂集》差不多同时，而完成的时间比《祖堂集》略晚。《宗镜录》本着"举一心为宗，照万法如镜"的宗旨，旁征博引佛教经典和祖师法语，融汇佛教的各种学说。书中卷一、十四、四十九、九十二、九十七、九十八中分别有马祖语句的引用，此类内容约合一千五百字，虽然零散而无系统，但也是迄当时为止除《祖堂集》以外记录马祖语句最多的文献，而且其中有些马祖言论不见于其他灯史资料。

《祖堂集》和《宗镜录》都是在马祖去世一个半世纪以后才编辑成书的，二书内容虽然不同，但是都收录有马祖的语句。这种情况表明，当时很可能有某种形式的马祖语录流传于

---

① 参见门净法师《净宗六祖延寿大师》一文。

世，于是二书的编者才得以或引用马祖的语句，或将其纳入新编的禅宗灯史。不过，现在已经无从知晓他们当时依据的究竟是怎样的马祖语录资料了。

继《祖堂集》之后，宋代陆续有多部禅宗灯史出现，其中大部分也有马祖语录的记载，如道原的《景德传灯录》，李遵勖的《天圣广灯录》，悟明的《联灯会要》，以及普济的《五灯会元》，等等。就这几部灯录的成书年代来说，《景德传灯录》成书于景德元年（1004），《天圣广灯录》成书于天圣年间（1023~1032），《联灯会要》约成书于淳熙十年（1183），《五灯会元》成书于淳祐十二年（1252），前两部是北宋时代的作品，后两部完成于南宋。就这几部灯录中记载的马祖语录来说，《景德传灯录》最详，《天圣广灯录》和《联灯会要》稍简，但是其中有一些不见于其他文献的记载，《五灯会元》与《景德传灯录》大致相同。相对而言，由于《景德传灯录》的成书时间较早，而所收马祖语录又比较详备，所以其中的马祖语录在宋代编著的禅宗灯史中价值最高；《天圣广灯录》和《联灯会要》由于收录了一些不见于其他文献的马祖语句，因而也有一定的参考价值。

在宋代编辑的马祖语录中，除了见于禅宗灯史者外，还有一部《江西马祖道一禅师语录》。这部马祖语录约有五千字，它在历史上的各种马祖语录当中是收集马祖言论最全的一部。目前常见的这部马祖语录的版本有两种：一个收录在《卍续藏经》第119册，又名《马祖道一禅师广录》；另一个收录在《四家语录》当中。根据《卍续藏经》将这部语录作为一个独立成篇的文献加以收录的情况来看，可以推测此书或许曾有单行本传世。不过《卍续藏经》中没有记载这个语录的编辑者，也没有说明这个语录原来是什么样的本子。《四家语录》共有六卷，汇集了马祖道一、百丈怀海、黄檗希运、临济义玄等四位唐代禅师的语录，其中的第一卷即为《江西马祖道一禅师语录》。根据明代复刻本《四家语录》的序文，可以得知有关此书成立经过的一些情况。

明代复刻本的《四家语录》附有北宋杨杰的序文，题名《马祖百丈黄檗临济四家语录序》，文中提到"积翠老南，从头点检，字字审的，句句不差"[①]。从杨杰序文的题名可知此书原名《马祖百丈黄檗临济四家语录》；又根据杨序中"积翠老南，从头点检"的说法，可知此书的编者系"积翠老南"。这位"积翠老南"就是黄龙慧南禅师（1002～1069）。"积翠"是指积翠庵，乃慧南禅师入黄龙山之前的住处。"老南"是相对于庐山小汉晓南禅师而言，因慧南辈分为高，故在当时丛林中被称为"老南"。杨杰的序文作于北宋元丰八年（1085），可知此书应完成于元丰年间（1078～1085）。这样，我们现在可以知道《四家语录》中的马祖语录经过了黄龙慧南的编辑，而编辑完成的时间是在北宋元丰年间，比上述《景德传灯录》和《天圣广灯录》的成书时间稍晚。

不过，宋代原版的《四家语录》今已无存，目前所能见到的是日本江户时代复刻的明代复刻宋本。根据这个刻本中的唐鹤征所作《四家语录序》，可知当初的明本《四家语录》系由"东安解君静山宁"捐资复刻宋本而成。这个复刻本中除了有唐鹤征的序之外，还有释传正所作的《读四家语录引》，

[①] 柳田圣山主编《禅学丛书》之三《四家语录·五家语录》，中文出版社，1983年，第1页。"点检"，原作"点捡"，今校改。

并保存了杨杰的序文。唐鹤征乃唐顺之（1507~1560）之子，明隆庆五年（1571）年进士，历任太常卿，继承家学，以博学闻名①。正传的引文作于明万历三十五年（1607），由此可知明代复刻本大约刊刻于万历年间。明代复刻本后来流传到日本，庆安戊子（1648）年，由长崎的一位佛教信徒隐峰将此书奉献出来加以复刻，于是始有此书的和刻本。1973年，柳田圣山将这个和刻本编入《禅学丛书之三》，题名《四家语录·五家语录》，由中文出版社影印出版。由于这个和刻本的保存，现在得以了解宋代《四家语录》的面貌，并得以判明其中的马祖语录经过了黄龙慧南的编订。

这部和刻本《四家语录》的卷四收录了《筠州黄檗山断际禅师传心法要》，其中保留了黄檗语录原编者裴休的序和署名。根据这个情况可知，在《四家语录》成书之前，马祖、百丈、黄檗、临济等人的语录已经有人分别编辑，经过黄龙慧南之手，这些原来分散的四家语录被合为一册。如果是这样，那就意味着在黄龙慧南之前已经有人编辑了一部比较完备的马祖语录，但是现在既无法得知这部马祖语录最初的编辑者究竟是谁，也不清楚黄龙慧南在编辑时是否作过改动。

继《四家语录》之后，在《古尊宿语录》一书里也有马祖语录的记载。《古尊宿语录》也是一部禅宗祖师的语录集，最初由南宋绍兴初年（1131）福州鼓山赜藏主汇集唐宋时代二十位禅师的语录而成，共四卷，题名《古尊宿语要》。淳熙五年（1178），鼓山德最在其卷首加写略序，不久后鼓山晦室又出版了《续开古尊宿语要》六卷。至咸淳三年（1267），觉

---

① 参见《明史》卷二〇五。

心居士捐资重刻，又在原二十家语录的基础上增补了八家。到此时为止，马祖的语录并不在《古尊宿语录》之内。最后到了明永乐十一年（1413）《古尊宿语录》入藏之时又增补了怀让、马祖等九家语录，合计48卷。《古尊宿语录》从最初的四卷本扩充到最后的四十八卷本，其间经过了多次增补，马祖语录究竟是在什么时候被增补进去的，现在已经难以详知，目前仅知道明代永乐南藏本和万历径山藏本的《古尊宿语录》均为四十八卷，其中的第一卷都收录了马祖的语录。目前读者比较容易见到的是由上海古籍出版社1991年影印出版的明万历四十五年刊刻的径山藏本《古尊宿语录》。

除了上面介绍的资料以外，自宋代至明清时期编纂的各种禅宗资料中还有很多记载马祖言论的文献，但是其中记载的内容基本上没有超出上述资料的范围，因此不必一一列举。

从以上介绍可知，马祖的言论在历史上被分别记录在各种不同的文献当中，其中那些只言片语的记录显得非常零散，而比较系统的记录又大多内容重复，于是有的现代学者便试图将这些分散的马祖语录汇集起来，同时去除其重复的部分。最早从事这项工作的是日本学者，例如宇井伯寿在1940年新编了一篇《马祖语录》①，内容系从《祖堂集》、《景德传灯录》、《古尊宿语录》等文献抽选而成，合计约二千四百字。1985年，禅文化研究所出版了入矢义高主编的《马祖的语录》（日文书名为《馬祖の語録》）。该书以和刻本《四家语录》中的马祖语录为底本，另外又从《祖堂集》、《景德传灯录》、《宗镜录》、《天圣广灯录》、《联灯会要》等资料中抽选出有别于

---

① 见宇井伯寿：《第二禅宗史研究》，岩波书店，1990年，第523~531页。

《四家语录》的相关内容,以《补遗》的形式补充在《四家语录》的马祖语录之后,于是构成迄今为止收集马祖言论最为完备的马祖语录单行本。在当时还没有电子检索的条件下,入矢本将以往各种文献中的马祖语录资料搜罗殆尽,就是在今天看来,也不能不令人由衷地佩服。入矢本被称为"昭和马祖广录",的确并非过誉。此外,入矢本还附有马祖语录的注释及现代日语译文,它是迄今为止唯一一部马祖语录的译注本。当然,入矢本也不是完美无缺,其不足之处主要有三:一是在辑录的内容方面,没有收录宗密以及唐人碑铭文字中关于马祖言论的记载,这不能不说是一个缺憾;二是在注释方面,由于该书由多人分担完成,因此注释的水准参差不一,有些应当加以解释的地方未作注释,有的注释不够详尽;三是书中有较多的错字误字。不过瑕不掩瑜,尽管有一些缺点,入矢本依然是迄今为止最有价值的马祖语录版本。

在借鉴既有研究成果的基础上,笔者最近完成了一部新的马祖语录注释,希望把马祖的资料收集得更为完备,注释解说也更为周到和准确,但是一定还有遗漏和缺点。

最后,关于马祖的研究,是中日学者都很关心的课题。最近几年,中国学术界对马祖的研究相当重视,仅以马祖为议题的专门性学术会议就召开过不下两三次,但是中国学者基本上还是偏重于马祖思想的阐释,而很少关注相关史实的探讨,总的来说议论多而实证少,在有关史实的把握上或是囫囵吞枣,或是以讹传讹,扎实而有新见的研究成果如凤毛麟角。日本关于马祖的研究成果大多出现在20世纪80年代以前,最近若干年来似乎不见新的进展。日本学者的研究相对来说不大重视思想性的阐释,而是更注重原典的读解和对史实的细密检讨,因此他们的马祖研究也更为扎实而有功力，但是他们的研究基本上只限于文献史料的考证，于遗迹调查和实地资料的运用则不够充分，从而限制了研究的视野。说到遗迹调查和实地资料的运用，在中日两国现有的马祖研究领域都还没有受到应有的重视。在这一研究领域，马祖禅的文本解释、文献考证和遗迹调查，三者不可或缺。文本解释是把握马祖禅思想的基础功夫，文献考证是把握马祖经历的重要途径，遗迹调查是了解马祖经历及其实际影响的重要手段。在目前的马祖研究中，讨论马祖禅思想的论著可谓多如牛毛，其中很多在内容上大同小异，还有一些过于玄学化的阐释，真正立足于可靠的文本读解的成果并不多见。关于马祖的经历，是马祖研究中最薄弱的环节，许多关于马祖的论著对马祖的经历只是一带而过，其中还有不少以讹传讹的成分，由于马祖的经历不详，因而对于马祖禅思想的阐释也就严重地失去历史感，于是只能作从概念到概念的推演，显得空疏无据，甚至流于任意的发挥和空论。关于马祖经历的研究，在受到文献史料限制的情况下，就更需要辅以实地调查。将实地调查的资料与历史文献的记载结合起来，不仅可以更完整准确地把握马祖的生平经历，而且可以具体地了解马祖在各个地方造成的实际影响，其中后者并非只是马祖当时一时一事的历史陈迹，而是在相关各地的历史上长期带着马祖烙印的"马祖文化"现象，有的直到今天还对当地的人们发生影响。如此说来，关于马祖的研究不能仅限于马祖的思想学说，而是应当涉及马祖的生前身后、左右周围。思想学说仅仅是宗教的一个方面而已，它在宗教中的实际作用，未必如喜好玄思的学者们所想像的那么重要，何况马祖本人偏偏就是一位厌恶玄思和议论、激烈反对学究式佛法的宗教实践家？因此在马祖研究的场合，举凡历史上与他有关的方方面面都应当列入考察的范围之内。从这样的观点来看，目前已有的马祖研究涉及的层面还很狭窄，在这一研究领域还有许多有待开垦的地带，例如关于马祖教团的详细情况，以及散在各地的与马祖相关的历史文化遗迹，都是今后需要着力探讨的课题。

（本文原刊载于2008年5月出版的《普门学报》第45期，今有修改）

马祖禅的诸问题

柳田圣山

马祖禅的定位

中国禅宗的实质性形成,是从马祖(709~788)及其门下弟子多彩的活动开始的。本来,禅宗的称呼以明确的内容而被使用,就是他们说法的特色。从达摩开始的初期中国禅的抬头到真正全盛期禅宗的明确转移,可以认为是在马祖晚年期间。这无论是在他们的新佛教运动的思想主张上,还是在社会性教团的多方面动向上,都是被认可的显著事实。

首先,如果就前者来说,受到关注的是在资料上对初期禅思想的解明具有重大意义的敦煌文献,对于马祖以及马祖以后的时代几乎没有言及。从时代上说,敦煌的资料决不是不包括这一时期的禅宗文献,例如洞山和龙牙的歌颂,以及连时代更后的东西,片断包含的敦煌资料,对于具有划时代意义的马祖以后真正的语录文献,完全没有应该保持沉默的理由。本来我认为唐与敦煌在这一时期也有政治上的特殊情况,但最重要的是,马祖以后的禅宗与向来的佛教极为不同。

这个情况,关于我国入唐僧的将来目录也是一样。喜欢慧能的《坛经》和神会的《禅要》而把它们带来的入唐僧们,对于《宝林传》以后的真正禅录也是几乎未表示关心。这不能认为是那些禅录没有接触他们眼光的机会,而毋宁说是马祖以后的禅宗具有很难被日本人接受的性质。事实上,对中国佛教的一切动向都很敏感的古代日本人,使对从马祖开始的中国禅宗的接受推迟到镰仓时代,其中有它的理由。如此说来,马祖以后的中国禅宗是太中国式了,它具有很难被敦煌、西藏、朝鲜以及日本所接受的土著性。而且,马祖禅的这种个性就在于文献上的"语录"这一新样式,以及创造了以这种样式为必要的思想内容。关于这一点,后面还要考虑。

教团的形成

其次,马祖禅的划时代意义,可以从这个运动的量的扩大上来认识。一般传说马祖门下有八百余人,或谓玄徒千有余众,《传灯录》作入室弟子139人,实际上收录传记者75人,无机缘语句而只列其名于目录者63人,合计138人。《传灯录》虽然有故意增加马祖弟子的倾向,但《宋高僧传》里还有相当多的不见于《传灯录》的马祖弟子,因而马祖入室弟子有80人的说法大致属实。有趣的是,如果将《祖堂集》黄檗传"马大师出八十余员善知识,得其真者只一二人,庐山其一人也"的评价除外,超出80名的得力弟子的人名和机缘,差不多都为后世所传,这正是划时代的,这个数字说什么都值得注意。

而且马祖的门下差不多分散在中国各地,与以往的佛教以帝都或特定的名山为中心大不相同。本来,马祖禅被宣传于天下，虽然是因为其门下弟子中有特别是在帝都宣教、与皇室有密切关系的人物，但是就像刚才所说，马祖禅最重要的是内容上的土著性和以地方为舞台。从其门下出现了如百丈怀海那样的人物，得以把划时代的清规成文化，这也是因为他们的运动有着不拘传统的自由性格，以及尽量使之成功的量化的实质。

例如临济后来讲述自己的佛教谱系，列举麻谷、丹霞、道一、庐山、石巩之名，恐怕是任意的顺序，但值得注意的是除了丹霞以外，其他皆为马祖及其弟子，而且丹霞也被认为是具有同样倾向的人物。刚才所举黄檗的说法，也被当作沩山的语句，由于二人乃是同门，不管怎么说，在这个系统当中，人们对马祖系佛教的这种独特性确实有着自觉。教团的形成是构成者的量的扩大问题，同时也是法系自觉的问题，特别应当注意的是正统的主张必然以其思想的价值批判为前提。

宗密的禅宗史观

圭峰宗密（780~841）把到他那时为止的达摩禅的流派分为七家、十室以及五派，在其著名的《中华传心地禅门师资承袭图》里，大别为牛头宗、北宗、南宗三派，又把南宗分为荷泽宗与洪州宗二派。虽然形式上是五派，可内容上是四宗，而且带有自以为荷泽为正系、以洪州为旁支的意图。关于宗密的禅的法系，好像潜含着相当复杂的问题，硬是以荷泽五世自命，并以此为达摩禅的正系，这就使人想到他特别当作南宗旁系的洪州宗在当时占有最大的势力。在南北两宗以及牛头宗的末流，宗密的当时，即使从他们的活动没有什么可观之处这一点来说，毋宁说在以洪州为旁系的估价中，就已经有了他在《中华传心地禅门师资承袭图》中的意图。

但是《中华传心地禅门师资承袭图》对马祖道一屡有记述，而对其门下则什么也没有说。宗密的当时，马祖已经入寂，正当马祖二世或三世的活跃时期。尽管不清楚宗密实际上视谁为洪州宗的头目，但洪州宗的根据地即如其名，就在洪州，在这里活跃的人物以百丈和黄檗最有代表性。黄檗和宗密同样受到裴休（797~870）的皈依，裴休是为沩山灵祐（771~853）创建潭州同庆寺之人。裴休起初皈依宗密，后来他对禅宗的兴趣转移到了黄檗和沩山那里。可以认为，为裴休而写的《中华传心地禅门师资承袭图》，其背后有着这样的变故。

如刚才所说，洪州宗的出色发展完成于临济义玄，临济本人虽然确实抱有这样的意识，但我认为临济并不曾进入宗密的视野。在时代上，临济不仅比黄檗和沩山晚了一代，而且在地理上，临济活跃的河北也比江南中心的洪州宗相距遥远，从当时政治文化的情况来说，河北属于极为特殊的地区。临济被看作洪州宗的正系是在进入宋代以后，不如说只不过是出自后代的一种要求。当时，洪州宗的正系在沩山下的仰山慧寂（807~883）和南塔光涌（850~936）那里，他们依然以洪州为中心而活跃着。顺便一说，一般被称为五家的唐末禅，从实际来看，恐怕沩仰宗最早，并且好像最为盛大。在临济的语录中，沩仰二人对黄檗与临济的问答频繁加以评论，虽然确实有过这样的实事，但是夸耀作为洪州正系的盛大展开，依托沩仰宗的祖师语句而将黄檗与临济的关系作为正统，恰恰是要显示马祖以后禅的主流乃由临济而集大成，这也是相当生硬的造作。即如下面所说，马祖、百丈、黄檗、临济的四家语录被集合为一,乃是宋初的事情,这部语录的集大成,显然有助于上面的推断。

无论如何,我认为宗密所称的洪州宗,其实就是沩山和仰山。实际上,由这两个人总括的洪州的禅宗,不同于牛头宗和荷泽宗,而是有其独自的主张。

青原系的问题

这样,在宗密的时代,实际上代表中国禅宗的就是洪州宗。宗密硬是以荷泽宗为正系而自命,主张教禅一致,全是为了批判洪州宗。正是洪州宗的展开,无论是在教义上还是从教团上来说,都是宗密所不能坐视的一大问题。

一般认为,慧能以后的南宗分为南岳和青原二派,青原系因与马祖同时代的石头希迁(700~791)而走向盛大。著名的国子博士刘轲在所撰碑文里说:"江西主大寂,湖南主石头,往来憧憧,不见二大士为无知矣。"认为江西和湖南的禅风同时兴起,就是指此。但是,像与上面所见洪州宗的实情相对应的青原系的运动,实际上果真有过吗?正如曾经说过的那样,在为主张马祖系的禅的正统性而写的《宝林传》里,青原系的记述很贫乏,尽管这也许不如说是理所当然的,但宗密的很多著述都站在同一倾向,这又该如何理解呢?十室当中仅有的石头之名,在宗密的《中华传心地禅门师资承袭图》里被完全无视掉了。

想来,石头以及他的门下都是山居修道之人。这个系统的人渐渐出现于世,乃在洞山良价(807~896)以后。特别是在这个系统里有很多歌唱山居修道的《乐道歌》作品，非常值得注意。石头的《草庵歌》即其代表，云岩的《宝镜三昧歌》，洞山、龙牙等人的诸多韵文作品，都构成这一系统的特色。韵文作品是从山居冥想而来，与马祖系统中传诵的与日常生活相结合的问答记录，其性质显然不同。

刚好马祖和石头在江西和湖南角立，互相竞争宗风，这样的想法恐怕是后代的要求。其实青原系的特色正在于超出这种角立的地方。为了把青原的主张当做刚好和马祖对立的东西，后代的禅宗史书犯了史料性的错误，关于这一点，可以从下面的叙述得知。

马祖的人间像

马祖是汉州什邡县出身，初学于剑南智诜下的处寂（648~734），后为南岳怀让法嗣。怀让也是山居修道之人，本来师事玉泉弘景律师，从学于弘忍下的慧安，他与曹溪的关系，不妨看作出自后代的要求。如此说来，怀让也好，马祖也好，与曹溪的关系很弱。毋宁说，在神会一派的南宗曹溪宣传运动获得了大致的成果之后，从不同于神会一派的立场来继承南宗的就是马祖。他的曹溪相承，并不像以前的神会那样。因生在马氏之家而被称为马祖，他是适合于新时代禅门祖师的人物。据说生而凝重，容貌奇异，虎视看人，行走如牛，引舌过鼻，脚掌有两圈指纹；同时《宋高僧传》的马祖传里对其葬仪的隆重大书特书，以为仅在净土教的善导以及华严的普寂之次，这虽然是古来伟人的常例，但还是让人觉得他不是过渡性的人物，而是具有划时代的独特性。那个时代刚好就在要求新的人间像，韩愈和李翱试图进行儒教与文学的革新，原本也是这种运动的一环。

关于马祖禅的革新性契机，当然需要从各个方面加以检讨，但是最重要的却在于新佛教人间像的确立。他没有借助传统和经典的权威，而是直接从活人的现实性出发，说平常心是道、即心即佛，他的主张再清楚不过地表达了这种意思。它与以往的佛教总是以古典为权威、尊重佛的语句、把戒律当做规范相对，乃是直接把活人的语句当做价值、以现实的日常生活为第一的实践性宗教。

语录的发生

马祖以后的禅宗的特色，从文献上来说，就在于产生了无数的语录。这是试图尊重人的语句、他们的运动的当然归宿。当然，并不是以前没有过语录。《二入四行》是达摩的语录，《修心要论》是弘忍的语录，这就是这个系统的佛教的特色。但是，以前的语录是经典权威的替代品。与围绕着训诂注释打转的以往佛教相对，初期禅宗以明了自心为第一，尊重祖师的语句，认为这就是经典。另一方面又主张不出文记，崇尚默默坐禅，被称为达摩语录的作品多有伪作，就是因为有把它看作古典的倾向。不立文字的意思不单是指不使用文字，而是意味着取代经典的训诂而尊重祖师的语句，并将其付诸实践。这种情况在《六祖坛经》和《宝林传》里也一样，只是它们还没有彻底摆脱经典的权威。

但是到了马祖以后,倾向完全不同。在这里,人的语句被直接尊重,经典的引用也是作为人的语句,完全不像以前那样。本来,所引用的经典语句,差不多都是同一个地方,所谓盲目引用是也。比之经典的权威,使用经典的人的生活才是问题。

这样,洪州宗便留下了很多语录。语录是宋初的称呼,古时好像称为语本。《祖堂集》卷十五的东寺如会章里有弟子们编辑马祖语本的记载:

> 每曰:"自大寂禅师去世,常病好事者录其语本,不能遗筌领意,认即心即佛,外无别说,曾不师于先匠,只徇影迹。且佛于何住,而曰即心?心如画师,贬佛甚矣。"

东寺批判把马祖的语本当作金科玉律的其他弟子。又同是《祖堂集》的卷十八的仰山章里,也有讨论马祖语本的地方,在这个系统当中,确实有马祖语录的流传。

另一方面,在陈诩所写的百丈碑铭里,也可以看到百丈语本之事。由此可以推知,祖师语句的辑录乃是当时的通例。事实上,马祖及其门下的语录遗存至今的甚多,与其他系统迥然不同。例如,除了南泉和大珠慧海以外,还有著名的《庞居士语录》,金泽文库有大梅法常的语录,圆仁的《入唐新求圣教目录》里著录有甘泉的语本。后者的内容难以详知,然根据《宗镜录》卷九十八里引用的甘泉语句,可以推知它的倾向,《传灯录》卷二十八里所收大达禅师的上堂也可以添加于此。

《宗镜录》 所传的洪州宗语

其次，大量传达洪州宗语句片段的是《宗镜录》，其中在马祖本人的语句中，不仅有一般所谓的马祖语录中没有收录的东西，而且还有和被当做青原行思的语句相一致的东西，这一点也受到关注。关于这一点，下面还要进行对照，现在姑且先将《宗镜录》所传洪州系资料的所在揭示如下（汉字表示《宗镜录》的卷数，阿拉伯数字表示《大正藏》的页码）：

马祖大师云，一 418b，一四 492a，四九 707b，九二 919b，九七 940b

百丈和尚云，一五 497c（广语），一九 520a，522c，七八 848a，九八 944b，又《万善同归集》上 964a

南泉和尚云，六 444c，二五 560b（祖师），九八 942c，又《万善同归集》上 964a

大珠和尚云，八五 883a，九八 946b

归宗和尚云，九八 944b

汾州无业和尚，九八 942c

大梅和尚云，二三 543c，九八 944c，945a

鹅湖大义禅师，一 419a

五泄和尚，八三 875a

水潦和尚云，九八 944a

盐官和尚，二八 850a

兴善和尚云，九八 942b

盘山和尚云，四一 657b，八〇861a，九八 944c

太原和尚云，九八 942b

甘泉和尚云，九八 943b（恐怕和上边为同一人）

高城和尚歌云，九 463a（古德歌），一八 511c，四四 674a，九八 945a，又《心赋注》四 66a

石巩弄珠吟云，一一 477b

庞居士偈云，三 429c，八 458c，一五 494c，497b，一六 499b，一八 511b，一九 523a，二二 537c，二三 542a，二五 557c，二九 589a，三三 605c，四〇652b，四一 657a，九八 941c，又《万善同归集》上 968b

丹霞和尚云，一 419b

祖师（证道歌），九 466c，二〇526a

孤寂吟，三一 599a，七六 837c，九八 944a

马祖录的吟味

今天被称作马祖语句的东西，全都收在《祖堂集》卷一四、《景德传灯录》卷二八、《四家语录》的卷首以及《古尊宿语录》卷一，除了与诸弟子的问答机缘多少有异之外，差不多都是同样的文字。

但是，上面指出的《宗镜录》的文字，含有不同于它们的东西，在被《祖堂集》和《传灯录》收录以前，是传达更古资料的东西。特别是如下面的对比所示，马祖语句的一部分，在同一《宗镜录》卷九七里，与被当做吉州思和尚的语句相一致的事实，以及用被称为青原行思语句的东西归纳起来的东西，通过所有文献却只有在这里的东西才是，都应给予极大的关注。在马祖的语句中，有与南岳怀让的东西相一致的内容，这一点虽曾由宇井博士指出，但它们都有以马祖的语句为中心进行再检讨的必要。就像刚才所说，因为与马祖以及他以后的主张被比较确实地证实相对，马祖以前以及其他系统对其追踪的资料，在今天看来甚为贫乏。无论如何，先把同一部《宗镜录》中所收的马祖和吉州思和尚的语句试作如下对比。

《宗镜录》卷十四（T. 48—492a）
马祖大师云：汝若欲识心，只语言，即是汝心。唤此心作佛，亦是实相法身佛，亦名为道。经云：有三阿僧祇百千名号，随世应世立名。如随色摩尼珠，触青即青，触黄即黄，体非一切色，如指不自触，如刀不自割，如镜不自照，随缘所见之处，各得其名。此心与虚空齐寿，乃至轮回六道，受种种形。即此心未曾有生，未曾有灭，为众生不识自心，迷情妄起，诸业受报，迷其本性，妄执世间风。息四大之身，见有生灭，而灵觉之性，实无生灭。汝今司此性，名为长寿，亦名如来寿量，唤作本空不动性。前后诸圣，只会此性为道。今见闻觉知，元是汝本性，亦名本心，更不离此心别有佛。此心本有今有，不假造作。本净今净，不待莹拭。

《宗镜录》卷九十七（T. 48—940b）
吉州思和尚云：即今语言，即是汝心。此心是佛，是实相法身佛。经云：有三千阿僧祇百千名号，随世界应处立名。如随色摩尼珠，触青即青，触黄即黄。宝本色，如指不自触，刀不自割，镜不自照。随像所现之处，各各不同，得名优劣不同。此心与虚空齐寿。

自性涅槃，自性清净，自性解脱，自性离故。是汝心性，本自是佛。不用别求佛，汝自是金刚定，不用更作意凝心取定，纵使凝心敛念作得，亦非究竟。

《宗镜录》卷一（T. 48—418b）

洪州马祖大师云：达摩大师从南天竺国来，唯传大乘一心法。以《楞伽经》印众生心，恐不信此一心之法。《楞伽经》云：佛语心为宗，无门为法门。何故佛语心为宗？佛语心者，即心即佛。今语即是心语，故云佛语心为宗。无门为法门者，达本性空，更无一法。性自是门，性无有相，亦无有门，故云无门为法门，亦名空门，亦名色门。何以故？空是法性空，色是法性色。无形相故谓之空，知见无尽故谓之色。故云，如来色无尽，智慧亦复然。随生诸法处，复有无量三昧门。远离内外知见情执，亦名总持门，亦名施门。谓不念内外善恶诸法，乃至皆是诸波罗蜜门。色身佛是实相佛家用。

经云：三十二相，八十种好，皆从心想生。亦名法性家焰，亦法性功勋。菩萨行般若时，火烧三若入三昧门，无不是三昧。若入无相门，总是无相。随立之处，尽得宗门。语言啼笑，屈伸俯仰，各从性海所发，故得宗名。

相好之佛是因果佛，即实相佛家用。

经云：三十二相八十种好，皆从心想生。亦云：法性家焰。又云：法性功勋。随其心净，即佛土净。

界内外诸物尽，于中不损一草叶。为诸法如相故。故经云：不坏于身而随一相。今知自性是佛，于一切时中行住坐卧，更无一法可得。乃至真如，不属一切名，亦无无名。故经云：智不得不无，内外无求，任其本性，亦无任性之心。经云：种种意生身，我说为心量。即无心之心，无量之量。无名为真名，无求时真求。经云：夫求法者，应无所求。心外无别佛，佛外无别心，不取善不作恶，净秽两边，俱不依法。无自性，三界唯心。经云：森罗及万像，一法之所印，凡所见色，皆是见心。心不自心，因色故心。色不自色，因心故色。故经云：见色即是见心。

诸念若生，随念得果，应物而现，谓之如来。随应而去，故无所求。一切时中，更无一法可得。自是得法，不以得更得。是以法不知法，法不闻法，平等即佛，佛即平等，不以平等更行平等。故云：独一无伴。迷时迷于悟，悟时悟于迷。迷还自迷，悟还自悟，无有一法不从心生，无有一法不从心灭，是以迷悟总在一心。故云：一尘含法界，非心非佛者。真为本性，过诸数量，非圣非辩，辩所不能言。无佛可作，无道可修。经云：若知如来常不说法，是名具足多闻。即见自心，具足多闻。故草木有佛性者，皆是一心。饭食作佛事，衣服作佛事故。

四家语录的问题

宋初确实有过《四家录》。现存的《四家录》是明末再编的，我国江户时代初期出版的则另外附有元丰八年（1085）十一月一日杨杰的一篇序文。不过由于这个本子的本文与明版完全一样，因此虽然不能直接把它当作宋初的版本，但明版的编者当做再编资料的恐怕是《天圣广灯录》（1036），此书的马祖以下的四家部分与现在的《四家录》几乎一致。而且，只有这些四家的部分，比其他人的各章有明显的增大，成为《四家录》末尾的《临济录》的本文，在与《宗镜录》和《传灯录》所引的部分相比较时，两者虽然完全不同，但与《广灯录》的相关部分完全一致，这一事实可以使人推断作为《广灯录》素材的古《四家录》的存在，即如杨杰的序文所传达的那样，如果古《四家录》的编辑与黄龙慧南（1002~1069）有关的话，那么就可推知《四家录》的成立正好与宋初黄龙宗的形成密不可分。如果是这样，以马祖禅为曹溪的正宗，甚至把它作为中国禅宗的新发展的主张，就是由唐末五家中黄龙派所决定的，也是后来在五家之上又考虑七宗的立场的原因。

（原载《柳田聖山集》第一卷《禅仏教の研究》第381~394页，法藏馆，1999年）

马祖道一传法活动考论[①]

王荣国

马祖道一是中晚唐南禅宗的一大巨匠，一生的弘法活动对慧能禅宗的发展起了重要作用。本文拟在对史籍记载辨误的基础上，就道一禅师在建阳佛迹岭、临川西里山、南康龚公山以及洪州开元寺的传法活动作一番梳理，揭示其弘法事业的发展历程，并与学界有关道一在江西行迹研究的观点进行对话。现谨陈管见，以就教于同行。

一、马祖道一在建阳

马祖道一在怀让禅师处获得开悟后离开南岳，并非先到江西而是进入福建，"肇化"于闽北建阳佛迹岭（亦作佛迹岩）。通常认为马祖道一到闽北建阳的时间是"天宝元年"或"天宝初年"。据《景德传灯录》本传记载："江西道一禅师……唐开元中，习禅定于衡岳传法院。遇让和尚，同参九人，唯师密受心印。始自建阳佛迹岭，迁至临川，次至南康龚公山。"[②] 引文只提马祖道一于"唐开元中"在南岳传法院习禅定，对于他到建阳佛迹岭以及临川、南康的年代只字不提。唐权德舆

---

① 本文原名《马祖道一禅师的传法活动考论》，于2005年8月四川什邡"马祖与中国禅宗文化学术研讨会"上发表，会议之后经过修订，改为今名。
② [宋] 道原《景德传灯录》卷第六《江西道一禅师》。《中华大藏经》第74册，中华书局1994年版。

《唐故洪州开元寺石门道一禅师塔铭》（简称"塔铭"）和《祖堂集》、《宋高僧传》本传同样只字不提道一开法的年代。《宋高僧传》明觉传载："释明觉……祖为官岭南，后徙居为建阳人也。……宿怀道性，闻道一禅师于佛迹岭行禅法，往造焉，遂依投剃染。"① 引文只提道一在建阳"佛迹岭行禅法"，明觉依投他"剃染"，不提具体年代。但志贤传载："释志贤，姓江，建阳人也。……天宝元年，于本州佛迹岩承事道一禅师。"② 引文中的"本州"即"建州"。在唐代，"建阳（县）"隶属建州。这里透露了马祖道一到建阳的时间在"天宝元年"之前。又据道通传载："释道通……诵经合格，敕度之，当天宝初载也。时道一禅师肇化建阳佛迹岩聚徒，通往焉。"③ 就是说，道通于"天宝初载"因"诵经合格"，获朝廷认可，被度为僧。其时马祖道一正在"建阳佛迹岩聚徒"，道通前往依投。这透露了马祖道一于"天宝初载"之前已经到建阳。所谓"天宝初载"，其时间概念大致是天宝二年左右。据此推算，马祖道一抵达建阳佛迹岩应是在天宝元年之前。因为，一位刚出世传法的禅师从抵达某处结庵到为外界所知晓，要经历数年。如义存禅师从开始结庵侯官雪峰山到名声在外，前后经历五年时间。④ 闽北建阳属于山区，道一出世佛迹岭传法大致也要经过三至五年时间才有可能为外界所知，从而聚集起一批参学的禅侣。何明栋先生认为，道一"入闽，

---

① ［宋］赞宁《宋高僧传》卷第十一《唐天目山千顷院明觉传》，范祥雍点校，中华书局1987年版。
② ［宋］赞宁《宋高僧传》卷第九《唐太原甘泉寺志贤传》。
③ ［朱］赞宁《宋高僧传》卷第十《唐唐州紫玉山道通传》。
④ ［唐］黄滔《黄御史集》卷五《福州雪峰山故真觉大师碑铭》，文渊阁四库全书本。

于建阳佛迹岭纳志贤、慧海、怀海、道通等人为弟子"①。笔者认为，其看法与史实不尽相符，其中怀海与慧海虽为福建人，但他们依投道一的地点并非在闽北建阳而是在江西。在建阳投马祖道一知其法名者为道通、志贤、明觉。

以上所论表明，道一应于开元年间后期告别怀让离开南岳衡山，到达闽北建阳佛迹岩弘法的时间应在开元末年，经过一段时间的努力，名声外扬，到了天宝二年左右才逐渐聚集起一批参学的禅侣。

二、马祖道一在临川

马祖道一离开闽北建阳前往江西，首先栖止建阳近邻的临川（抚州）。但有关其栖止之地，史籍记载有出入。

《宋高僧传》本传作："遂于临川栖、南康龚公二山。"② 从引文判断，除了"龚公"山之外，理应还有一座山，"临川"一词之后当为山名。

《景德传灯录》本传作："始自建阳佛迹岭，迁至临川，次至南康龚公山。"③ 显然也只提一座"龚公山"。

《五灯会元》本传的记载④承袭了前述《景德传灯录》的记载，此不赘述。

四部丛刊本《权载之文集》与《唐文粹》中的权德舆撰的道一塔铭均作"尝禅诵于抚之西里山，又南至于虔之龚公

---

① 何明栋《马祖道一大师在赣弘法圣迹述略》，《禅》1996年第3期。
② [宋] 赞宁《宋高僧传》卷第十《唐洪州开元寺道一传》。
③ [宋] 道原《景德传灯录》卷第六《江西道一禅师》。
④ [宋] 普济《五灯会元》卷三《江西马祖道一禅师》。苏渊雷点校，中华书局1984年版。

山"①。就是说，马祖道一先至抚州西里山，后至虔州龚公山。

清人辑的《全唐文》中的道一塔铭（权德舆撰）则作："尝禅诵于抚之西裹山，又南至于处之龚公山。"② 就是说，龚公山在"处州"。

笔者认为，《全唐文》所收权德舆塔铭中的"处"有误，因为若"龚公山"在"处州"，而"处州"在浙江，那就不应称"南至于处之龚公山"，而应称"东至于处之龚公山"；再者，与前述《权载之文集》与《唐文粹》的引文对比可知，"处"应是"虔"之误，属于字形相近而误，因二者繁体字字形相近。要说明的是，塔铭中的"抚之西裹山"，即"抚州西里山"；"虔之龚公山"，即"虔州龚公山"。

前文述及《宋高僧传》本传"遂于临川栖、南康龚公二山"记载中"临川"一词之后当为山名。笔者假设其山名为"西里山"，那么，将僧传的记载与权德舆塔铭的记载对比可知："西里山"所属之州郡，一作"临川"，一作"抚州"；"龚公山"所属之州郡，一作"南康"，一作"虔州"。二者究竟是何关系呢？现分别探讨如下：

其一，关于"西里山"。《旧唐书》记载："抚州……隋临川郡。武德五年，讨平林士弘，置抚州，领临川、南城、邵武、宜黄、崇仁、永城、东兴、将乐八县。七年，省东兴、永城、将乐三县，以邵武隶建州。八年，省宜黄县。天宝元年，

---

① [唐] 权德舆《唐故洪州开元寺石门道一禅师塔铭》，《权载之文集》卷之二十八，又《唐文粹》卷第六十四《碑十六·释四》。均为四部丛刊本。
② [唐] 权德舆《唐故洪州开元寺石门道一禅师塔铭》，《全唐文》卷五百二，第三册第2261页，上海古籍出版社1900年12月影印版。

改为临川郡。乾元元年（758），复为抚州。"① 《通典》载："抚州……战国时属楚。秦属九江郡。二汉属章郡。吴分置临川郡，晋宋齐梁陈皆因之，隋平陈，置抚州；炀帝时州废，置临川郡。大唐为抚州，或为临川郡。"② 可见，称"西里山在临川"与称"西里山在抚州"是一回事。

其二，关于"龚公山"。《旧唐书》记载："虔州……隋南康郡。武德五年，平江左，置虔州。天宝元年，改为南康郡。乾元元年，复为虔州。"③《通典》载："虔州……战国时属楚。秦属九江郡。二汉属章郡。吴属庐陵郡。及晋平吴，置南康郡。宋为南康国。齐、梁、陈皆为南康郡。隋平陈，置虔州；炀帝初州废，置南康郡。大唐为虔州，或为南康郡。"④ 可见，称"龚公山在南康"，与称"龚公山在虔州"也是一回事。

基于上述所论，笔者认为前述《宋高僧传》的记载中应存在"脱"与"误"，即"遂于临川栖□、南康龚公二山"。其中"栖"字当为"西"之误，属音相近而误；"□"表示脱字。正确的应是"遂棲于临川西里、南康龚公二山"。就是说，马祖道一离闽先至临川西里山，后至南康龚公山。

那么，道一禅师何时抵临川西里山呢？据唐技《龚公山西堂敕谥大觉禅师重建大宝光塔碑铭》记载：智藏禅师"年十三，首事大寂于临川西里山。……师至元和十二年（817），

---

① 《旧唐书》卷四十四《志第二十·地理三》，《二十四史》（缩印本）第10册第424页，中华书局1997年版。
② 《通典》卷第一百八十二《州郡十二古扬州下》，点校本，第五册第4842页，中华书局1982年版。
③ 《旧唐书》卷四十四《志第二十·地理三》，《二十四史》（缩印本），第10册第423页。
④ 《通典》卷第一百八十二《州郡十二古扬州下》，第五册第4844页。

年八十"①。据此推算，智藏生于唐开元二十六年（738），其首事道一禅师的年代当在天宝九年。《宋高僧传》仅将"智藏"附见于道一传之中。其记载称，智藏"八岁从师，道趣高邈，随大寂（按：马祖）移居龚公山……元和九年四月八日终，春秋八十"。照此推算，智藏出生于开元二十三年。引文中的"师"依上下文意判断，应指"大寂禅师"，引文称智藏"八岁从师"，其时间当在"天宝二年"。但此时，道一尚在闽北建阳佛迹岭，智藏是虔州虔化（今江西宁都）人，年仅八岁的他不可能跨越州郡翻越武夷山脉，到闽北建阳山区投道一出家；而且《宋高僧传》只字不提何人为智藏撰碑铭。这说明赞宁撰僧传时未见到智藏禅师的碑铭，其中有关智藏的记载应是汇集其他相关资料而成的，难免真伪并存，有关智藏从师道一的年龄当误！《景德传灯录》智藏传称："虔州西堂智藏禅师者，虔化人也，姓廖氏，八岁从师，二十五具戒。有相者睹其殊表，谓之曰：'师骨气非凡，当为法王之辅佐也。'师遂往佛迹岩参礼大寂。……元和九年四月八日归寂，寿八十。"② 就是说，智藏禅师是在受具足戒后往闽北建阳佛迹岭参礼大寂的。但依照享年与卒年推算，智藏受具足戒的年代是在肃宗上元元年（760），其时马祖早已离开建阳佛迹岭前往江西。引文中的"八岁从师"的"师"，依照上下文意判断，并非指"道一"，而是另有所指。应该说，上述僧传与灯录的记载有误，应以唐技的碑铭为准。根据唐技碑铭所载智藏首事

---

① ［唐］唐技《龚公山西堂敕谥大觉禅师重建大宝光塔碑铭》，［清］李本仁修、陈观西等纂《赣州府志》卷十六《寺观·宝华寺大宝光塔》，道光二十八年刊本。笔者认为此碑属唐代原碑，但有些文字有误。

② ［宋］道原《景德传灯录》卷第七《虔州西堂智藏禅师》。

道一的年龄推算,马祖道一到达临川的时间应在天宝九年之前。换言之,应定在天宝五至八年之间比较合适。因为道一已传法多年,在丛林中有影响,从抵达西里山伊始至为外界所知,其经历的时间要比佛迹岭时缩短。道一在佛迹岭时大致于天宝一二年聚集一批禅侣,似不可能马上即离开,应定在前述时段离开佛迹岭前往临川为妥。马祖道一在抚州的驻锡地点在西里山。

何明栋先生说:"西里山,系马祖大师入赣弘法第一座道场。此山又名'犀牛山',坐落于临川府所在地(即今抚州市)郊外。其山不高,形似犀牛,前方有两口池塘分列两侧,人们喻之为犀牛之双目,故名。唐开元十五年(750)前后,马祖来此诛茅盖篷修行数载。"① 显然,何先生的看法是,马祖道一于"唐开元十五年前后"即抵西里山。笔者对此持疑义,理由是:其一,《景德传灯录》本传载:道一"唐开元中,习禅定于衡岳传法院"②。"开元"年号共29年,引文所谓"开元中",即"开元十五年前后"。其时马祖道一尚在南岳传法院,怎么可能来西里山"诛茅盖篷修行数载"呢?其二,《宋高僧传》、《景德传灯录》的众多资料表明,马祖道一的"肇化"之地在闽北建阳佛迹岭。道一抵达建阳佛迹岭的时间大致在开元末年。③ 道一是从建阳佛迹岭前往西里山的,因此何文有关道一禅师于开元十五前后抵西里山"诛茅修行"的观点是站不住脚的!

---

① 何明栋《马祖道一大师在赣弘法圣迹述略》,《禅》1996年第3期。
② [宋]道原《景德传灯录》卷第六《江西道一禅师》。
③ 王荣国《晚唐五代福建禅宗与南岳禅宗互动》,惟正、杨曾文主编《禅宗与中国佛教文化》,中国社会科学出版社2004年6月版第149页。

马祖道一在临川弘法，除了智藏"年十三首事大寂于临川西里山"外，超岸也是在临川皈依道一的。据僧传记载："释超岸，丹阳人也。先遇鹤林素禅师，处众拱默而已。天宝二载，至抚州兰若，得大寂开发。"① 就是说，超岸于天宝二年在抚州投马祖道一。前文述及，天宝二年，道一禅师尚在建阳佛迹岭。因此引文中的年代有误。不过，笔者认为，有关超岸"至抚州兰若，得大寂开发"的记载应是可信的。马祖道一在临川（抚州）还使猎人皈依。《江西省宗教志》引清同治刊《宜黄县志》的记载：释道一"自建阳佛迹岭迁至宜黄石巩，结庵巩下"。认为道一结庵巩下因而收猎户为徒（按：指"慧藏"）②。事实上，僧传、灯录不载此事，而且唐宋的史籍特别是舆地书均不载，甚至《嘉靖一统志》和《大清一统志》也不载其事。据灯录记载："慧藏禅师，本以弋猎为务，恶见沙门，因逐群鹿，从马祖庵前过。祖乃逆之……藏当时毁弃弓箭，自以刀截发，投祖出家。"③ 后来弘法于本州石巩。据《方舆胜览》载："石巩，在宜黄。石梁横空。"④ 慧藏因结庵石巩之下，人称"抚州石巩慧藏禅师"。笔者认为，《江西宗教志》称马祖道一结庵石巩之下，当误。

上述表明，马祖道一于天宝五至八年间抵临川结庵弘法，新吸收了智藏、超岸、石巩等弟子，再加上从福建建阳跟随而去的道通⑤等，据此可以想见其法席应比建阳佛迹岭时有所

---

① ［宋］赞宁《宋高僧传》卷第十一《唐南岳西园兰若昙藏传·附超岸》。
② 《江西省宗教志》，第95页，方志出版社，2003年4月版。
③ ［宋］道原《景德传灯录》卷第六《抚州石巩慧藏禅师》。
④ ［宋］祝穆、祝洙《方舆胜览》卷之二十一《江西路·抚州》点校本，上册第374页，中华书局2003年6月版。
⑤ ［宋］赞宁《宋高僧传》卷第十《唐唐州紫玉山道通传》。

扩大。

三、马祖道一在虔州

无论是僧传、灯录,还是塔铭,都说马祖道一在抚州(临川)弘法之后,又带领弟子道通、智藏等南下南康(虔州)"龚公山"弘法。据塔铭记载:马祖道一"又南至于虔之龚公山。……刺史今河南尹裴公,久于禀奉,多所信向,由此定惠,发其明诚"①。又僧传本传载:"郡守河东裴公家奉正信,躬勤谘禀。……居无何,裴公移典庐江、寿春二牧,于其进修惟勤,率化不坠。"②上述二则引文中的"河东裴公"、"河南尹裴公"是否为同一人?如果是同一人,那么这个"裴公"是何人呢?据《旧唐书·德宗纪下》记载:"(贞元五年)十二月……辛未(初四日,12月24日)……兵部侍郎裴谞为河南尹。"③《新唐书》裴谞传载:"代宗幸陕,谞徒步挟考功南曹印赴行在……将用为御史中丞,为元载沮却,故拜河东租庸、盐铁使。时关辅旱,谞入计……拜左司郎中,数访政事。载(按:元载)忌之,出为虔州刺史。"④《旧唐书》裴谞传⑤所载相同,此不赘述。显然,"河东裴公"与"河南尹裴公"同为一人,即裴谞,他曾出任"虔州刺史"。

上述僧传与塔铭的记载都表明,裴谞曾到龚公山听道一说法。那么,裴谞是何年出任虔州刺史的呢?据裴曙《祈雨感

---

① [唐]权德舆《唐故洪州开元寺石门道一禅师塔铭》,《权载之文集》卷二十八。
② [宋]赞宁《宋高僧传》卷第十《唐洪州开元寺道一传》。
③ 《旧唐书》卷一十三《本纪第十三·德宗下》,《二十四史》(缩印本),第10册第112页。
④ 《新唐书》卷一百三十《列传第五十五·裴谞传》,《二十四史》(缩印本),第12册第1152页。
⑤ 《旧唐书》卷一百二十六《裴谞传》,《二十四史》(缩印本),第10册第917页。

应颂并序》载:"(大历)二年,余从兄自左司郎中诏领虔州牧,不暮月而令行焉。"①据《旧唐书·裴谞传》载:"(裴谞)拜左司郎中。上时访以事,执政者忌之,出为虔州刺史。"②这与上述所引《新唐书·裴谞传》的记载相同。就是说,裴谞是因元载的忌妒而以"左司郎中"出任"虔州刺史"的。显然,上述裴曙《祈雨感应颂并序》所说的"从兄"就是"裴谞"。

宋王象之《舆地碑记目·赣州碑记》载:"广泽庙碑,庙在赣县储潭山之麓,庙中石刻有唐时州刺史裴谞《祈雨感应碑》。"③ 王象之《舆地纪胜》的记载④与此相同。又据清人全祖望的《宋重摩唐储潭庙祈雨碑跋》载:"是碑在赣州,唐虔州刺史裴谞立,盖大历庚戌(770),而宋嘉祐癸卯重勒之。"⑤引文中的"大历庚戌",即"大历五年"。说明裴谞于大历五年还在虔州刺史任内。

由上述可知,裴谞于大历二年出任虔州刺史,至大历五年尚在任。前已述及,裴谞对道一"久于禀奉,多所信向"、"躬勤谘禀"。据此,笔者认为,道一禅师应是在裴谞任虔州刺史之前就在龚公山弘法。他离开临川西里山移锡虔州龚公山的时间应在广德元年至大历元年之间。

---

① [唐]裴曙《祈雨感应颂并序》,《全唐文》卷四五七,第二册第2069页,上海古籍出版社1990年12月影印本。《祈雨感应颂并序》曰:"二年,余从兄自左司郎中诏领虔州牧,不□月而令行焉。……戊申岁季夏闰月,远郊愆阳……"引文中的"戊申岁"是"大历三年(768年)"。据此,前文的"二年"应是"大历二年"。
② 《旧唐书》卷一百二十六《裴谞传》,《二十四史》(缩印本),第10册第917页。
③ [宋]王象之《舆地碑记目》卷二《赣州碑记》,文渊阁四库全书本。
④ [宋]王象之《舆地纪胜》卷三十二《江南西路·赣州·碑记》,中华书局1992年10月,影印本。
⑤ [清]全祖望《鲒埼亭集》卷第三十八《题跋》,四部丛刊本。

何明栋先生据明嘉靖版《赣州府志》的记载认为，唐开元二十年前后，马祖率徒众自临川西里山南下，来到坐落于今江西省赣州市水东乡佛日峰山麓（距市区4公里）的马祖岩，诛茅觅洞栖身修行，但为时不长，后率徒迁锡于城东北龚公山。① 何文有关马祖道一抵临川的年代前文已作了辨误。现就赣县"马祖岩"为马祖修行处作一番辨析。据宋王象之《舆地纪胜》载："马祖岩，在赣县。六〔八〕祖禅师，天下谓之马祖，故以名岩。昔马祖栖于此岩，一夕鬼为筑垣。"② 但宋祝穆《方舆胜览》载："马祖岩，在赣县东。道一禅师驻锡之地。姓马氏，天下谓之马祖，得法于南岳让禅师。……初，马祖尝欲栖于此岩。一夕，山鬼忽为筑垣。马祖见之，曰：'学道不至，为邪祟所测。此非吾所居也。'因弃去，营龚公岩往居焉。"③ 就是说，马祖道一到虔州，先到赣县之东被后人称为"马祖岩"的地方，本欲栖其地，因山鬼忽为筑垣而放弃，乃前往龚公岩（即龚公山）。对比上述《舆地纪胜》与《方舆胜览》所载，笔者认为，后者成书年代早，且记载详细，应以《方舆胜览》为正确。马祖道一的确到过该地，但并未栖止修行。只有龚公山才是马祖道一在虔州有确凿史籍可证的驻锡之地。据宋《舆地纪胜》载："龚公山，寰宇记：在赣县北一百八十里，奇峰翠巘前后连延，萝木泉池左右映带。有隐士龚亳栖舍于此，因以名焉。"④ 又据僧传本传载："此峰岫

---

① 何明栋《马祖道一大师在赣弘法圣迹述略》，《禅》1996年第3期。何明栋先生的这篇文章，有关马祖道一遗迹的年代多有错误。关于这一点，杨曾文先生在其《唐五代禅宗史》第309页中业已指出。笔者认为，关于马祖遗迹的古今地名对换、马祖遗迹的数量，何文没有从历史地理学的角度作论证，缺乏说服力。
② ［宋］王象之《舆地纪胜》卷三十二《江南西路·赣州·景物下》。
③ ［宋］祝穆、祝洙《方舆胜览》卷之二十《江西路·赣州》。
④ ［宋］王象之《舆地纪胜》卷三十二《江南西路·古迹》。

间，魑魅丛居，人莫敢近，犯之者灾衅立生。当一（按：道一）宴息于是，有神衣紫玄冠致礼言：'舍此地为清净梵场。'语终不见。自尔猛鸷毒螫，变心驯扰；沓贪背憎，即事廉让。"① 拨开神话迷雾，我们可以看到，唐代龚公山一带环境之恶劣。马祖道一正是在这种环境下开辟"清净梵场"，成为虔州一个南禅宗的弘法中心。其时间大致始于广德元年（763）至大历元年（766）之间，至移锡洪州为止。

时任虔州刺史的裴谞多次亲临龚公山听法。据僧传本传记载："郡守河东裴公（按：裴谞）家奉正信，躬勤谘禀。降英明简贵之重，穷智术慧解之能。每至海霞敛空，山月凝照，心与境寂，道随悟深。"② 据此，裴谞对道一禅师弘法的支持不言而喻。正是有裴谞的支持，道一的弘法事业比以往有较大的发展，其影响也比临川时期大。据塔铭记载："攫搏者驯，悍戾者仁，瞻其仪相，自用丕变。"③ 前来皈依者增多。据僧传无等传载："等（按：无等）求法于其间，挺然出类。"④ 就是说，无等禅师在龚公山道一众多的门弟子中出类拔萃。除了无等禅师外，后来成为名僧的怀海、自在、齐安等都是在这一时期投龚公山皈依马祖道一的。据此可知，龚公山"清净梵场"有相当的规模。

四、马祖道一在洪州

马祖道一在龚公山弘法声名远扬，洪州刺史路嗣恭慕名延

---

① [宋] 赞宁《宋高僧传》卷第十《唐洪州开元寺道一传》。
② [宋] 赞宁《宋高僧传》卷第十《唐洪州开元寺道一传》。
③ [唐] 权德舆《唐故洪州开元寺石门道一禅师塔铭》，《权载之文集》卷二十八。
④ [宋] 赞宁《宋高僧传》卷第十一《唐鄂州大寂院无等传》。

请至洪州（南昌），使道一的弘法事业进入空前繁荣时期。据塔铭记载："大历中，尚书路冀〔翼〕公之为连帅也，舟车旁午，请居理所。"① 引文中的"路冀公"当为"路翼公"之误。② 就是说，大历中，路嗣恭为江西地方长官，以隆重的礼节迎请道一至洪州治所。那么，道一到洪州究竟在"大历"的哪一年呢？据《旧唐书·代宗纪》载："（大历）七年春正月……庚子（十八日，2月26日），以检校户部尚书路嗣恭为洪州刺史、兼御史大夫、江西观察使。"③ 这里说的是任命而非实际到任的时间。通常实际到任的时间要比任命的时间顺延至少半个月甚至再长些，因为在赴新任前要费时日办理原职的离任交接事宜，赴新任路途也要费不少时日。所以路嗣恭真正到洪州刺史任上，应在大历七年二月，似不可能马上即迎请道一到洪州。待路嗣恭安顿就绪后，马祖道一的教团即进入安居。

《旧唐书·代宗纪》又载：大历八年"冬十月……乙丑（二十三日，11月12日），以江西观察使路嗣恭为广州刺史，充岭南节度使，封翼国公"④。就是说，大历八年十月下旬路嗣恭调任广州刺史、充岭南节度使。而路嗣恭此次调任广州是前往指挥平叛歌舒翰之乱。军情急，很快就离任前往广州。

因此，笔者认为，路嗣恭延请马祖道一到"理所"洪州弘法的时间应定在大历七年结夏（七月十五日）之后至大历八年九月之间比较合适。僧传本传说，道一到洪州"隶名于

---

① ［唐］权德舆《唐故洪州开元寺石门道一禅师塔铭》，《权载之文集》卷二十八。
② 因路嗣恭受封"翼国公"，"翼公"当为"翼国公"之简称，"路翼公"即指路嗣恭。
③ 《旧唐书》卷一十一《本纪第十一·代宗》，《二十四史》（缩印本），第10册第96页。
④ 《旧唐书》卷一十一《本纪第十一·代宗》。

开元精舍"①。《景德传灯录》本传所载相同。② 说明路嗣恭延请马祖道一到洪州，安排他在开元寺弘法。

唐德宗朝规定僧人要归原来僧籍所隶属的寺院。依照这一规定，马祖道一必须返回四川。据僧传载："建中中（781~782），有诏僧如所隶，将归旧壤。元戎鲍公密留不遣。"③ 就是说，由于"元戎鲍公"的"密留不遣"，使道一禅师得以继续在洪州弘法。那么，"元戎鲍公"是何人呢？据《旧唐书·德宗纪上》载：建中元年四月"戊申（十四日，5月22日），以福建观察使鲍防为洪州刺史、江西团练观察使"④。显然，"元戎鲍公"就是建中元年新被任命的洪州刺史兼江西团练观察使的鲍防。是鲍防在关键时候保护了马祖道一，使他能够继续在洪州弘法。

鲍防之后洪州的地方长官仍有支持马祖道一的。据塔铭记载："贞元元年，成纪李公以侍极司宪，临长是邦，勤护法之诚，承最后之说。"⑤ 又据《旧唐书·德宗纪上》载："贞元元年……夏四月……癸酉（初九日，5月21日），鄂岳观察使李谦为洪州刺史、江西都团练观察使。"⑥ 其到任的时间应在四月末。1969年江西靖安县出土的《马祖禅师舍利石函题记》

---

① ［宋］赞宁《宋高僧传》卷第十《唐洪州开元寺道一传》。
② ［宋］道原《景德传灯录》卷第六《江西道一禅师》。
③ ［宋］赞宁《宋高僧传》卷第十《唐洪州开元寺道一传》。
④ 《旧唐书》卷十二《本纪第十二·德宗上》，《二十四史》（缩印本），第10册第102页。
⑤ ［唐］权德舆《唐故洪州开元寺石门道一禅师塔铭》，《权载之文集》卷二十八。
⑥ 《旧唐书》卷一十二《本纪第十二·德宗上》，《二十四史》（缩印本），第10册第107页。

也证实了李兼于贞元四年二月在"洪州刺史"任上。① 上述表明,李兼于贞元元年四月末至马祖道一去世时都在洪州刺史任上,即"临长是邦",他既"承最后之说",也"勤护法之诚"②。

马祖道一移锡洪州弘法受到历任刺史的鼎力相助,法席比以往任何时期都盛。因刺史路嗣恭"聆风景慕,亲受宗旨。由是四方学者云集坐下"③。鲍防的"密留不遣"、李兼的"勤护法之诚",对道一在洪州弘法事业的持续发展与兴盛都起了重大作用。至唐德宗建中年间,马祖道一在开元寺"居仅十祀,日临扶桑,高山先照;云起肤寸,大雨均霑"④。道一在洪州城弘法除了开元寺外,还创建其他道场。据《舆地纪胜》载:"上篮院,在府城。唐大历中,马祖道一禅师尝建道场于此,号江西马祖。……今院为府城丛林第一。"⑤《方舆胜览》也载:"上篮院,唐马祖道一禅师道场。今为府城丛林第一。"⑥ 就是说,马祖道一在洪州城还创建"上篮院"为弘法道场。而且其弘法范围还扩展到洪州之外的丰城、靖安等县。据《舆地纪胜》载:"道人山,在丰城县,马祖禅师尝驻锡

---

① 《马祖禅师舍利石函题记》:"维唐贞元七年岁次辛未七月庚申朔十七日景子,故大师道一和上,黄金舍利建塔于此地。大师贞元四年二月一日入灭。时洪州刺史李兼、建昌县令李启,石门法林寺门人等记。"(陈柏泉编著《江西出土墓志选编》第2页,江西教育出版社,1991年4月版。)
② 有关马祖道一的卒年,碑铭、僧传、灯录记载不一,而出土《马祖禅师舍利石函题记》证实碑铭记载为正确,即"贞元四年二月一日入灭"。陈柏泉编著的《江西出土墓志选编》一书已有论述。
③ [宋]道原《景德传灯录》卷第六《江西道一禅师》。
④ [宋]赞宁《宋高僧传》卷第十《唐洪州开元寺道一传》。
⑤ [宋]王象之《舆地纪胜》卷二十六《江南西路·隆兴府·景物下》。
⑥ [宋]祝穆、祝洙《方舆胜览》卷之十九《江西路·隆兴府》。

焉，今圣乘院是也。"① 就是说，道一曾驻锡于丰城道人山，宋代的圣乘院即其地也。靖安县石门山也是道一晚年的驻锡之地。据《舆地纪胜》载："泐潭，在靖安县北西十里，上有宝峰院，号石门山。"② 又载："宝峰院，在靖安县北石门山。唐正〔贞〕元中，马祖跏趺入灭，得舍利藏于兹山。"③ 事实上，据塔铭记载，马祖道一去世前于贞元四年正月曾到过其地，"以石门清旷之境，为晏默终焉之地，忽谓入室弟子曰：'吾至二月当还，尔其识之。'及是委化，如合符节"④。说明马祖道一去世之前驻锡过石门山泐潭。⑤ 据《舆地纪胜》载：建昌县"宝陀岩……其近又有圣僧岩、马祖岩、罗汉岩、般若峰四处"⑥。这里的"马祖岩"应是马祖道一曾到过而得名的。这些足以说明马祖道一在洪州期间弘法活动范围扩大到洪州周围诸县。不过，道一传法的中心仍是洪州开元寺，来洪州投马祖学禅者比以往任何时候都多。据记载可知，灵默、如会、神凑、普愿、怀晖、太毓、惟宽、智常、智坚、智藏（京兆）、无业、道行、神鉴、宁贲、庞居士、大义等都是在洪州参问马祖后来成为名僧的。当时洪州城内其他佛教宗派的僧人也有改

---

① 〔宋〕王象之《舆地纪胜》卷二十六《江南西路·隆兴府·景物下》。
② 〔宋〕王象之《舆地纪胜》卷二十六《江南西路·隆兴府·景物上》。
③ 〔宋〕王象之《舆地纪胜》卷二十六《江南西路·隆兴府·景物下》。
④ 〔唐〕权德舆《唐故洪州开元寺石门道一禅师塔铭》，《权载之文集》卷二十八；〔宋〕道原《景德传灯录》卷第六《江西道一禅师》。
⑤ 《马祖禅师舍利石函题记》之末落款为"石门法林寺门人等记"字样。据此可知，道一的弟子在石门建弘法道场。道一于贞元四年正月到石门，应属弘法。
⑥ 〔宋〕王象之《舆地纪胜》卷二十五《江南东路·南康军·景物下》。

换门庭，皈依道一法座。① 道一门下聚众达"八百余人"②，因此时人称马祖道一"大化南昌"③。的确并非虚言！

综上所述，马祖道一于开元末年抵闽北建阳佛迹岭弘法，大致于天宝五年至八年间离佛迹岭，移锡临川（抚州）西里山弘法。广德元年至大历元年之间移锡虔州龚公山，开辟"清净梵场"。大历七年七月下旬至大历八年九月之间，移锡洪州开元寺。纵观其一生的传法活动，建阳佛迹岭与临川西里山两地弘法虽有影响，但属于弘法的初步开拓时期。虔州龚公山"清净梵场"的建立，则标志着道一的弘法事业进入发展时期。道一移锡洪州，"隶名于开元精舍"，并确立以洪州城为弘法中心，其弘法事业进入的繁盛时期，正是在这一繁盛时期最终形成了洪州宗。

---

① 据《祖堂集》卷十四《江西马祖》记载可知，当时有大安寺主等其他宗派的僧人改换门庭投道一门下。
② [宋] 赞宁《宋高僧传》卷第十一《唐池州南泉院普愿传》。据《宋高僧传·普愿传》记载可知：普愿三十岁于大历十二年在嵩山会善寺受具足戒。之后，投马祖道一。其时道一已在洪州开元寺。该传称，道一门下聚众达"八百余人"即指洪州开元寺。
③ [五代] 静、筠《祖堂集》卷十四《江西马祖》，上海古籍出版社 1994 年影印版。

马祖四川行迹考
——关于马祖早期经历若干问题的检讨

邢东风

马祖道一禅师在中国禅宗发展史上占有非常重要的地位，但是关于马祖生平事迹的史料记载并不多，而且在有限的记载中还有不少分歧异说，关于马祖早期经历的记载更是如此。文献不足加上混乱的记载，造成了马祖生平研究上的困难，使人难以对历史上的马祖形象获得清晰完整的了解。尽管国内外已有一些关于此类问题的研究成果，但还是留下不少疑问。弄清马祖的生平是马祖研究的一个重要方面，在此方面还有许多有待澄清的问题。本文试图根据有关的史料记载，结合既有的研究成果，就马祖早期经历的若干问题加以检讨。

一、未知死，焉知生——关于马祖的生年

关于马祖的生卒年，一般都作公元709年至788年。马祖的主要传记资料中只提到他的卒年，而没有他的生年记录，关于他的生年只能根据卒年来推算。但是关于马祖的卒年却有不同的记载，如不加以澄清，不仅会影响到对马祖生卒年的判断，而且会给马祖事迹发生年代的判断带来困扰，因此还是有必要将有关的史料及研究成果作一交代。

最早记录马祖卒年的文献是权德舆（759~818）所作马祖的碑铭或塔铭。该文作于贞元七年（791），距马祖去世仅三

四年时间,当然是研究马祖的最可靠资料。这篇文字分别收录在《权载之文集》卷二十八、《全唐文》卷五百一和《唐文粹》卷六十四,题名或作《唐故洪州开元寺石门道一禅师塔铭并序》(《权载之文集》、《全唐文》),或作《洪州开元寺石门道一禅师塔碑铭并序》(《唐文粹》)。尽管是同一篇文字,但是其中关于马祖卒年的记载却因所在的文集或版本的差异而有不同,例如在四部丛刊初编本的《权载之文集》里作贞元四年,在《全唐文》里作贞元二年,在《唐文粹》里的情况更为混乱,如光绪庚寅秋九月杭州许氏榆园校刊本作贞元四年,世界书局影印本和铅印本的国学基本丛书均作贞元二年。在权德舆的《碑铭》之后出现的各种文献中,《宋高僧传》作"戊辰岁",《祖堂集》、《景德传灯录》、《古尊宿语录》、《江西马祖道一禅师语录》①等均作贞元四年。贞元二年当公元786年,戊辰岁即贞元四年,当公元788年。由于权德舆的《碑铭》在不同的文集和版本中对马祖的卒年有不同记载,于是造成马祖的卒年究竟是在贞元二年(786)还是贞元四年(788)的疑问。

对于这个问题,陈垣的《释氏疑年录》采取权德舆的文集以及《唐文粹》和《宋高僧传》的贞元四年说,而以《全唐文》的贞元二年说为误。②宇井伯寿首先肯定权德舆《碑铭》的可信,然后根据权德舆在元和十一年(816)为马祖弟子怀晖所撰《碑铭》③中自称"三十年前尝闻道于大寂"的说法,推断权德舆是在马祖晚年受教,从816年上推三十年,正

---

① 以下简称《马祖语录》。
② 参见陈垣《释氏疑年录》第126页,中华书局,1964年。
③ 该文全称为《唐故章敬寺百岩大师碑铭并序》,载于《全唐文》卷五百一。

当贞元二年，于是认为权氏《碑铭》的贞元二年说可信，并推断马祖的生卒年为707~786年。① 铃木哲雄根据陈柏泉介绍的《马祖禅师舍利石函题记》中"贞元四年二月一日入灭"的记载，认为马祖的卒年是贞元四年二月一日。②

根据上述史料情况和代表性的研究意见，可知贞元四年说和贞元二年说的分歧来自权德舆《碑铭》的版本差异，大多数史料及研究意见都把马祖去世的时间当做贞元四年。宇井伯寿的看法既忽视了权氏《碑铭》本身就有不同版本的情况，又把权氏所说的"三十年前"理解得过于狭隘，而且权氏虽然是在马祖晚年受教，但他受教的时间不一定就是马祖的卒年。因此，宇井伯寿关于贞元二年说的论证不足以令人信服。铃木哲雄提到的《马祖禅师舍利石函题记》由时任洪州刺史的李兼等人作于贞元七年，其著作年代和所记马祖去世时间与权德舆《碑铭》正相一致，③ 于是成为马祖卒于贞元四年说的有力佐证。铃木哲雄的意见不仅符合大多数史料的记载，而且援引新发现的资料依据，当然也就更具有说服力。

关于马祖的享年，权德舆《碑铭》作"春秋八十"，《宋高僧传》作"享年八十"。根据马祖于贞元四年去世的说法推算，则马祖生于唐中宗景龙三年，即公元709年。

二、什邡、汉州、德阳郡——关于马祖的出生地

关于马祖的出生地，权德舆的《碑铭》作德阳，《祖堂

---

① 参见宇井伯寿《禅宗史研究》第392页，岩波书店，1990年。
② 参见铃木哲雄《唐五代禅宗史》第369~371页，山喜房佛书林，1997年。
③ 该石函1966年发现于江西省靖安县宝峰寺大庄严塔地宫内。关于该石函的《题记》的正文和介绍，可参见陈柏泉编著的《江西出土墓志选编》（江西教育出版社，1991）。本文所用该《题记》资料由厦门大学教授王荣国先生提供，特此申谢。

集》作汉州十方县,《景德传灯录》作汉州什邡,《马祖语录》作汉州什方县,《宋高僧传》作汉州,《古尊宿语录》作汉州什邡。除了"十方"、"什方"是"什邡"的别字以外,上述记载可以归纳为三种说法:德阳说(《碑铭》)、汉州说(《宋高僧传》)、汉州什邡说(《祖堂集》等)。对于这些不同说法,宇井伯寿认为汉州、什邡、德阳都在所谓四川省西川道,因而是同一地方;① 入矢义高认为德阳是指四川省德阳县;② 铃木哲雄认为德阳和汉州是同一地方,但是汉州什邡县更符合当时的提法;③ 而更多的学者往往直接沿用灯史系统的说法,既不考虑最早出现的德阳说,也不对这些地名加以辨析。

德阳在唐代既可以指德阳县,也可以指德阳郡。德阳县属于汉州,其位置在今四川德阳市。什邡在唐代也是汉州属下的一个县,位置相当于今四川什邡市。唐代汉州的辖境包括今四川境内绵竹、什邡、德阳、广汉、金堂等地的部分地区,州治在雒县(今四川广汉)。德阳、什邡同属汉州,二者隶属关系一致,但又是同一州下的两个县。假如把权德舆《碑铭》所说的德阳理解为德阳县,就会造成关于马祖出生地的疑问,即马祖究竟出生于德阳县还是什邡县。尽管沿用灯史系统的说法在结果上也没有问题,但既然权德舆的德阳说是不应忽视的最早记载,而且为了避免上述疑问的困扰,就应该弄清德阳究竟是指什么地方,以及它与汉州、什邡的关系。

根据《新唐书》卷四十二的记载,唐代德阳郡设于垂拱

---

① 参见宇井伯寿《禅宗史研究》第 378 页。
② 参见入矢义高《馬祖の語録》第一页,禅文化研究所,1984 年。
③ 参见铃木哲雄《唐五代の禅宗》第 114 页,大东出版社,1984 年。

二年（686），所辖范围与汉州相同，因而也被称为"汉州德阳郡"；什邡县和德阳县分别设于武德二年（619）和三年（620），两县原来同属于雒，后来又同属汉州或德阳郡。又根据铃木哲雄的研究，汉州设置于垂拱二年，天宝初（742）改为德阳郡，乾元初（758）又恢复为汉州，因此德阳与汉州其实是同一地方；什邡县设置于武德三年（620），初属益州，垂拱二年归属汉州。① 铃木哲雄依据的是《四川通志》的说法，与《新唐书》的记载有所出入，但是唐代设有德阳郡则确定无疑，该郡或者与汉州平行，或曾一度取代汉州。由于唐代有德阳郡的设置，可以认为权德舆《碑铭》所说的德阳是指德阳郡，铃木哲雄正是在这一意义上认为德阳与汉州是同一地方；至于说到什邡县，可以说它既属于汉州，也属于作为郡的德阳。

说到马祖的具体出身地，今四川省什邡市两路口乡有马祖村，村内居民至今仍多姓马，当地人自古以来一直认为该村就是马祖道一禅师的出生地。为纪念马祖道一禅师，什邡市政府于2005年8月将两路口乡正式更名为马祖镇。

三、出家落发不同时——关于马祖出家、落发的地点和时间

关于马祖出家落发的地点，权德舆的《碑铭》说"初落发于资中"，《祖堂集》说"于罗汉寺出家"，《景德传灯录》作"幼岁依资州唐和尚落发"，《宋高僧传》作"削发于资州唐和尚"，《马祖语录》作"本邑罗汉寺出家。……幼岁依资州唐和尚落发"。上述记载互有出入，大致可以归结为三种：

---

① 参见铃木哲雄《唐五代の禅宗》第114页，大东出版社，1984年。

资州落发说（《碑铭》、《景德录》、《宋高僧传》）、罗汉寺出家说（《祖堂集》）、罗汉寺出家资州落发说（《马祖语录》）。其中前两种说法或单提落发，或只讲出家，都没有把马祖的出家和落发区分开来，似乎出家、落发乃属一事，即出家入寺削发为僧；只有《马祖语录》将马祖的出家和落发分开叙述，给人造成马祖的出家和落发分别属于不同的时间、地点的印象。

据《旧唐书》卷四十一，资中原是汉代已有的县名，唐代名为盘石（今四川资中），为资州州治所在地。唐代资州初设于武德元年（618），领有原隋代资阳郡的大部分地区，次年辖境缩小，只有资阳、盘石、内江三地。天宝元年（742）改为资阳郡，乾元元年（758）复为资州。权德舆《碑铭》所说的"资中"无论是沿用汉代以来的旧名还是泛指资州境内，都不超出资州的范围。从这个意义上说，《碑铭》与《宋高僧传》、《景德传灯录》等的记载大体一致。

但是《碑铭》只说马祖在资中落发，而后来《宋高僧传》、《景德传灯录》和《马祖语录》更增加了依唐和尚落发的情节。唐和尚是指处寂禅师（669~736[①]）。据《历代法宝记》的记载，处寂俗姓唐[②]，出身绵州涪城[③]（位于今四川绵阳与三台之间），家代好儒，十岁丧父，乃投资州智诜，身体魁武，曾肩挑智诜禅师至京，得智诜付法，最后一直住在资州德纯寺。[④] 处寂的最后二十余年一直在资州，马祖剃度也在那

[①] 关于处寂的生卒年有不同记载，《宋高僧传》卷二十作648~734年，《历代法宝记》作669~736年。
[②] 《宋高僧传》作俗姓周。
[③] 《历代法宝记》作"浮城"，乃系"涪城"之误。
[④] 参见柳田圣山《初期の禅史Ⅱ》第140页，筑摩书房，1979年。

里，所以不排除马祖依从处寂剃度落发的可能。但这只是一种可能，宇井伯寿认为马祖到资州落发是因为知道处寂在那里的缘故，① 这种说法比传统的"依资州唐和尚落发"说更增加了想当然的成分。

《祖堂集》除了说马祖在罗汉寺出家以外，在《祖堂集》第二卷达磨传的注文里还提到"马和尚是汉州十方县罗汉寺出家也"，后来的《马祖语录》也在罗汉寺前加上"本邑"二字，这些记载说明罗汉寺就在马祖的家乡什邡。关于罗汉寺的具体位置，古来或说位于什邡东郭，或说位于什邡北郭，② 按照今天什邡市区的布局来说，罗汉寺位于该市区的北侧。关于罗汉寺的修建年代，清代有记载说"肇造于唐中宗时"③，今人更进一步说建于唐中宗景龙三年（709），④ 但不知何据。总之，关于马祖在罗汉寺出家的说法始见于《祖堂集》，但是这种说法没有被后来的《景德传灯录》和《宋高僧传》所采用，加上《祖堂集》在中国失传，这一说法在历史上似乎流传不广。然而马祖故乡的人们一直相信罗汉寺乃"唐马祖禅师之故乡"、"马祖出家之处"⑤，而且寺内至今尚有"马祖古井"一口，当地人相信其为最古的马祖遗迹。根据文献记载和口头传说两方面的资料，马祖在什邡罗汉寺出家的经历应属无疑。

---

① 参见宇井伯寿《禅宗史研究》第379页。
② 例如明人曹山所撰《什邡重修罗汉寺山门记》谓"什邡东郭罗汉寺"（俞崇《什邡佛缘》第61页，四川什邡罗汉寺编印，1993年印刷），清人李调元（1734~?）的《罗汉寺新建五百阿罗汉碑记》则说"什邡北郭罗汉寺"（同上书，第63页），铃木哲雄也认为罗汉寺在什邡县东（参见《唐五代の禅宗》第114页）。
③ 李调元《罗汉寺新建五百阿罗汉碑记》（《什邡佛缘》第63页）。
④ 参见铃木哲雄《唐五代の禅宗》第114页、1988年的《什邡县志》（《什邡佛缘》第71页）。
⑤ 曹山《什邡重修罗汉寺山门记》（《什邡佛缘》第61页）、李调元《罗汉寺新建五百阿罗汉碑记》（《什邡佛缘》第63页）。

上述资州落发说没有说明马祖是在哪里出家，罗汉寺出家说则没有说明马祖是在何处落发，似乎出家、落发乃为一事，于是未作分别记述。不过尽管人们在词语表述上常常把出家为僧或削（落）发为僧并提，但就实际情况而言，僧人的出家和落发未必是同一回事，先出家后落发的情况也是自古常见的。因此，如果马祖在罗汉寺出家时没有落发，那就可能是在寺内带发修行，以后到了资州才行落发；如果他在罗汉寺出家的同时又落发剃度，那么又与资州落发说互相抵牾；如果资州不仅是马祖落发的地点，而且也是他出家的所在，则意味着资州落发说和罗汉寺出家说不能两立。

　　《马祖语录》先说马祖在罗汉寺出家，然后说马祖"幼岁依资州唐和尚落发"，这样的记述相当于前面两种说法的综合。按照其中的表述顺序，给人的印象是马祖先在罗汉寺出家，然后在资州唐和尚处剃度落发。但是其中没有说明马祖的罗汉寺出家是在什么年龄，而关于马祖的资州落发却说是在"幼岁"。"幼岁"当指少年儿童的年龄，如果马祖幼年时期即在资州落发，那么他在罗汉寺出家的年龄应当更小；若非如此，又使人觉得马祖的出家年龄和落发年龄被倒置起来。《马祖语录》中这种记述上的混乱，或许是把《碑铭》和《祖堂集》等两个系统的说法机械拼合的结果。

　　另外，关于马祖出家和落发的年龄或时间，权德舆的《碑铭》说马祖"初落发于资中"，"初"有当初、最初的意思，这种表述比较模糊，但无疑是指马祖的早年；后来的《马祖语录》和《景德传灯录》则把落发的时间说为"幼年"，比权氏的说法进一步具体化；《祖堂集》里只说马祖在罗汉寺出家，而未说明出家的时间；今有什邡当地的学者认为马祖十三岁出家,时当开元九年(721)①,但是没有提出证据,因而尚不足凭信。

由于上述史料记载的分歧,使人难以断定马祖出家和落发的地点究竟何在。面对这些分歧异说,如果只能选择唯一答案的话,那就只能信从最先出现的资州落发说。但罗汉寺出家说也出自唐代的记载,同样具有充分的可信性。在这种情况下,似乎应当抛弃选择"唯一正确"答案的思考方式,而是同时承认这些异说各有各的史料价值。与此相应,把马祖的出家和落发分开理解,再考虑到青少年出家大多经历由近及远的过程,而先带发出家再剃度为僧也是佛教中常有的事情,于是可以推断:马祖很可能在少年时期于本地的罗汉寺出家,出家以后带发修行,若干年后到了资州,在那里剃度落发成为正式的僧人。这样的推测既符合情理,又可以使分歧的史料记载各自体现其应有的价值。

四、巴西郡?巴西县?——关于马祖受具的时间和地点

关于马祖的受具也有不同记载:一是权德舆的《碑铭》作"进具于巴西",二是《宋高僧传》、《景德传灯录》和《马祖语录》作"受具于渝州圆律师"。这里姑且把它们分别称为巴西说和渝州说。谈到马祖的受具,一般人大多沿袭渝州说而无视巴西说。有的学者虽然注意到巴西说,然而又试图将它统一到渝州说的基调上来。例如宇井伯寿认为巴西是指巴

---

① 参见郭辉图《马祖道一返蜀的时间、动机及其影响》(《马祖与中国禅宗文化学术讨论会论文集》第 101 页)、《马祖道一生平年谱》(四川省什邡市政协学习文史委员会编《马祖道一研究资料集》第 407 页)。郭氏将开元九年误作公元 722 年,今予更正。

县,① 而巴县正是渝州州府所在地；铃木哲雄则先将巴西混同于隋代的巴郡,然后说巴郡就是唐代的渝州。② 总之,尽管巴西说出现在先,可是人们似乎更乐于信从后出的渝州说。

所谓"进具"和"受具",都是指受持具足戒而成为比丘或比丘尼。按照佛教的惯例,具足戒只能授予年满二十以上的出家修行者,③ 因此在通常情况下,马祖当不例外,其受具时间不会早于二十岁之前。尽管史料中没有关于马祖受具年代的明确记载,但是可以根据马祖僧腊(僧龄)的记载推算出他受具的大致年代。关于马祖的僧腊,权德舆的《碑铭》作"夏腊六十",《宋高僧传》作"僧腊五十",二者均未说明马祖的僧腊是从出家还是从受具算起,而且权氏使用的"夏腊"一词原本是指出家以后的僧龄,但是鉴于马祖幼年即已出家,如果从出家计算,那么他的僧腊远远不只六十,因此这里所谓"夏腊"显然不是从马祖出家算起的僧龄。实际上僧传中大多以受具时间为起点计算僧腊,所以不妨把这两种关于马祖僧腊的记载看作他受具以后作为比丘的年龄记载。马祖享年八十,若其僧腊为六十,那么他就是二十一岁受具,时在开元十七年(729);若其僧腊为五十,那么他就是三十一岁受具,时在开元二十七年(739)。对于这两个相差悬殊的记载,宇井伯寿认为,"如以(马祖)贞元四年八十岁去世,其前五十年为737年,此时已在南岳见怀让之后,与受具之后见怀让的记载

---

① 参见宇井伯寿《禅宗史研究》第380页。
② 参见《唐五代の禅宗》第114页。
③ 律典中屡说不得向年龄不满二十者授予具足戒,其中比较典型的如《四分律》卷十七："世尊告阿难:不应授年未满二十者大戒。何以故？若年未满二十者,不堪忍寒热饥渴暴风蚊虻毒虫,及不忍恶言,若身有种种苦痛,不能堪忍,又复不堪持戒,不堪一食。阿难当知,年满二十者,堪忍如上众事。"

相矛盾，又二十岁受具乃属当然，而737年二十九岁受具则不正常"①，于是断定《宋高僧传》的记载有误。其实，即使不考虑宇井氏提出的理由，单凭权德舆的记载在先，也可以断定马祖是在开元十七年二十一岁时受具。今虽无从得知马祖从出家到落发和从落发到受具相隔各有多少时间，但是既然可以确定马祖的僧龄，于是可以推断：马祖少年时代在什邡罗汉寺出家，若干年后来到资州削发为僧，亦即成为通常所说的沙弥，开元十七年（729）亦即他二十一岁左右时受持具足大戒而成为比丘②。至于他受具的地点是在何处，则是下面所要讨论的问题。

关于马祖受具的地点，包括两个层面的问题：一是巴西说和渝州说哪个更为可靠，换句话说，马祖受具究竟是在巴西还是在渝州？二是巴西究竟是指哪里？

现有的史料除了权氏的《碑铭》说马祖在巴西受具以外，其他都说是在渝州。唐代渝州的辖境包括今四川境内重庆、巴县、江津、江北、璧山、永川等地，州府在巴县（今重庆市）。圆律师的事迹今已无从可考，有的著作里把他描绘得有鼻子有眼，③应系想当然之说。如果马祖果真是依渝州圆律师受具，那么他自然到过今重庆一带地方。然而渝州说的出现晚于巴西说，尽管多数史料采取这种说法，但它只是一种历史传说，其史料价值当然不如巴西说。

巴西说既然出现在先，因而也更值得重视，然而"巴西"

---

① 宇井伯寿《禅宗史研究》第391页。
② 柳田圣山也假设马祖于开元十七年（729）受具（参见《初期禅宗史书の研究》第337页，法藏馆，2000）。
③ 参见李浩《马祖道一大师传》第33页，佛光出版社，1999年。

的所指却殊难确定。权氏所说的"巴西"如果是唐代政区名称，那么唐代有两郡一县与之相当，即隆中巴西郡和绵州巴西郡，以及绵州巴西郡的治所巴西县。据《新唐书·地理志》，隆中巴西郡的辖境包括今四川苍溪、阆中、南部等地，治所在阆中，先天二年（713）改名阆州阆中郡。此一巴西郡的设置应系沿袭隋代而来，隋代巴西郡的辖境比唐代隆中巴西郡更大，包括今四川苍溪、阆中、仪陇、南部、营山、西充、蓬安、南充、岳池等地。绵州巴西郡的辖境包括今四川江油、安县、绵阳等地的部分地区，治所在巴西县（今绵阳市）。据《元和郡县图志》卷三十三，绵州最初设于隋开皇五年（585），后改名金山郡，唐武德元年（618）恢复原名；巴西县东据天池山，西临涪江水，设于隋开皇元年（581），唐代因之。① 上述两郡一县均名"巴西"，位于资州以北方面，与在资州以南的渝州风马牛不相及。只要"巴西"是指唐代的郡县，那么无非或指隆中巴西郡，或指绵州巴西郡，以及属于后者的巴西县，其中哪个"巴西"都和渝州无关。

迄今为止，尚未有人将"巴西"看作唐代郡县名称，而是将其看作泛指某一地理方位的名称，如"陕北"、"荆南"、"河东"之类。地名加东西南北之类的方位词也是汉语中惯用的地域指称方式，因而不完全排除权氏所谓"巴西"作为泛指地名的可能。如果是这样，那么巴西就是指某一带"巴"

---

① 参见《元和郡县图志》下，第848~849页，中华书局，1983年。一是指今四川东部地区。由于这一带是古代巴国、巴郡的所在地，所以历来有称之为"巴"的习惯。如果是这种意义，那么"巴西"所指的地域就非常宽广，其中几乎包括了传说中与马祖行迹有关的诸多地方，如汉州、资州、阆州、绵州、渝州等。但是鉴于《碑铭》中"巴西"与"资中"对举，二者应属同一层次的地域概念，因而不大可能是涵盖了整个四川东部的"大巴西"范畴。

字的地理方位的西部或该地以西的地方。在这种情况下，由于四川境内多有带"巴"字的地名，所以可以称为"巴西"的地方也有很多。其中值得注意的主要有以下几处：

二是指巴水以西的地方。这一意义上的巴西比上述"大巴西"的范围缩小了许多，可以称之为"中巴西"概念。巴水发源于集州（今四川南江），由北向南经巴州（今四川巴中）、通州（今四川达县）、渠州（今四川渠县），至合州（今四川合川）与涪江合流，然后至渝州汇入长江。巴水以西一带不仅可以称为"巴西"，而且这一区域之内有离巴水不远的巴州和阆州（即隆中巴西郡），再往西还有绵州巴西郡。因此，即使《碑铭》的"巴西"是泛指巴水以西，它所指称的范围还是与作为政区的两巴西郡多有重合。

三是指巴州西部或巴州以西。唐代巴州的辖境包括今四川巴中、平昌，治所亦名巴州（今四川巴中县）。因巴州西邻阆州，所以巴州西部或巴州以西自然又与阆州巴西郡难解难分。这个意义上的"巴西"大体上可以和上面的"中巴西"概念视为一体。

四是指巴县的西部或以西。据《元和郡县图志》卷三十三，巴县初设于北周武成三年（561），至唐代一直未改。① 巴县分别为隋代巴郡和唐代渝州的治所，位置在今重庆。巴县以西或巴县之西的地带，自然也可以称为"巴西"。相对于上面的"大巴西"和"中巴西"，这一意义的"巴西"乃属"小巴西"的概念。

仅从上述几处可以称为"巴西"的地区来看，可知作为

---

① 参见《元和郡县图志》下，第854页，中华书局，1983年。

非政区名称的"巴西"可能有多种所指。但是今人在探讨"巴西"究竟是指何处的问题时,往往囿于渝州说的成见而曲费周折地将"巴西"解释为渝州。上文提到的宇井伯寿认为巴西是指渝州州府的所在地巴县,铃木哲雄认为巴西就是隋代的巴郡,亦即唐代的渝州,都没有跳出"巴西=渝州"的思路。由于受到渝州说的影响,人们忽视了"巴西"所指的多种可能,而偏偏对其中的"小巴西"情有独钟,其用意无非是要将巴西说强扭到渝州说的基调上来。

巴县西部或以西虽然也可以称为"巴西",但这样的地域称呼恐怕只有巴县当地的人们才明白它是指巴县,只要超出巴县的范围,人们便会将其理解为其他的"巴西"。而且巴县的知名度显然不如渝州,史料中说到圆律师时不作"巴县圆律师"而作"渝州圆律师"就是明证;更不用说其他带"巴"字的地方,诸如州郡级别的巴西郡和巴州,地域范围远远大于巴县的巴水以西地带,以及本来就叫作"巴西"的巴西县等,都比巴县更有理由被名正言顺地称为"巴西"。权德舆如果在建于江西的马祖塔(或碑)上使用一个意义非常特殊、容易引起误解的"巴西"地名,岂不成了故意玩弄捉迷藏式的文字游戏?塔铭(或碑铭)乃是非常庄重的文字,马祖又是权德舆尊敬的禅师,所以权氏不可能在这样的场合故弄玄虚。鉴于《碑铭》中"巴西"与"资中"对举,而且前面的"德阳"也是指德阳郡,这些地名似乎都是指称比较广为人知的州郡级别的地方,因此尽管不能绝对排除"巴西"是指巴县之西的可能,但是这种可能性极小。

为了求得巴西说和渝州说的一致,铃木哲雄引入"巴郡"的概念作为统一巴西和渝州的媒介。巴郡是隋代的建制,其辖境刚好和唐代的渝州大体一致,假如权氏所说"巴西"真的是指巴郡,那么巴西说和渝州说就是一回事了。问题是隋、唐两代既有巴西郡的设置,又有巴西县的设置,"巴西"无论指郡还是指县,它的所指都清清楚楚,其中哪一个"巴西"都与巴郡无关,而且唐代根本没有巴郡的设置,作为饱学之士和中央大员的权德舆不会不知道这个情况,他当不至于用本来有着明确所指的"巴西"去指称一个在时间上早已成过去、在空间上又不着边际的"巴郡"(唐代称为渝州),否则岂非自寻混乱?既然作为郡县名称的"巴西"有其明确的所指,那么如果硬是把它和本来无关的渝州扯到一起,显然就是牵强附会了。

由此可见,"巴西"如果是县名,则其指称巴西县的可能性远远大于指称巴县的可能;"巴西"如果是郡名,则其指称隆中巴西郡或绵州巴西郡的可能性大大高于指称巴郡的可能;"巴西"如果是泛指四川境内某一带"巴"字的地方,则与之相当的地区多矣,而渝州的巴县不过是其中之一,而且其可能性明显低于"大巴西"和"中巴西"的概念。至于说到后人何以将"巴西"和渝州联系起来,盖因渝州为古巴国之地,巴县的设置亦自北周以来一直沿用,于是容易使人见到带"巴"字的地名便想到渝州。历史记载中的渝州说大概是出于对"巴西"地名的误解,现代人又将"巴西"曲说为渝州或巴县,更是以讹传讹。

总之,巴西和渝州都是唐代的政区,二者既非同一地方,马祖也不可能分别在两地受具,因而在判断马祖的受具地点时只能从两种说法中选择其一。从文献记载的年代顺序来看,巴西说出现在先,渝州说出现在后,在二说不一的情况下,当然应该信从最先出现的记载,因此巴西说更为可信,马祖受具应在巴西。但是马祖受具的巴西究竟是阆中巴西还是绵州巴西,目前在得不到进一步的史料证明的情况下,暂时无从断定。

顺便指出,马祖受具之前已在资州落发,开元十七年(729)又在巴西受持大戒,此时处寂亦在资州,直到开元二十二年(734)左右①。如果马祖依处寂落发的记载属实,那么他师从处寂的经历大致就在公元729年之前到734年左右之间。到马祖二十七岁左右为止,他的足迹先后到过什邡、资州和巴西。

五、资州、益州、明月山——关于宗密所记马祖的早期经历

除了出家、落发、受具之外,马祖在到南岳之前还有怎样的经历?关于这个问题,在《碑铭》、《宋高僧传》以及《祖堂集》等灯史当中都没有记载,可是在宗密(780~841)的著作中却有一些记录,只是这些记录或者没有受到足够的关注,或者在被引用时没有经过仔细的推敲。其实宗密不仅与马祖的时代非常接近,而且他与马祖同样是四川出身,加之他对包括洪州禅在内的当时禅宗的情况非常了解,所以对于他的记录应予充分重视。另外,由于宗密的记载非常简略,所以在引用时须要结合相关的资料加以审慎的考察。

宗密关于马祖到南岳之前的经历记载有二,一个见于《中华传心地禅门师资承袭图》:

> 谓有禅师姓马名道一,先是剑南金和尚弟子也。高节

---

① 因处寂卒年的记载有异,这里采734年说以为折中。

至道，游方头陀，随处坐禅，乃至南岳。①

另一个见于《圆觉经大疏钞》卷三之下：

有剑南沙门道一，俗姓马，是金和上弟子，高节至道，随处坐禅，久住荆南明月山，后因巡礼圣迹，至让和上处。②

上述记载说明，马祖先前是剑南金和尚的弟子，节操高尚，道业纯熟，曾以头陀苦行的方式游方行脚，所到之处随即坐禅，又在荆南明月山住过很久，后来为了巡访圣迹而到南岳。这就是宗密所述马祖在到南岳之前的大致经历。其要点可以归纳为三项：一是马祖曾经作过金和尚的弟子，此说与马祖是唐和尚（处寂）弟子的说法相冲突；二是马祖曾经游访过很多地方；三是马祖曾在荆南明月山住过相当一段时间。关于这三个要点，除了第二项由于宗密没有具体说明马祖到过哪些地方而难以作进一步的考察之外，其余两项可以结合相关资料进行更仔细的检讨。

首先看马祖师从金和尚的时间和地点。

宗密说马祖"先是剑南金和尚弟子"，但没有具体说明到底"先"在何时。"先"有先前、早先的意思，再结合宗密关于马祖经历的叙说顺序来看，所谓"先是金和尚弟子"当然是指马祖早期的经历。由于人们历来相信马祖落发于资州唐和尚的说法，所以马祖到底是不是金和尚的弟子就成了问题。

马祖有没有可能作过金和尚的弟子，首先取决于他们有没有相遇的时空条件。金和尚是指无相禅师（684~762③）。据

---

① 镰田茂雄译注《禅源诸诠集都序》第286页，筑摩书房，1971年。
② 《卍续藏经》第14册，第557页。
③ 据《宋高僧传》卷十九的记载，无相的生卒年为680~756年。

《历代法宝记》的记载，无相俗姓金，出身新罗王族，泛海来到中国，寻师访道，周游涉历，参礼德纯寺唐和尚，在那里住了两年，然后去天谷山，以后又回到德纯寺，禀承唐和尚付法，之后再往天谷山，最后受章仇大夫之请，住成都府净众寺二十余年，直到去世。① 由此可知，金和尚在四川境内的活动顺序大致为：资州→天谷山→成都。资州即今资中一带，天谷山的地点不详，成都是唐代益州（今四川成都及其周边地区）的州府所在地，开元七年（719）在这里设剑南节度使，因此又称为剑南。无论宗密称金和尚为"剑南金和尚"还是"成都府净众寺金和尚"，其实都是一回事。

如上所说，马祖大约于开元十七年（729）受具，受具之前已到资州，按照一般惯例，受具之后也应回到资州。只要金和尚在此期间来到资州，二人自然有相遇的可能。史料中没有记载金和尚入蜀的具体时间，但据《宋高僧传》卷十九的记载，金和尚于开元十六年（728）至中国，先入长安，受到玄宗召见，被安置在禅定寺，"后入蜀，资中谒智诜禅师"。如果这个记载属实，那么金和尚在马祖受具的前一年已经进入中国，他在长安停留的时间当不会太久，只要不超过两三年以上，就有可能在开元十八年（730）前后到资州，而且他在资州住了两年，这一期间当然有足够的机会和马祖相遇。宇井伯寿否认他们在此期间相遇的可能，理由是"无相入资中最早也在 730 年……因为马祖于 727 年受具，所以不是金和尚弟子，而是唐和尚弟子。权德舆也说在资州落发，因此意思是从

---

① 参见柳田圣山《初期の禅史Ⅱ》第 142~143 页。

处寂而非从无相落发"①。宇井伯寿关于金和尚于 730 年到资州的推测是合理的，但是他关于马祖 727 年受具的说法却建立在马祖卒于贞元二年（786）的错误判断之上，至于他关于权德舆的资中落发说意味着依从处寂落发的说法乃属想当然，所以宇井伯寿的理由不能成立。另外，金和尚在开元二十四年（736）也到过资州。据《历代法宝记》的记载，唐和尚在去世前的一个月即开元二十四年四月派人将金和尚请到资州，传授衣法。② 如果当时马祖还在资州，自然也有与金和尚相遇的机会。不过金和尚此次到资州的时间比较短，而马祖当时也不一定在资州，所以他们这一次在资州相遇的机会要比上一次小得多。总之，从开元十八年到开元二十四年期间，金和尚两次到过资州，而且他第一次到资州时在那里住了两年，当时马祖刚刚二十岁出头，尚不足以远走高飞自立门户，因而很可能也在资州，所以二人在此期间相遇的可能性很大。

除了资州以外，还可以考虑二人在天谷山和益州相遇的可能。金和尚去益州之前曾两次到过天谷山，但是天谷山的地点今已不详，史料中也没有马祖到过天谷山的记载，因此现在无从判断二人是否曾在天谷山相遇。那么他们会不会在益州相遇呢？这个问题比较复杂。

金和尚到过益州是确定无疑的。按照《历代法宝记》的说法，金和尚应章仇大夫之请来到成都净众寺，他的最后二十余年即在那里度过。又据柳田圣山的研究，章仇大夫就是开元二十七年（739）被任命为益州节度使的章仇兼琼。③ 既然金

---

① 宇井伯寿《禅宗史研究》第 380 页。
② 参见柳田圣山《初期の禅史Ⅱ》第 140 页。
③ 参见柳田圣山《初期禅宗史书の研究》第 283 页。

和尚是应章仇大夫之请到益州,那么他到成都的时间也应在开元二十七年以后。金和尚卒于宝应元年(762),从开元二十七年到他去世为止,刚好符合《历代法宝记》关于金和尚住净众寺二十余年的说法。由此可知,金和尚住益州的时间大致就在开元二十七年(739)至宝应元年(762)。马祖如果在成都或益州遇见金和尚,那就只能在开元二十七年以后。

关于马祖是否到过益州,史料中没有明确的记载。不过宗密在《圆觉经大疏钞》卷三之下把马祖称为"剑南沙门",这样的提法显然要以马祖有过在剑南生活的经历为前提,如果马祖只是短暂地到过剑南,甚至与剑南毫无关系的话,那就不会这样称呼。剑南节度使设在益州,这两个政区是同一地方,既然马祖被称为"剑南沙门",这本身就意味着他和益州有着某种特殊的因缘。如果再考虑到马祖的出身地汉州与益州毗邻,以及他"游方头陀"的经历,那就不能排除他曾到过剑南或益州的可能。但是另一方面,宗密毕竟没有明确说马祖到过益州,即使"剑南沙门"的提法可以透露出马祖和益州有着某种关系,那也是比较暧昧的表述。因此,只有充分相信宗密的记述,才可以断定马祖到过益州。

尽管宗密不曾明言马祖到过益州,但是由于他说马祖曾经师从金和尚,而金和尚后来又长期住在剑南或益州的成都府净众寺,于是很容易给人造成一种印象,即马祖是在成都净众寺师从金和尚的。例如,有的学者认为马祖在开元十四年(726)"短期到成都净众寺无相(金和尚)法师处修行"①,

---

① 郭辉图《马祖道一返蜀的时间、动机及其影响》,《马祖与中国禅宗文化学术研讨会论文集》第101页。

有的说"马祖还曾受法于成都净众寺'金和尚'无相禅师，后住长松山"①，这样的看法都或隐或显地把马祖师从金和尚的经历当作金和尚来到成都府净众寺之后的事情了。

　　实际上，马祖和金和尚的交会，只能在金和尚入蜀之后和马祖去南岳之前，而他们相遇的地点则不可能是成都府净众寺。如前所述，金和尚于开元十六年（728）来到中国，大约在开元十八年（730）前后入蜀，然后才可能有马祖与金和尚的相遇。当开元十四年时，金和尚还没有来到中国，马祖根本不可能随金和尚修行。那么当金和尚到了成都府净众寺之后，二人是否可能在成都相遇呢？金和尚到成都是在开元二十七年（739）以后，那么马祖当时又在何处呢？根据《马祖语录》和《景德传灯录》卷五的怀让传、卷六的马祖传，马祖"开元中"已在南岳。开元年间（713~741）共计二十九年，开元二十七年已属开元末期，既然马祖"开元中"已在南岳，那么无论"开元中"是指开元中期还是开元年间之内，马祖到达南岳的时间都不至于晚到开元末期。事实上，马祖在天宝元年（742）已在建阳佛迹岭，②他很可能在开元末年（741）前后就已离开了南岳。又据《景德传灯录》卷五和《古尊宿语录》卷一的记载，马祖在怀让门下"侍奉十秋"。假如马祖真的在南岳住了十年，那么从他离开南岳的开元末年（741）上推十年，他到达南岳的时间就是开元二十年（732）前后；考虑到马祖到南岳之前的各种经历所需要的时间，"侍奉十秋"

---

① 杨曾文《唐五代禅宗史》第305页，中国社会科学出版社，1999年。
② 参见宇井伯寿《禅宗史研究》第388页，铃木哲雄《唐五代禅宗史》第371页，王荣国《马祖道一禅师的传法活动论考》(《马祖与中国禅宗文化学术研讨会论文集》第41~42页)。

的说法显系夸张,因而他到南岳的时间大概也没有那么早;但即使把"十秋"的说法打一半折扣,马祖也于开元二十五(737)前后到了南岳。显然,不管马祖在南岳十年的说法是否夸张,他到南岳的时间都早于金和尚到成都府净众寺的时间。当金和尚开元二十七年到成都时,马祖早已在南岳,此时此地,他怎么可能师事远在成都的金和尚呢?即使马祖到过益州(或剑南),他和金和尚到益州的经历也有一个先来后到的时间差。也就是说,当马祖到益州时,金和尚还与成都无缘,当金和尚到成都时,马祖已在南岳,因此二人不可能在成都交会。由于金和尚是先在资州,后到成都,所以马祖虽曾师从金和尚,但是这段经历与成都时期的金和尚无关。总之,不能鉴于马祖曾是金和尚的弟子就误以为马祖在益州或成都师从金和尚,马祖作为金和尚的弟子,他所师从的应是资州时期的金和尚,而不是成都时期的金和尚。

另外,在谈到马祖在益州或成都的经历时,还有一个"长松山马"的问题。关于"长松山马"的记载,始见于宗密的《圆觉经大疏钞》卷三之下,其中将此人列为"成都府净众寺金和尚"的弟子之一;① 后来在《景德传灯录》卷四的目录里,又被列为处寂的弟子,并称其为"益州长松山马禅师"。这种混乱的记载使人难以断定此人究竟是谁的弟子,但是柳田圣山认为他就是后来的马祖;② 继有铃木哲雄将此观点进一步具体化,他认为长松山在简州(简阳)以北七十里的分栋山北,与成都接界,山上有马祖所建长松寺,长松山的马

---

① 参见《卍续藏经》第 14 册,第 555~556 页。
② 参见柳田圣山《初期禅宗史書の研究》第 283、338 页。

禅师就是指马祖，马祖离开处寂后住在此山，然后去到南岳；① 上文所引杨曾文先生关于马祖受法于成都净众寺金和尚之后住长松山的说法，也是以接受"长松山马"就是马祖的观点为前提的。

很显然，人们之所以把"长松山马"和马祖联系起来，除了因为此人和马祖同姓之外，还因为他是金和尚或处寂的弟子，② 以及他所住的长松山就在益州或接近成都，这些特征符合人们心目中理解的那个作为成都府净众寺金和尚弟子的马祖原型；也就是说，由于在人们心目中先有了一个马祖曾在成都净众寺师从金和尚的印象，然后在见到"长松山马"不仅和马祖同姓，而且住在成都附近的长松山的情况下，就很容易将此人当作马祖，甚至认为他住长松山是在师从成都府净众寺的金和尚以后。事实上，尽管宗密说马祖是"剑南金和尚"的弟子，但是这并不等于说马祖是成都时期的金和尚的弟子，因此不应将马祖、益州或成都（包括成都附近的长松山）、成都时期的金和尚等三个要素笼统地混淆到同一个时空范围之内。

其实将马祖和长松山联系起来的发想并不始于现代，早在明代的文献记载中已有马祖到过长松山的说法，例如明人曹学佺的《蜀中广记》里就提到成都府简州县西北七十里的长松山上有长松寺，该寺为马祖在开元年间创建。③ 曹氏的记载也许来源于四川当地的古老传说，但因文献不足，现在无从判断

---

① 参见铃木哲雄《唐五代の禅宗》第115页、《唐五代禅宗史》第369页。
② 例如柳田圣山就将马祖纳入处寂弟子的行列，并认为宗密把马祖不当做处寂弟子而当做无相的弟子，乃是故意。（参见《初期禅宗史書の研究》第335、339页）
③ 曹学佺《蜀中广记》卷八："志云：西北七十里长松山为州斧扆，界内诸山皆发脉于此。长松寺本蚕丛庙址，开元中马祖、行空和尚乃建寺。明皇召对，赐额'长松衍庆寺'，又赐名香，为亭以贮之，曰'御香亭'。宋赐名'嘉福寺'，今名'灵峰'。"

这一说法是否符合史实。不过根据晚唐诗人郑谷（848~911）悼念僧人圆昉的诗作，① 可知唐代西蜀境内确有长松山。宗密没有说明长松山的位置，后来《景德传灯录》将此山归属在益州之下，而柳田圣山和铃木哲雄一方面说长松山在益州或接近成都县，一方面又说此山在简阳县西或简州（今四川简阳）以北，② 他们关于长松山位置的说明都不够清楚。在唐代，简州和益州是相邻的两个政区，在后代，简州归入成都府。长松山的山名至今犹在，此山位于今成都市龙泉驿区长松乡境内，山上多有高大古松，且有古刹长松寺。③ 假如"长松山马"真的就是马祖，那么关于此人的记载当然可以成为马祖曾经住益州或成都附近的一个佐证。

但正如上文分析的那样，即使马祖到过益州，也与成都（或益州）时期的金和尚无关，至于和处寂就更无干系了。换句话说，即使马祖到过益州或住过成都附近的长松山，那也应该是金和尚到成都以前的经历；当金和尚到成都时，马祖早已在南岳，所以他根本不可能先在成都师事金和尚，然后再住长松山。

宗密提到的"长松山马"是指马祖，这最多只是一种可能，实际上还有与此完全相反的可能，那就是"长松山马"与马祖无关。因为宗密的著作中称呼马祖时总是使用"道一"

---

① 郑谷，字守愚，袁州（今江西宜春）人。光启三年（887）进士，乾宁（894~898）中仕至都官郎中。关于郑谷的生卒年，本文采自中国宜春网（http://www.yichun.gov.cn）的介绍。该诗见于《全唐诗》卷六七四，曹氏书中亦全文引用。诗题谓"谷自离乱之后，在西蜀半纪之余，多寓止精舍，与圆昉上人为净侣，昉公于长松山旧斋尝约他日访会"云云。
② 柳田圣山认为益州长松山在四川省西川道简阳县西七十里。（参见《初期禅宗史书の研究》第339页）
③ 参见"成都方志网"（http://www.cdhistory.chengdu.gov.cn）。

这一法名,而"长松山马"这一称呼明显不符合宗密对马祖的一贯叫法,就算马祖真的住过长松山,那么当时的马祖还是一位年轻僧人,大概没有理由被人称呼俗姓而不称其法名,何况宗密关于马祖经历的记载中也没有提到他住过长松山之事;宗密既然把"长松山马"当作"成都府净众寺金和尚"的弟子,那么这个人物很可能是金和尚在成都时期的另外一位弟子,也许正因为此人与马祖同姓容易混淆,于是宗密才特意在他的姓氏前面加上"长松山"的地名以示区别。总之,马祖有可能到过益州或成都,但是在益州期间的马祖是否就是宗密所说的"长松山马",还需要更有力的证明;即使马祖到过益州,甚至住过长松山,其时间也应该在金和尚到成都以前。

其次看马祖在荆南明月山的经历。

按照宗密的记载顺序来说,马祖先在荆南明月山住了很长时间,然后"巡礼圣迹"来到南岳投奔怀让。但是,宗密关于马祖久住荆南明月山的记载一向不受重视,所以人们往往以为马祖是从四川直接投奔南岳的。例如宇井伯寿就认为马祖在开元二十二年(734)处寂去世以后前往他处,然后到了南岳,[①] 铃木哲雄也认为马祖离开处寂后住在长松山,然后去到南岳,[②] 他们都忽视了马祖从四川到南岳之间的过程中还有一段荆南明月山的经历。

宗密所说的"荆南",一般来说应指荆南节度使,但也有可能指荆州南部或荆州以南。荆南节度使设于至德二年(757),治所在江陵府(今湖北沙市荆州区故江陵县城),辖

[①] 参见宇井伯寿《禅宗史研究》第381页。
[②] 参见铃木哲雄《唐五代の禅宗》第115页。

境包括今湖北石首、荆州市以西，四川垫江、丰都以东的长江流域及湖南洞庭湖以西的澧、沅二水下游一带。① 当马祖住在明月山之时，尚没有荆南节度使的设置，因此也不完全排除明月山所在的"荆南"乃指荆州南部或荆州以南的可能。关于明月山的地点，柳田圣山认为在湖北省巴东县西北四十里。② 但是，现存唐宋时代的舆地资料中记载有多处明月山，它们的所在方位并不限于巴东，其中属于荆南境内的即有二处：一在唐代荆州境内松滋县（在今湖北枝江、松滋之间）西七十里，据说"山岭弯弯如明月"③；二在唐代归州境内秭归县（今湖北秭归），秭归的西邻即巴东县，因此说明月山"在巴东，山上有窍如明月"④。此外，在紧靠荆州或荆南南端的唐代辰州沅陵县（在今湖南）东二百里处亦有明月山，据说山下有明月池。⑤ 其中松滋县和秭归（或巴东）县的明月山都在唐代荆南节度使的范围之内，但是始见于宋代的记载，至于唐代是否名为明月山，今已不得而知；沅陵县境内的明月山虽然不在荆州和荆南节度使的范围，但是靠近荆州或荆南节度使的南界，而且见于唐代的记载。现在很难断定马祖住过的明月山究竟是其中的哪一处，但是鉴于归州为"四川之门户"⑥，因而在通常情况下，这里应是马祖走出四川的必经之地，所以他曾住秭归（或巴东）明月山的可能性也更大一些。不管明月山在湖北还是湖南，它显然是马祖离开四川之后和进入南岳之前停留

---

① 参见《中国历史地理大辞典》第 1762~1763 页，中国社会科学出版社，2005 年。
② 参见《初期禅宗史書の研究》第 337 页。
③ 参见《太平寰宇记》卷一四六。
④ 王象之《舆地纪胜》卷七十四、祝穆《方舆胜览》卷五十八。
⑤ 参见《元和郡县图志》下，第 747 页。
⑥ 《方舆胜览》卷五十八。

的一站。关于马祖住在明月山的时间，宗密只说他在此山"久住"。"久住"的提法虽然非常笼统，但显然不是指短暂的停留，如果理解为一两年以上的长期住留，当不至有太大误差。

  根据上面宗密关于马祖经历的记载，以及本文的分析，可以对马祖到南岳之前的经历作如下推测：大约在开元十八年（730）至开元二十年（732）期间，马祖在资州师从金和尚；金和尚离开资州以后，马祖开始在四川境内"游方头陀，随处坐禅"，其间应该到过剑南（或益州），并在那里留住了相当一段时期，这段经历大概需要一两年的时间，时当开元二十三年（735）前后；以后马祖又到荆南明月山，在那里留住一段时期，大约相当于开元二十五年（737）前后；以后马祖从明月山到了南岳。如果考虑到马祖游行各地所需要的旅行时间，加之他的旅行还伴有头陀、坐禅、巡礼等修行过程，那么他到达南岳的时间大概不会早于开元二十五年，因此他在南岳的时间不可能长达十年之久。宇井伯寿认为马祖在南岳只有九年，① 这样的看法还是过于拘泥于《景德传灯录》和《古尊宿语录》的说法，而没有充分考虑宗密所述马祖到南岳以前的经历所需要的时间。马祖从开元十七年（729）受具之后到开元二十五年（737）前后到南岳之前，也就是在他大约二十岁至三十岁之间，曾先后辗转各地，足迹所至除了四川境内的资州、巴西、剑南以外，还到过今湖北或湖南境内的"荆南"。当然，以上的时间设定只是大致的推测，不排除适当提前和错后的可能。

---

① 参见宇井伯寿《禅宗史研究》第381、386、387页。

六、师门所系落谁家——关于马祖是谁的弟子

最后来探讨一下马祖究竟是唐和尚（处寂）的弟子还是金和尚（无相）的弟子。

如前所述，权德舆的《碑铭》只说马祖在资州落发，而没有提到他落发时的老师；比权德舆稍晚的宗密说马祖"先是剑南金和尚弟子"，其中虽未说明金和尚是马祖的什么老师，但还是容易给人造成马祖依从金和尚剃度落发的印象；后来《宋高僧传》、《景德传灯录》、《马祖语录》等都说马祖依资州唐和尚落发，显然意味着唐和尚乃是马祖的剃度师傅。在以上三种说法当中，除了《碑铭》不提马祖的老师是谁以外，其余二说相互冲突，加之唐和尚与金和尚刚好有师徒关系，在通常情况下，马祖不大可能把唐、金师徒二人都拜作自己的老师，于是这两种说法的冲突就显得更加尖锐。

面对这些相互冲突的记载，有些学者采取了维护马祖是唐和尚弟子说的立场。例如宇井伯寿除了根据本文在前面引述的理由认为马祖不可能是金和尚弟子，而是唐和尚弟子之外，还认为马祖在四川的游方头陀、各处坐禅就是仿效唐和尚的作法；① 对于宗密把马祖说成是金和尚的弟子，柳田圣山认为乃是宗密的"故意"②，镰田茂雄认为是宗密"有所企图"。③ 关于宇井伯寿所据理由的不足凭信，上文已作说明；而柳田圣山和镰田茂雄的判断都没有提供证据，难以令人信服。中国学者大多把马祖师从唐和尚与师从金和尚两种说法调和起来，认为

---

① 参见宇井伯寿《禅宗史研究》第381页。
② 参见柳田圣山《初期禅宗史書の研究》第339页。
③ 参见镰田茂雄《禅源诸诠集都序》第287页，筑摩书房，1980年。

马祖先师事唐和尚，后师事金和尚。①

其实，按照以上几种说法出现的时代顺序来说，《碑铭》的最早，宗密的次之，《宋高僧传》及灯史系统的最晚，当然是越早出现的说法信用值越高。再从以上几种说法的内容来看，《碑铭》的说法最笼统，其中完全不提马祖的老师是谁，但它可以给我们一种提示，即马祖最初的老师应该是在资州；由于《碑铭》的说法出现最早，所以它可以作为探讨马祖早期师承关系问题时的基本思考框架。宗密的说法仅仅略晚于《碑铭》，如果没有充分的证据，也不应轻易受到怀疑；但是宗密完全没有提及马祖的资州落发之事，因而显得偏离了《碑铭》提供的框架，而且他关于马祖"先是剑南金和尚弟子"的提法，也很容易给人造成马祖是在剑南成为金和尚弟子的印象。对于这种情况应该怎样看待呢？其实宗密作为比马祖时代稍晚的人物，他当然已经知道金和尚长期住在剑南的经历，而且这一经历显然构成金和尚一生的重要特征，所以当他从"地望"的角度看待这位前贤的时候，在金和尚的名前冠以"剑南"或"成都府"之类的地名乃属自然。因此，宗密说马祖是剑南金和尚的弟子，并不一定意味着马祖是金和尚在剑南接纳的弟子，而且事实上亦如本文上面分析的那样，马祖和金和尚的接触很可能是在资州，而不可能在剑南。这样说

---

① 例如潘桂明认为："道一早年主要依处寂学禅，但也不排除他曾从师于无相的可能。"（《中国禅宗思想历程》第221页，今日中国出版社，1992年）杜继文认为马祖"初削发于资州唐和尚处寂，再受具于渝州圆律师，师事过金和尚无相，后入衡岳怀让的'顿门'"（《中国禅宗通史》第229页，江苏古籍出版社，1993年）。吴立民认为马祖"幼年在本邑罗汉寺依唐和尚削发出家。二十岁前后在渝州圆律师处受具足戒，取得正式僧人资格。与此同时，著名僧人、新罗国王子无相入蜀谒处寂，青年道一并曾师从无相"（《禅宗宗派源流》第137~138页，中国社会科学出版社，1998年）。

来，宗密的说法虽然在表述方式上好像背离了《碑铭》的框架，但是他的表述所指涉的事实并没有超出资州的范围。《宋高僧传》及灯史系统的说法虽然在信用值上不如前两种说法，但是如果没有充分的证据，也不能将其视为后代的捏造；而且此说在内容上与《碑铭》的说法衔接得天衣无缝、顺理成章，更何况唐和尚长期在资州，马祖当时也有师从唐和尚的可能。

按照当时的条件来说，马祖在资州期间既有接触唐和尚的机会，也有接触金和尚的可能。唐和尚的年龄和资历固然足以作为马祖的老师，金和尚比马祖年长二十余岁，成为马祖的老师也没问题。当马祖和金和尚住在资州期间，唐和尚在那里已经住了十几年，他的势力和影响自然超出金和尚，因而马祖拜他为师的可能性也比较大；但是也不排除相反的可能，那就是正因为他的名声大、地位高而使得年轻的马祖不容易接近，于是退求其次而拜金和尚为师。至于宗密所述马祖后来的游方头陀、随处坐禅，在这两位高僧的经历中都有类似情况，殊难断定马祖究竟从谁习得。

综上所述，马祖师从唐和尚说和师从金和尚说各有各的理由，也各有成为事实的条件，因此难以断言马祖究竟是谁的弟子。在没有其他有力证据的情况下，与其简单地舍此取彼，不如慎重地存疑，或者尊重历史记载的原貌而将不同的说法并存。如果必须从不同的记载中选择"唯一正确"答案的话，那就宁可依从在先出现的宗密记载，而不能相信后来僧传和灯史的说法。至于何以关于马祖早期的师承会出现如此矛盾的异说，恐怕由于马祖的经历复杂、弟子众多，于是形成了不同的说法。也许正是因为这样，权德舆的《碑铭》索性回避此事，他只记马祖资州落发而不举处寂之名的原因，恐怕并非如柳田圣山所说的那样"是为了确立马祖作为怀让的唯一法嗣的地位而故意厌恶的说法"①。

　　以上对马祖早期经历的检讨，基本上只限于历史上的文献记载和现代的研究所涉及的范围。鉴于马祖的丰富阅历以及至今尚有许多马祖遗迹的遗存和传说，② 恐怕仅仅依据历史文献的记载还不足以弄清马祖的生平经历，如果能辅以马祖遗迹的实地调查，或许可以取得更加充实和更具实证性的收获。本文只是抛砖引玉，衷心期待着具有实证性的马祖研究成果不断涌现。

---

① 柳田圣山《初期禅宗史書の研究》第 336~337 页。
② 本文提到的罗汉寺和长松山即属此类情况。又据纯一法师介绍，江西有"马祖在江西建有 48 道场"之说，而且据江西省地方志工作者考证，今天有遗迹可寻，且得文献资料印证的马祖道场有近 40 处之多（参见纯一《试论马祖道一禅师对中国佛教的建树》，该文打印本由中国社会科学院世界宗教研究所黄夏年先生提供，特此申谢）。类似的遗迹或传说，或许在马祖走过的其他地方也有遗存。

马祖和建阳

邢东风

建阳，北靠武夷，南瞰建瓯，西接邵武，东邻松溪，雄踞闽北中央。境内多丘陵山冈，间有河谷、平原、盆地，有建溪上游水系麻阳、崇阳、南浦三溪流过，其中麻阳溪和崇阳溪的合流之处，形成一片冲积平原，这里自古以来便是建阳人们的生活中心。

建阳历史文化悠久。据考古资料可知，早在新石器时代，这里已有古越族人居住。秦属闽中郡，汉属会稽郡。西汉元鼎六年（前111），闽越王余善筑大潭城，是为建阳筑城之始。东汉建安十年（205）立建平县，西晋太康元年（280）改为建阳，属建安郡。刘宋以后有因有省。唐武德四年（621）重设，武德八年（625）并入建安，垂拱四年（688）复置，隶属建州[1]。以后历代设县，宋属建州，元属建宁路，明清时期属建宁府。新中国成立以后曾两度作为建阳行政公署驻地，今为福建省南坪市属下的县级市。

在历史上，由于北方地区的多次大规模战乱，经济文化的重心也逐渐南移。建阳地处东南，且有武夷山脉作为天然屏障，因而可避战乱之祸，有类世外桃源；另一方面，建阳位于内地与福建的交通要冲，从福建出入内地的主要道路都要经过

---

[1] 参见王象之：《舆地纪胜》卷一二九。

此地，因而可以经常保持与内地的经济文化交流。长期以来，在这一带地方形成了深厚的文化积淀，加上特有的自然条件和住民的勤劳智慧，于是当地人民得以安居乐业。建阳地处山区，虽非富庶之地，然而却以独特的物产闻名于世，例如历史上著名的建锦、建茶、建瓷、建纸、建版书、鼯鼠皮之类，均出此地。建阳境内现有唐代窑址多处，从遗址的规模、筑窑方式，以及陶瓷制品的精美程度，可以想见当时此地工艺技术和商业的发达①。宋代以后，建阳一带的经济文化更有新的发展。建窑为当时著名的陶瓷产地，这里的黑釉兔毫盏不仅进贡朝廷，而且享誉海外。另外，当时建阳的白茶也很著名，大概用建盏沏白茶，更是别具风格。建阳的麻沙和崇化（今书坊镇）曾经书坊林立，著名的"建本"就出自这里，故有"图书之府"的称号，与成都、临安并列为当时全国的三大雕版印刷中心。建阳曾经群贤毕至、名人荟萃，又是宋明理学的发祥地之一。朱熹、宋慈、游酢、蔡元定、刘克庄等，或是出身于此，或在这里任职、讲学，建阳也因此赢得了"南闽阙里"及"七贤过化之乡"②的美誉。如今在建阳保存的建窑遗址、考亭书院遗址、晦庵遗址、书坊遗址、朱熹墓、朱母墓、蔡氏宗祠、游氏宗祠、宋理宗手书摩崖石刻等诸多历史文化遗迹，历历斑斑，无不印证昔日建阳的辉煌。

除此之外，建阳佛教的历史源远流长，当地的宗教文化积累甚为丰厚。其中最令笔者关心的是唐代马祖道一禅师曾经来到这里。根据史料记载，马祖生平的大致经历是在四川出生、

---

① 参见谢道华：《建阳市文物志》，厦门大学出版社，1997年，第38~48页。
② 七贤是指南宋时代朱熹、蔡元定、刘爚、黄干、熊禾、游九言、叶味道等七位理学家。

出家学道，然后到湖北、湖南，在南岳师从怀让，以后到建阳，最后落定江西。为调查马祖遗迹，笔者继去年的江西和南岳之行之后①，最近又访问了建阳。本文试图依据历史上关于马祖建阳经历的记载，结合此次调查所得的资料，围绕着有关马祖的建阳经历以及建阳的马祖遗迹的各种问题，作一综合性的追踪探讨。

一、史料中的马祖和建阳

关于马祖的建阳经历，在与马祖时代最为接近的唐代史料中没有记载，例如权德舆的《唐故洪州开元寺石门道一禅师塔铭并序》、宗密关于马祖生平事迹的记述、《祖堂集》卷十四的马祖章等等，都不曾提到此事。其中最令人不解的是权德舆为什么没有此类记载。权氏曾与马祖有过直接的接触，马祖去世后不久，又为马祖塔撰写了《塔铭》，文中记述了马祖的生平，然而没有提到马祖的建阳经历。事实上权德舆不仅亲近过马祖，而且与建州的官员也有交往，例如他曾撰文为赴建州任职的赵某送别，文中称建州为"东闽剧地"，又提到安平穆公（即崔造）曾在那里任职②，可见崔造应是权氏和赵某都熟悉的人物，权氏对建州的情况也有了解。该文大约作于贞元二

---

① 笔者于 2006 年 3 月上旬走访了江西抚州、南昌、赣州，又于 3 月末走访了南岳衡山。关于江西调查的情况，可参见拙作《马祖道一江西行迹调查记》一文（《普门学报》第 33 期）。

② 参见《送建州赵使君序》，《权载之文集》卷三十六。安平穆公即指崔造，约于建中末年至兴元元年（约 783~784）任建州刺史。参见郁贤皓：《唐刺史考全编》，安徽大学出版社，2000 年，第 2178~2179 页。

十年（804）①，时在马祖去世十几年之后，按理说权氏此时对马祖生前的情况应当更加清楚，可是他作为迄今所知记载马祖生平的所有作者当中最了解马祖的人物，对马祖的建阳经历却没有留下任何记录，这一情况令人费解。究竟是马祖不曾到过建阳，还是马祖的这段经历被忽略了呢？目前无从判断。

关于马祖到过建阳的事迹，始见于宋代史料的记载。其中最早的是宋初赞宁的《宋高僧传》。不过他在马祖的传记里没有提到此事，而是在马祖弟子志贤、道通、明觉的传记中透露了消息：

> 释志贤，姓江，建阳人也。……天宝元年，于本州佛迹岩承事道一禅师，曾无间然，汲水拾薪，惟务勤苦②。

> 释道通，姓何氏，庐江人。……因父宦于泉州南安，便求舍卅披缁，诵经合格，敕度之，当天宝初载也。时道一禅师肇化建阳佛迹岩聚徒，通往焉。一师于临川、南康龚公山，亦影随而去③。

> 释明觉，俗姓猷，河内人也。祖为官岭南，后徙居为建阳人也。觉儒家之子，风流蕴藉，好问求知，曾无倦懈，宿怀道性。闻道一禅师于佛迹岭行禅法，往造焉，遂依投剃染④。

---

① 郁贤皓采取蒋寅的说法，认为《送建州赵使君序》大约作于元和元年（参见《唐刺史考全编》，第2180页）。但是权文中谓"顷予忝职西垣，殆将十岁"（《权载之文集》卷三十六），就是说他在中书省任职已近十年。按权氏于贞元十年（794）任中书舍人，元和五年（810）任礼部尚书，同中书门下平章事，元和十三年（818）去世。若从他始入中书省的贞元十年算起，则写作此文的时间应在贞元二十年前后。同理，赵某赴任建州刺史的时间也应在同一年，而非元和初年。
② 《宋高僧传》，中华书局，1987年，第207页。
③ 同上书，第226页。
④ 同上书，第254页。

从上面的记载可以看出，建阳佛迹岭亦名佛迹岩，马祖于天宝元年（742）开始在这里聚徒传法，志贤、道通、明觉等人也在这一期间投奔马祖门下。其中志贤、明觉二人是建阳本地出身，他们得知马祖在佛迹岭传法当非难事；而道通出身庐江（在今安徽），随父宦居泉州南安（今福建南安市），他自南安远道而来，由此可以想见当时马祖的名声已经超出建阳远播闽南。不过，上述记载都是在叙述志贤等人的出家经历时顺便提到马祖的建阳经历，因而对马祖的这段经历只是一笔带过，对于佛迹岭的情况也未提供具体说明。另外，赞宁既然在志贤等人的传记中明确提到马祖曾在建阳佛迹岭传法，那么他显然清楚地知道马祖的这段经历，可是他在马祖的传记里却没有提到此事，这种情况同样令人费解。

继《宋高僧传》之后，在宋代编修的禅宗灯史中也记载了马祖的建阳经历，其中最早的见于《景德传灯录》：

> 江西道一禅师，汉州什邡人也。……始自建阳佛迹岭，迁至临川，次至南康龚公山①。

> 师（指智藏——引者）遂往佛迹岩参礼大寂，与百丈海禅师同为入室，皆承印记②。

从这两项记载来看，佛迹岭和佛迹岩显然是同一地方，因此这两个山名在《景德传灯录》中也被互称并用。按照《景德传灯录》的记载，智藏是到佛迹岭投奔马祖的，那么马祖当时自然也在那里。但是根据唐人的记载，智藏投奔马祖的地点是在江西临川，例如刻于北宋元丰二年（1079）的唐技《重建

---

① 《景德传灯录》卷六马祖章。
② 同上书，卷七西堂智藏章。

大宝光塔碑铭》就没有提到智藏到佛迹岭之事，而是说他"年二十三，首事大寂于临川西里山"①。假如唐人的记载更为可信，那么恐怕智藏并不曾到过建阳佛迹岭。当然，即使智藏不曾到过建阳，也不等于马祖没有到过那里。从《景德传灯录》开始，马祖的建阳经历被明确写入马祖的传记，但是其中关于这一经历的记载比《宋高僧传》更为简略，只有"始自建阳佛迹岭"一句。不过，这个记载虽简而又简，可是对后来禅宗灯史的影响却甚为深远，无论是《江西马祖道一禅师语录》，还是《天圣广灯录》、《五灯会元》、《五灯严统》等灯史著作，都在相关部分一字不差地沿袭了这一提法。对一般人来说，恐怕《景德传灯录》的影响远远大于《宋高僧传》，关于马祖的建阳经历，后人大多是根据《景德传灯录》等禅宗灯史著作而获得了解的。正由于《景德传灯录》等灯史著作流传广泛，而对马祖的建阳经历又记载得过于简略，所以后人对这一方面情况的了解也往往是知有其事而不得其详。

　　在宋代的历史文献中，除了佛教史料以外，其他文献中也没有记载马祖和建阳的因缘。值得注意的是，在宋代的舆地资料中，对于各地的历史人物、山川景物、佛道寺观等均有比较详细的记述，并且既有与建阳佛迹岭同名或以"佛迹"命名的佛教遗迹记载，也有关于马祖遗迹的记载，例如北宋王存的《元丰九域志》倒是记录了名为"佛迹石"和"佛迹山"的地方②，遗迹特征与后来明清时代所记建阳佛迹岭颇为近似，

---

① 唐扶的碑铭全称为《虔州龚公山西堂敕谥大寂禅师重建大宝光塔碑铭》，今存江西赣县宝华寺内。
② 《元丰九域志》卷九："佛迹石，大磐石上，有大足迹。昔有胡僧经此，云是佛迹。""佛迹山，上有足迹，故老相传以为佛迹。"

然而一在福州，一在泉州，皆与建阳无缘；南宋潘自牧的《记纂渊海》记录了与建阳同名的"佛迹岩"，然而位于广东的惠州①；另外，《方舆胜览》的作者祝穆刚好是建阳出身，他对家乡的历史传说、山川景物不可能没有了解，但是在他的笔下，对远在赣南的马祖岩作了详细的记录②，而对于同是马祖遗迹，且近在自己家乡的建阳佛迹岭却只字未提。这种情况颇为蹊跷，究竟是他根本不知道马祖到过他的家乡，还是他认为马祖与他家乡的因缘不值得记录呢？总之，宋代舆地文献记录了闽粤一带多处名为"佛迹"的地方，但是偏偏没有提到建阳的佛迹岭，而在关于建阳的记载中，既不见马祖经历的记载，也没有提到佛迹岭之名。究竟何以如此？是建阳佛迹岭不值一提，还是舆地学家们对此全无了解？这是留给后人的疑问。

到了明代，马祖的建阳经历和建阳的马祖遗迹在《一统志》、方志以及僧史著作里都有记载，而且还增加了新的信息。例如在李贤的《大明一统志》"建宁府"条有如下记载：

  圣迹寺，唐咸通间建，相传马道一禅师卓锡于此，留迹在石，深如篆镌③。

《大明一统志》完成于天顺五年（1461），其中关于马祖的文字是笔者迄今所见明代最早的记载。书中第一次披露了马祖驻锡建阳的地点就在圣迹寺，并记录了该寺创建于咸通年间（860~874）和马祖"留迹在石"的情况。又同书卷七十六还简要记述了马祖的生平，将马祖作为建宁历史上的仙释人物，

---

① 参见《记纂渊海》卷十五。惠州佛迹岩属于罗浮山之一部。
② 参见《方舆胜览》卷二十"马祖岩"条。
③ 《大明一统志》卷六十三。

从而第一次在佛教以外的文献中肯定了马祖和建阳的关系。

继《大明一统志》之后,在嘉靖年间(1521~1566)编修的《建阳县志》里也有关于马祖的资料,其中将马祖作为建阳的历史人物作了如下记载:

> 马道一禅师……来崇泰里佛迹岭创寺,苦鼠雀蚊蚁之扰,作法禁止之,逮今永绝①。

这部县志比《大明一统志》更明确地指出佛迹岭所在的位置,并记载了马祖在当地从事过的活动,由此可以知道马祖到过的佛迹岭就在明代建阳的崇泰里,以及他在那里曾经致力于消除鼠雀蚊蚁之患的努力。此外,同书卷三还记有马祖桥:"马祖桥,洪武七年李仲贤募众建。"据此可知,在明初的洪武七年(1374)建阳境内曾有马祖桥的修建,此桥以"马祖"命名,这一事实本身就表明当地人在此之前已对马祖和建阳有过某种关系的传说确信不疑,假如没有这种信念,便无法想象建阳的人们会平白无故地修建一座以"马祖"命名的桥梁。

除了以上两种资料以外,建阳出身的永觉元贤禅师于崇祯二年(1629)完成了一部专门记述建州禅僧史的著作《建州弘释录》,其中也明确提到马祖的建阳经历:

> 唐建阳佛迹岭道一禅师……后入闽,居建阳之佛迹岭。时闽中诸释,久滞权渐,忽闻顿旨,翕然趋向,甘泉志贤,千顷明觉,实首依之,卒成大器。……七闽禅学,实师为之肇云(原注:佛迹岭今为圣迹寺)②。

根据元贤的记载可知,佛迹岭和圣迹寺应在一处,或者说圣迹

---

① 嘉靖《建阳县志》卷十六,1962年上海古籍书店影印宁波天一阁藏明嘉靖刻本。
② 《建州弘释录》卷之上,《卍续藏经》第147册,第817页。

寺就在佛迹岭，由于马祖来这里传法，于是福建地区始有禅宗顿悟教旨的流传。元贤的记载除了承袭以往僧传和禅宗灯史关于马祖到过建阳的说法之外，更进而强调马祖的建阳经历对福建禅宗发展的奠基作用。他的老师博山元来就认为建州不仅是"理学渊薮"，而且是"禅学渊薮"①。元贤更进一步明确指出建州的"禅学渊薮"是从马祖来到建阳开始的："自马祖入闽，肇化于建阳之佛迹岭，而禅学始大行焉。"② 正是基于这样的看法，他在《建州弘释录》中把马祖作为建州弘法的第一人。元贤本人学贯儒、释，又曾续补《五灯会元》，而且还是建阳出身，当然熟知禅宗的历史和建阳的故旧传闻，加上他的地方意识，于是才可以作出这种独具慧眼的论断。

到了清代，在《一统志》和福建的方志资料中对马祖的建阳经历及建阳的马祖遗迹也有记载。例如乾隆二年（1737）编修的《福建通志》里关于建阳圣迹寺的记述，与《大明一统志》的记载完全相同③。此后，在乾隆五十四年（1789）编修的《大清一统志》又有如下记载：

> 佛迹岭寺，在建阳县西二十里，唐咸通中建，旧名圣迹寺，相传马道一禅师卓锡于此，留迹在石，深如篆镌。本朝康熙十八年重建，改今名④。

这项记载提供了以下新的消息：一是圣迹寺的具体位置，即建阳县城以西二十里处；二是圣迹寺的重建，即康熙十八年（1679）的重建；三是圣迹寺的改名，即康熙十八年重建以后

---

① 参见《建州弘释录》博山元来序，《卍续藏经》第147册，第813页。
② 参见《建州弘释录》永觉元贤序，《卍续藏经》第147册，第814页。文中"闽"字原作"关"，当为"闽"字之误，今改。
③ 参见《福建通志》卷六十三"圣迹寺"条。
④ 《大清一统志》卷三三一。

改名为"佛迹岭寺"。继乾隆《大清一统志》之后,据说嘉庆年间(1796~1820)编修的《一统志》也有相关记载,内容完全相同①。

此外,在道光十二年(1832)由建阳县知事李再灏编修的《建阳县志》里有三项与马祖相关的记载:

(一)道一,俗姓马,汉州什邡人。容貌奇异,牛行虎视,引舌过鼻,足下有二轮文。幼依资州唐和尚落发,开元中习禅定于南岳传法院,遇怀让师,有磨砖不能作镜,坐禅岂能成佛之语。同参者九人,惟道一密受心印。来崇泰里佛迹岭创寺,苦鼠雀蚊蚁之扰,作法禁止之,逮今永绝。后游方至建昌石门山,于贞元己巳三月四日坐化。元和中谥大寂禅师(原注:旧志)。

(二)圣迹寺,在崇泰里佛迹岭,唐马祖禅师出家始此。马祖,汉州什邡人也,南岳让禅师法嗣第一世,四方禅诵皆宗仰之,称为江西道一禅师。石上有马祖行迹,如篆镌然。唐咸通中,邑人翁郜疏请敕建。国朝康熙己未,翁裔孙廷震倡请古雪禅师仝徒桂庭重兴。

(三)崇泰里水漈石上有足迹一尺二寸,无雕琢痕,因立院曰圣迹(原注:旧志)。②

以上第一项将马祖作为建阳的历史人物,对其包括建阳经历在内的生平事迹作了概要记述,但内容与明嘉靖《建阳县志》的相关部分基本相同,没有提供新的消息。第二项主要记述圣迹寺的情况,其中含有新的内容:一是把圣迹寺说成马祖出家

---

① 参见李芳民:《唐五代佛寺辑考》,商务印书馆,2006年,第215页。
② 以上引文均见道光版《建阳县志》卷十九,建阳市图书馆藏道光年间刻本。

的地方，但这种说法与马祖在四川什邡罗汉寺出家的史实不符，而且与前面"幼岁依资州唐和尚落发"的记载互相抵牾；二是将马祖在圣迹寺留下的遗迹表述为"石上有马祖行迹"，也就是说寺内石上有马祖行走的痕迹，这个表述比以往"留迹在石"的提法更加清楚明白；三是说明咸通年间圣迹寺创立的缘起，即由本地人翁郜上书请求皇帝敕命而得以建立；四是指出康熙十八年重修圣迹寺的因缘，即由翁氏后裔请来古雪禅师以及徒弟桂庭，然后得以重兴。第三项对圣迹寺内石上的马祖遗迹作具体描述，并说明该寺名称即由这个"圣迹"而来。应当顺便一提的是，第三项的内容是作为唐代的"丛谈"而被收录，因此它很可能源于古老的传说，不一定都是空穴来风。另外，关于圣迹寺的名称，道光《建阳县志》没有使用"佛迹岭寺"之名，而是径称"圣迹寺"，这种情况或许表明当时又恢复了"圣迹寺"的称呼，或是虽有"佛迹岭寺"之名，而当地习惯上还是称为"圣迹寺"。

根据道光《建阳县志》的原注，有的记载取自"旧志"，即直接沿用以前的县志资料，但建阳历史上先后编修过十一部县志[①]，道光《建阳县志》依据的是其中的哪一部，目前尚不清楚。不过，既然道光《建阳县志》的记载其来有自，因此可以推想，关于"马祖——佛迹岭——圣迹石——圣迹寺"的联想和传说，早在道光年间以前就在建阳当地出现了。这个传说的原始要素大致如下：佛迹岭上有一石，石上有一硕大足迹；马祖到过建阳佛迹岭，于是那个足迹被说成来自马祖；佛迹岭上的佛寺，也因那个"圣迹"而得名。

---

① 此说系根据建阳当地学者刘建先生的口授。

综观历代相关资料，可知马祖的建阳经历始见于宋代的佛教史籍，然而当时的记载多为只言片语，内容仅限于马祖到过建阳以及接纳弟子之事，没有涉及马祖的其他活动，也未提到马祖的遗迹；另一方面，唐宋时期有的史料明明记载了马祖的生平和遗迹，可是偏偏没有提到马祖和建阳的关系，这又给人带来重重疑问；至明清时代，在佛教史籍、《一统志》、地方志等资料中都有关于马祖和建阳关系的记载，而且内容有所增加，其中关于马祖建阳经历的记述增加得较少，而关于建阳的马祖遗迹的记述增加得较多；根据明清时期的记载，可以大致了解建阳当地关于"马祖——圣迹——圣迹寺"的传说，这种传说本身可以视为当地自古以来对于马祖建阳经历的"人证"。

二、圣迹寺与马祖遗迹

2007年3月5日夜，笔者自杭州出发，经金华、衢州、上饶、武夷山，次日上午抵达建阳。列车一路翻山越岭，跨桥过洞，经过武夷山地段时，山高路陡，车行缓慢，加上春节过后不久，沿途的人们又开始外出打工，于是各站常有争抢上车的场面，不禁使人感慨山民外出的辛苦，更不难想象古来闽赣两地的交通由于武夷山脉的阻隔，当时的行路之难尚不知几何辛劳，马祖当年出入闽赣，只能比今人辛苦万千。

3月6日下午，笔者访问了圣迹寺。

圣迹寺位于建阳市西的莒口镇①，距建阳市区约20公里。莒口多山地丘陵，亦有平原盆地，麻阳溪自西向东横贯境内，

---

① 莒口的"莒"，当地人读为 lǔ。

莒口镇区就坐落在这条河流的一侧，而对面一侧就是佛迹岭。这里现在是建阳市属下的一个镇，古时名为崇泰里。崇泰里和莒口的历史都很悠久，这两个地名早在南宋史料中就有记载①。今天的莒口镇，古时一直称为崇泰里②，而莒口在古代则是崇泰里的一个集市③。这个集市显然是当时住在麻阳溪对岸佛迹岭上僧人们的衣食之源，恐怕马祖的时代也不例外。只是物换星移，随着时间的流逝，莒口的影响越来越大，于是这个地名最终取代了崇泰里。

佛迹岭是一片不太高的山冈，圣迹寺就坐落在山间一处相对平坦的地方。这里距莒口镇中心区不过两公里，与镇区隔水相望。圣迹寺坐北朝南，背面靠山，面前是一片方圆一二百米的田地，周边或山或谷。圣迹寺的主体建筑位于山脚之下、农田北端，从农田向寺院方面望去，依次为山墙、山门、大雄宝殿，左右两侧各有偏房。这些建筑差不多都是十几年前重新修复，但是建筑的基址大致还是旧有的格局。除主体建筑之外，在农田东南方向百米左右开外的山谷之间有一小亭，传说中的圣迹石就在亭内，亭子本身系水泥构筑，当然也是若干年前修建而成。据建阳本地资料介绍，"文革"期间，圣迹寺内佛像被毁，寺院改作莒口大队耕山队宿舍；1990年前后，圣迹寺

---

① 例如朱熹为他父亲朱松所作的《行状》里就提到他的母亲安葬在崇泰里（参见《韦斋集》卷首、《晦庵集》卷九十七）。朱母墓至今还保存在莒口镇的马伏。朱熹给蔡季通的书信里提到过莒口（参见《晦庵别集》卷一），南宋熊禾（建阳人）作过《建阳莒口桥》的赞文（参见《勿轩集》卷四）。
② 据嘉靖版《建阳县志》的《建阳县境之图》，崇泰里位于县治西侧，又据道光版《建阳县志》的《崇泰里图》，莒口在崇泰里西侧，这些记载分别与今莒口镇及莒口镇中心区的位置相应。
③ 嘉靖版《建阳县志》卷三："莒口市，在崇泰里，每月以三八日集。"可见莒口至明代为止还是崇泰里的一个集市。

开始恢复；寺内大雄宝殿原为清乾隆二十七年修建，1991年重建，现为全县最大的大雄宝殿①。

寺内目前有尼师数人常住，另有若干居士帮忙。笔者到访时，受到一位年长尼师的接待。从她与同行的谢道华局长、莒口镇领导的谈话中，可以感觉到寺院与当地政府的关系相当融洽，当地官员不仅对寺院的情况非常了解，而且还为寺院的规划出计献策。

这里就是当年马祖驻锡的地方。如今，圣迹寺内还保存有碑刻、刻石、圣迹石等古代遗迹。笔者此次调查中见到的共有以下六项：

第一，清康熙二十九年刻立石碑一方

位于圣迹寺入口处偏房侧壁正中，细高狭长，高约二米以上，有两处断裂，刻立于清康熙二十九年（1690），题名《重兴古佛迹寺碑记》，由曾任建阳县知县的郑昱撰文、当时的圣迹寺住持桂庭昌禅师及建阳县知县李六成等人刻立。因此碑现被嵌入墙壁，故碑的最下方有部分文字被覆盖，不过大部分碑文尚依稀可辨。碑文内容主要记述圣迹寺的来历、康熙十三年（1674）翁氏后裔帝青等人延请古雪禅师前来主持募捐修复古寺、继由古雪弟子桂庭禅师代为主持修复工程，以及当时的捐资细目等等。兹将碑文抄录于下（标点符号系笔者所加，文中"/"号表示另起一行）：

重兴古佛迹寺碑记

予闻释迦如来应化，正当西周盛时。时佛法未入中

---

① 参见李家钦：《建阳大典》，作家出版社，2005年，第419页。建阳县地方志编纂委员会编：《建阳县志》，群众出版社，1994年，第840页。谢道华：《建阳市文物志》，第119页。

国,千有余年,至汉明帝夜梦金人,始使求经于西域,中途适值白马驮经而来,惟摩腾、竺法二尊者应诏。晋司马氏时,佛图澄、鸠摩罗什初译诸经,法演三乘,东土之熏染□□□①/止莲社十八高贤而已。故禅宗肇自世尊拈花,至达摩西来,直指人心,见性成佛,七传南岳让,让传马祖。祖钦慕佛迹,初辟宗风。唐兵部尚书翁郜公偕刺史公,师固乔梓,重祖道德,发心创寺,缁素咸皈。第因朝代几更,不免隆替。□康②/熙甲寅,嗣孙翁子帝青等念佛迹之久颓,冀宗功之不替,首倡合族,暨遐迩护法,公启三请龙山古雪大和尚主缘捐资,仍同檀越,募化十方,宰官众信,重兴宝殿、法堂,各寮俱备,及门弟子李行镜、钱行珠,发心造大像、经阁,普③□/赎张氏竹山,永供修造功德,相次告竣。时郡守范使君亦启古公和尚中兴斗峰,乃命嗣法桂庭禅师代其堂构而丹艧之,诚善述也。绝席九年,复赴翠岩之请,命法侄晦乾去所,二大师及法嗣纯一公等相继住持,自④□/重兴,凡所施香灯并买田若干,收寄在檀越翁氏崇泰里十图十甲一户佛迹内输纳,斯皆古老、桂公道化所致,抑亦帝青仪滋诸子襄成殊胜之事?非但释门因果不昧,即吾儒博施济众,功岂浪哉?余昔抚潭阳,正值鼎兴⑤□/值公事之暇,始获瞻礼,睹其殿像巃嵷,俨若灵山,由是发愿护持,复启古公和尚说法。未几,翁子帝青以重兴事绩山场恒产乞言于余,余

---

① 因原碑下方被覆盖,故碑文各行的最下端约有二三字欠缺。下同。
② 碑文中"康"字剥落,据文义补。
③ 此字难以辨认,然形似"普"字,姑以录之。
④ 此字难以辨认,然形似"自"字,姑以录之。
⑤ 此字难以辨认,然形似"兴"字,姑以录之。

固儒者，无能言佛事也，请即以诸公之所言者言之，从实勒之于石，永垂不朽。是为记。/

　　赐进士第现授册科都给事原任建阳县知县临皋郑昱拜撰/

　　今将檀护所施并买供佛香灯田山开列于后　一古老和尚捐衣钵资买罗缵卿田一段，计苗米七罗五斗，价银四两五钱，坐落佛迹岭上首。一檀越翁藩侯施田一段，计米六罗五斗，坐落漈里，又施米一罗，坐落前村洋。□□/檀越翁巍则、翁严翼共施田一段，计苗米六罗，坐落本寺门首上东西两边乾垄内。一檀越翁克沾、克弘、同侄久培、侄孙其辉，共施田一段，计苗米七罗五斗，坐落本寺门首中分垄内。一檀越翁帝青、宜滋共施田一段，计苗米□□/正，坐落前村洋里。翁帝青又施田米二罗正，坐落马祖桥头。一檀越翁尊锡施田一段，计苗米四罗六斗，坐落佛迹岭下；又施田一段，计米三罗，坐落竹山漈里；又施田一段，计苗米二罗五斗，坐落七级□上垄；又施一段，计米二□/五斗，前村洋里外；又助香灯田银四两正。一黄天舜、天元兄弟施田一段，计苗米七罗五斗，坐落灯垄坑上，三向至本寺，山下至黄宅田。一罗缵卿施田二段，计苗米三罗五斗，坐落寺门外塘东西两边山脚。一前村张纯贞同□□/秀，自置竹山一片，出卖与佛迹寺，坐落漈里，原有山脚乾田，计米二罗，久荒，今一并施入本寺开垦，永作香灯供佛。　以上三宗弟子江如山、魏性受、黄如来劝缘。已上共计下则民田四十亩零五分八厘一毫六忽，正米二石二□□/九合正，耗米二石一斗七升一合一勺，该征银二两九钱七分四厘五毫七丝三忽八微，丰

米三斗六升六合二勺。奉/
　　本府正堂加四级范　批据监院僧如见投呈仰县立户输粮缴/
　　康熙二十九年岁次庚午季冬月　嗣法继席住持桂庭昌同　檀护公立暨旧新两序首领职事化主不迷　克源　得宗　斯门　烁破　钝根等/
　　　　莒潭弟子张玉沭手拜书/
　　赐进士第文林郎知建阳县事知县李六成　县丞葛锡保典史王之桐立

根据碑文的内容，可以了解以下情况：

首先，碑文中提到"祖钦慕佛迹，初辟宗风"，就是说马祖仰慕佛迹，于是来到此地修行传法。这项记述不仅再次肯定了马祖的建阳经历，而且对马祖到佛迹岭的原因提供了说明。碑文作者虽然自称"余固儒者，无能言佛事也"，但是从碑文的记述可以明显看出他对佛教的历史相当熟悉，因此他的说法恐怕并非凭空杜撰。事实上，根据宗密的记载，马祖投奔南岳怀让之前，确曾有过"巡礼圣迹"的经历①；又据《宋高僧传》记载，马祖从南岳时期到江西时期，一直都是"所游无滞，随摄而化"②。若结合这样的记载来看，那么确实不能排除马祖因"钦慕佛迹"而来到这里的可能，因为这样的举动显然比较符合马祖的一贯性格。假如史实果真如此，那就意味着佛迹石的存在在先，而马祖的到来在后；可是按照马祖"留迹在石"的传说，则是先有马祖的到来，然后才有马祖留下的足迹，

---

① 宗密《圆觉经大疏钞》卷三之下："有剑南沙门道一……后因巡礼圣迹，至让和上处。"（《卍续藏经》第14册，第557页）

② 《宋高僧传》，第221页。

可见这个传说为了神化马祖而将事实的顺序颠倒过来了。

其次，碑文中提到翁郜"发心创寺"之事，按照这种说法，圣迹寺是由翁郜创建的。关于翁郜，最早见于明代万历年间编修的《建阳县志》，据该书卷六《人物志》记载：

> 翁郜，字季长，长安人。唐昭宗朝，官至朝请大夫、检校尚书左仆射、河西节度使。朱梁僭窃，耻事二姓，以父、祖宦闽，知其地僻静可以避乱，遂携家至建阳考源。后徙居义宁莒口。①

可见翁郜是唐末五代时人，唐昭宗（889~905年在位）时官至左丞相、河西节度使，朱温篡唐（907）以后，不肯为后梁任职，因其父在福建当官，知道闽地可以避乱，于是携家迁居到建阳莒口②。据有的学者考证，翁郜在河西任职长达二十年，于乾宁三年（896）移居建阳③。

关于圣迹寺的创立，据明清《一统志》、《福建通志》、道光《建阳县志》的记载，都说是建于唐咸通年间（860~874），现代学者大多采用此说④。而在建阳当地，多数人也是主张咸通年间说，例如刘建的《大潭书》⑤、1994年编辑的《建阳县志》⑥，以及李家钦主编的《建阳大典》，其中《建阳县志》和《建阳大典》还披露了翁郜撰有碑记、"碑文现存于

---

① 转引自李军：《清抄本〈京兆翁氏族谱〉与晚唐河西历史》，《历史研究》2014年第3期。
② 关于翁郜的事迹，又见于何乔远的《闽书》、吴任臣《十国春秋》卷九十七、《福建通志》卷五十二，以及清代抄本《京兆翁氏族谱》等。
③ 参见李军：《清抄本〈京兆翁氏族谱〉与晚唐河西历史》，《历史研究》2014年第3期。
④ 参见王荣国：《福建佛教史》，厦门大学出版社，1997年，第481页。李芳民：《唐五代佛寺辑考》，第215页。
⑤ 参见刘建：《大潭书》，文物出版社，1994年，第91页。
⑥ 参见建阳县地方志编纂委员会编：《建阳县志》，第840页。

建阳市文化馆"的消息①。除此之外，也有人持不同看法，认为建于南唐保大五年，例如谢道华先生在其所著《建阳市文物志》一书里指出，圣迹寺于"南唐保大五年（947）始建寺"②。那么这些说法的根据如何呢？很显然，咸通年间说是沿袭《大明一统志》以来的通行说法，而《建阳县志》和《建阳大典》的说法是否另有根据，目前尚不清楚。关于南唐保大五年说的根据，笔者当面向谢道华作过咨询，他的回答是此说依据翁郜的碑记。如此看来，要确定圣迹寺的建立年代，还有待于参照翁郜的碑记，因为翁郜是创建该寺的当事人，他的碑记很可能提供了这座古寺的最早消息，而且可能对于研究马祖在建阳的经历和遗迹具有重要的参考价值。此碑曾一度收藏在建阳博物馆，但后被索回，目前下落不明，因此笔者未能见到。其实类似的情况还不止此，例如清代重修的圣迹寺大殿，在谢道华写作《建阳市文物志》时尚有保存，殿内横梁上记载建于乾隆二十七年（1762），但因圣迹寺的改建，旧殿被毁，其梁不存，这样的情况令人遗憾。不过，据学者考证，清代抄本《京兆翁氏族谱》的卷末收录有翁郜之子翁师固撰写的《立寺碑记》，其中有如下记载：

> 先君季长公……于光启二年（886）建立安福院，贞明二年（916）建立西漈院，景福元年（892）仍立安闽院，保〔大〕（太）五年（947）亦建圣迹院。时称为功德院，以崇报本之忱。其四院各塑像安奉，置买田地二千

---

① 参见《建阳县志》第839页。又参见李家钦主编：《建阳大典》，第419页。
② 谢道华：《建阳市文物志》，第119页。

余石，分充四院蒸尝之需。①

根据这个记载，可知翁郜在移居建阳之前就在建阳修建了四院（安福院、西漈院、安闽院、圣迹院），其中"圣迹院"建于保大五年。有学者认为，这篇《立寺碑记》应是录自翁郜撰写的碑记；四院原本是翁氏家庙，"此后逐渐演变为建阳当地著名的佛教寺院"②。不过，关于圣迹院的性质，笔者认为，从"圣迹院"之名可以推测"圣迹"存在已久，因此圣迹院当初不一定是单纯的祠堂（"家庙"），而有可能是兼有"圣迹"（佛迹）崇拜与祖先祭祀功能的庙宇。

无论如何，翁郜作为具有特殊背景的人物，对于调动修建圣迹寺所需要的各方资源，显然有着足够的影响力；而他作为举家迁居到莒口的外来户，从事修建圣迹寺的德行善举，又具有多方面的造福意义。后来的事实正是如此，翁氏家族不仅在莒口落地生根，子孙繁衍成为当地的大户，而且一直与圣迹寺有着不解之缘，成为维护古寺香火的有力外援。这一点，从碑文中关于康熙年间翁氏后人纷纷捐田以充修复资金的记载可见一斑。

再次，碑文记述了古雪禅师及其弟子桂庭主持重建圣迹寺的经纬，从一个侧面揭示了古雪师徒与圣迹寺及闽地佛教的关系。文中提到的古雪大和尚，即明末清初临济宗僧人古雪通喆（或作真喆）禅师。通喆（1614~?），瓯宁（今福建建瓯）人，16岁出家，得法于天童圆悟，住江西翠岩寺（在今南昌），后入福建，先后重兴多处古刹，如晋江龙山寺、建阳圣

---

① 转引自李军：《清抄本〈京兆翁氏族谱〉与晚唐河西历史》，《历史研究》2014 年第 3 期。公元纪年为笔者所加。
② 参见上文。

迹寺、建瓯斗峰寺等①，有《古雪喆禅师语录》二十卷。从碑文记载可知，康熙十三年（1674），翁氏后裔帝青等人有感于圣迹寺的衰颓，于是联合本族及远近护法人士，共同延请当时住在龙山寺的古雪禅师前来主持募捐化缘重建古寺。古雪禅师不仅为重建事业募捐化缘，而且还自己出资购买田地以充建设资金，他的在家弟子也一起为修复古寺出资献力。当修建工程初步告成之后，古雪禅师又被建宁知府范某请去复兴建瓯的斗峰寺，可见修复圣迹寺的经历发生在古雪住持龙山寺和斗峰寺之间。从他席不暇暖奔走各地重兴闽地古寺的情况，不难想见他在当时的福建地区是一位颇有影响的僧人。古雪离开之后，由其弟子桂庭禅师住持圣迹寺。在莒口镇印制的《建阳西山风景区》画册上载有一幅石碑照片，上有"皇清继席第二代桂庭昌大禅师寿"的铭文，很可能是桂庭禅师的塔碑。由这些资料可以推断，由于古雪禅师为重兴圣迹寺所作的贡献，于是被奉为清代圣迹寺的初代祖师，其弟子桂庭禅师大概继古雪之后住持那里，所以被奉为第二代。

最后，碑文所记捐资细目，反映了一些当时与圣迹寺相关的社会史情况。为了赞助重建古寺的工程，当时人们捐献的财产主要是田地，这些田地的价值可以银米计算，而在银米当中，又以米为主，也就是说一定的田地可以兑换成若干数量的米，可见米在当时的建阳可作通货之用。当时圣迹寺共募得田地四十余亩，这些田地或在寺的附近，或在寺外其他地方，假如没有全部换作银米的话，那么余下的田地就成为该寺的田产。实际上拥有寺田也是建阳历史上佛教的传统，刘建先生就

---

① 参见性统：《续灯正统》卷四十二。

曾指出这一情况，例如大潭山的开福寺在最盛时有田三千六百余亩①，相比之下，圣迹寺当时拥有的田产只能算小本家业了。在捐资者的名单当中，以翁氏族人为多，这或许是因为翁氏家族与圣迹寺之间有着某种特别的关系。建阳一带宗族观念甚强，拥有悠久历史的家族遍布各处，祖先的行为和遗训被视为族人的行为规范，族长在族人中拥有号召的权威，因此翁氏祖先翁郜创建圣迹寺的业绩大概就成了翁氏一族根深蒂固的情结，而翁帝青可能又是当时翁氏家族中具有号召力的人物，于是他不仅首先发起修复圣迹寺的倡议，而且带动族人踊跃捐资。

另外，碑文中还提到了马祖桥，可见这座建于明初的古桥至康熙年间还有保存，而且其位置应当距圣迹寺不远。说到马祖桥，还有一处地方值得一提，那就是建阳的马祖庙。根据刘建先生的记述，清代建阳城里还有一座马祖庙②，可见明清时期建阳县内以马祖命名的地方不止一处。

第二，清乾隆十七年刻立石碑一方

此碑位于《重兴古佛迹寺碑记》的右侧，长方形，高约一米有余，无碑题，因被嵌入墙壁，目前不清楚碑题是原本没有还是后来被覆盖。此碑刻立于清乾隆十七年（1752），翁观光撰文，记述其侄布施圣迹寺之事。碑文如下：

　　闻之孝为百行之首，善乃万果之因。我祖唐尚书翁讳郜公偕／马祖道一禅师入闽，卜居建寺，孝行善果，迄今千有余载。兹郜／公三十三代孙，吾侄国学生星耀买到黄

---

① 参见刘建：《大潭书》，第91页。
② 参见上书，第417页。

宅，田米七罗五斗，坐/落佛迹灯笼坑，于乾隆十五年，同族重整苫口井头墓祠，将前米/抽出二罗五斗，充入墓祠，更余田米五罗，界中和尚劝施入/佛迹，作时价银三十五两，施入本寺香灯及奉祀我祖，而界中/和尚用价银二十七两买到黄宅佛迹灯笼坑，苗米三罗七斗五/管，并施入本寺，永作香灯，一绍孝思，一坚善果，是宜勒石，永垂不/朽。叔观光序。

　　　　大清乾隆十七年十月　　　　　佛迹本寺僧等仝檀越立

从碑文内容来看，作者翁观光系翁郜三十二代孙，可能是当时翁氏家族中比较有影响的人物，因此由他撰写碑文。乾隆十五年（1750），作者的侄子翁星耀买到黄宅，值米七罗五斗，其中二罗五斗用于修整翁氏家族墓祠，其余五罗换银三十五两，依界中和尚之劝，布施佛迹寺（即圣迹寺），供作寺内香灯钱并奉祀翁氏祖先。界中和尚的情况不详，或为当时圣迹寺的住持，而圣迹寺内很可能有供奉翁郜的牌位，因此在碑文作者看来，其侄的布施之举兼有积德和敬祖的意义。碑文的开头部分就举出翁郜偕马祖入闽卜居建寺之事，这种说法虽然把翁郜和马祖混淆为同时代的人物，但是却反映了当时翁氏族人依然深信自己的祖先与马祖及圣迹寺有着特别的关系，同时也表明在他们的意识中，祖先的事例就是他们这些翁氏后人既致孝行（敬祖）又积善因（礼佛）的依据和准则。

第三，清乾隆二十七年刻立石碑一方

此碑位于《重兴古佛迹寺碑记》的左侧，长方形，高约一米有余，亦无碑题，因被嵌入墙壁，目前不清楚碑题是原本没有还是被覆盖。此碑立于乾隆二十七年（1762），碑中大部分文字已模糊难辨。

第四,圣迹石

即明清时期文献记载中提到的留有马祖足迹的大石。此石位于圣迹寺东南山谷间的圣迹亭内,由于石上建亭,石体大部已被覆盖,目前只能看到大石顶部的足迹及其边缘部分,刚好位于亭内地面中心。足迹比普通人脚大出一倍左右,呈左脚掌形状,其中脚掌部分比较平缓,脚趾部分有四个小坑,类似小脚指到中脚指的痕迹。足迹虽然酷似人脚痕迹,却无斧凿之痕,因此很难说是出之自然还是成于人工。大概正因为如此才越发显得不可思议,于是被说成"佛迹"、"圣迹",或马祖的遗迹。这个足迹究竟成于何时,现已无从断定,但可以肯定的是,只有在人们已经知道了这个足迹的情况下,然后才会把周围一带的山冈称为"佛迹岭";换句话说,假如没有这个足迹,便不会有"佛迹岭"的名称。既然建阳"佛迹岭"在宋初的史料中已有记载,那么这座山上的"佛迹"只能出现得更早。

第五,"佛迹岭"刻石

位于圣迹亭旁,利用亭旁山岩雕刻而成,横侧长方形,自右向左依次刻有"佛迹岭"三字,每字字幅一尺左右,笔画已被涂红。此外,在"佛迹岭"三字的左右两边,各有纵向雕刻的文字若干,因风化剥落,已经模糊难辨,其中右边文字隐约如似"唐大□道一",其中的缺字或许为"寂",左边文字为"□□□□重立"。目前无法判断这些文字刻于何时。

第六,康熙年间题诗刻石

位于圣迹亭以北数十米外山路旁,系雕刻山岩而成,横侧长方形,上刻五言诗一首,并有题记。全文如下:

康熙己卯夏

> 圣迹何年降,
> 入山又出山。
> 要知来去处,
> 试听水潺潺。
> 　　　　住持超戒题

此诗作于康熙己卯,即康熙三十八年(1699),作者超戒,应为当时圣迹寺住持。诗中吟咏圣迹,前二句应指马祖来此而又离去之事,后二句暗示马祖遗迹就在流水潺潺之处。概圣迹亭附近为山谷,每逢夏季多雨时节,谷底应有流水潺潺,故最后一句既暗示马祖的去向就在脚下,同时或兼有注重当下的禅宗意趣。

总之,根据圣迹寺的遗迹实物和碑刻铭文,再参以历史上的文献记载,可知现在的圣迹寺一带就是马祖当初在建阳修行传法的具体地点;在马祖的当时,这里还没有正规的寺院,后来到了晚唐五代时期,由于翁郜的努力才有圣迹寺的建立;这座古寺在清代已经破败,从康熙至乾隆年间,在翁氏后人和古雪禅师等人的努力下,经过陆续修复才得以重兴,其中翁氏家族又是圣迹寺的有力外护;就圣迹寺现存的遗迹实物来说,佛迹石应为最古的遗迹,其他多为清代遗物,此外还有翁郜的碑记,但是目前去向不明。

三、马祖出入闽地的年代、路径及其他

以下结合有关史料及现代学者的研究成果,就马祖出入闽地的时间、途径,以及唐代建阳佛教的大致情况作一检讨。

(一)关于马祖在建阳的年代

一般来说,马祖在建阳的时间不长,这是学者们普遍认可

的看法。但是关于马祖在建阳的起止年代,还有必要作更加精细的检讨。

关于马祖何时来到建阳,史料中没有直接的记载,但如上文所述,《宋高僧传》的志贤传和道通传里分别记述了天宝元年二人在建阳佛迹岭皈依马祖之事,于是学者们据此断定马祖当时住在建阳①。但是,道通传里提到马祖当时"肇化建阳佛迹岩聚徒",也就是说马祖于天宝初年开始在佛迹岭接纳门徒,因此王荣国教授认为这一年很可能是马祖开始在佛迹岭聚徒传法的时间,而马祖从初来建阳到发生影响需要经过数年时间,因此他到达建阳的时间应当早于天宝元年,更具体地说,大致应在开元末年②。与王荣国的观点不谋而合,铃木哲雄也认为马祖到建阳的时间是在开元末天宝初③。总之,根据《宋高僧传》的记载,马祖于天宝元年已在建阳,这一点应无疑问,但是正如王荣国教授指出的那样,马祖在建阳聚徒传法的时间不等于他到达建阳的时间,因此马祖在天宝元年之前一两年已经来到建阳的可能性很大。

关于马祖何时离开建阳,史料中同样没有说明。不过,由于马祖离开福建以后到了江西,因此可以根据他在江西的时间推测其离开建阳的大致年代。关于马祖到达江西的年代,史料也没有记载,但是禅宗灯史中有一段怀让派人到江西勘问马祖的著名禅话,可以作为推测马祖到达江西时间的参考依据:

---

① 参见宇井伯寿:《禅宗史研究》,岩波书店,1990年,第388页。吴立民主编:《禅宗宗派源流》,中国社会科学出版社,1998年,第138页。杨曾文:《唐五代禅宗史》,中国社会科学出版社,1999年,第305页。
② 参见王荣国:《马祖道一禅师的传法活动考论》,《马祖与中国禅宗文化学术研讨会论文集》,2005年8月什邡市编印,第41~42页。
③ 参见铃木哲雄:《唐五代の禅宗》,大东出版社,1984年,第115页。

> 后马大师阐化于江西，师（指怀让——引者）问众曰："道一为众说法否？"众曰："已为众说法。"师曰："总未见人持个消息来。"众无对，因遣一僧去，云："待伊上堂时，但问作么生。伊道底言语记将来。"僧去，一如师旨。回谓师曰："马师云：自从胡乱后，三十年不曾阙盐酱。"师然之①。

根据这个禅话可知，马祖到江西传法以后，怀让曾派人前往勘问。那么这段故事应当发生在什么时间呢？关于这个问题，既然已知天宝元年马祖在建阳，那么这段故事只能发生在这一年之后，余下的问题就是确定它的时间下限。根据张正甫的《衡州般若寺观音大师碑铭并序》②，怀让卒于天宝三年（744）；《宋高僧传》更明记怀让终于天宝三年八月十日，其塔由马祖所建③。很显然，怀让在世时已经知道马祖到了江西，他派人前往江西勘问马祖之事，只能发生在天宝元年以后和天宝三年八月十日之前。考虑到马祖从建阳转移到江西需要一定的时间，以及怀让抱怨马祖到了江西之后迟迟未给消息（"总未见人持个消息来"），也就是说当怀让派人勘问马祖时，马祖进入江西已有一段时间，因此可以推断，马祖离开建阳和到达江西的时间大致应在天宝二年，最迟不会晚于天宝三年的上半年。

综合言之，马祖的建阳经历大致始于开元末期（740~741），终于天宝二、三年（743~744），他在建阳度过了三年左右时光。关于这一点，铃木哲雄也认为马祖住留建阳的期间

---

① 《景德传灯录》卷五。又《古尊宿语录》卷一也有大致相同的记载。
② 载于《全唐文》卷六一九。
③ 参见《宋高僧传》，第200页。

为一、二年或数年①,这种看法与本文的推测也比较接近。

(二)关于马祖进出福建的途径

马祖从哪里进出福建?他的建阳之行经过了怎样的途径?关于这个问题,史料中没有记载。但是现在有一种说法认为:马祖离开南岳后到岭南的韶州(今广东韶关)参礼慧能遗迹,然后翻越大庾岭抵达虔州(今江西赣州),再由虔州向东进入汀州(今福建长汀),最后由汀州北上到达建阳;离开建阳以后,越过武夷山前往抚州(在今江西)②。

如所周知,《宋高僧传》和禅宗灯史中只记载马祖到过南岳、建阳、江西,完全没有提到他从南岳到建阳以及从建阳到江西的途中还去了哪些地方。上述说法连马祖进出建阳前后的行进路线也作了具体的描述,可是没有提供任何资料依据,恐怕添枝加叶的成分过多,不足为信。这种说法大概源于后代的传说,而传说本身很可能又是在以往关于马祖"又知传衣付法曹溪为嫡,便依之(指怀让——引者)修行"③以及"所游无滞,随摄而化"④的说法的基础上铺张敷衍而成。

此说如何姑且不论,马祖既然到过建阳,就必定有经过某个途径进出闽地的事实。由于史料记载不足,目前无从得知马祖进出建阳经过的是哪一条道路,但是可以通过确认古代福建与内地沟通的主要道路,推测马祖当年可能经过的途径。

---

① 铃木哲雄:《唐五代禅宗史》,山喜房佛书林,1997年,第84页。
② 参见李浩:《马祖道一大师传》,佛光文化事业有限公司,1999年,第55~57、69页。又参见郭辉图:《马祖道一生平年谱》(四川省什邡市政协学习文史委员会编:《马祖道一研究资料集》,2005年8月什邡市编印,第408页)、《马祖道一返蜀的时间、动机及其影响》(《马祖与中国禅宗文化学术研讨会论文集》,2005年8月什邡市编印,第101页)。
③ 宗密:《圆觉经大疏钞》卷三之下。
④ 《宋高僧传》,第221页。

据谢道华先生介绍，古代出入福建的主要道路均在闽北，其中连接福建与内地的关口主要有三，即杉关、分水关、渔梁驿，由此三处进入福建的道路均在建阳汇合，故建阳自古以来既是闽北地区的交通中心，也是福建与内地交通往来的必经之地。

杉关位于福建西北光泽县边境，与江西黎川县交界，关内一侧道路经邵武而达建阳，据《大清一统志》，此关"为江闽往来之通道，相传唐广明元年置"①。此关若设于广明元年（880），那么通关的道路或应开通得更早。据说元末（1368）明军攻入福建时，即一路"以步骑由杉关捣邵武"，另一路"以舟师由海道破福州"，不足两月便拿下八闽之地②。可见这里不仅自唐以来就有道路可通，而且可供大军过境。

分水关又名大关，位于闽北武夷山市西北边境分水岭上，古属崇安县界内，关外连接江西铅山县，关内道路穿过武夷山市通向建阳，是古来闽赣两地的又一重要通道，故有"入闽第一山"、"入闽第一关"或"闽越要冲"之称③。关于此关的历史沿革，清代的记载说："五代至宋皆置寨于此，元废，明洪武初复置，设巡司。"④然据明人李鸿的记述，"汉武帝征闽越，由分水关入，而道路始通……乾元初，信州始有画壤云。宋平江南，分为江东路，于铅山分水关置驿，由崇安入闽，又于永丰柘阳关亦置驿，由浦城入闽，是为二大关"⑤。可见汉武帝讨伐闽越王时就已派大军到此，唐代乾元元年

---

① 转引自《中国历史地名大辞典》，中国社会科学出版社，2005年，第1225页。
② 参见王祎：《书闽中死事》，《王忠文集》卷十八。
③ 分别见《大明一统志》卷七十六、《大清一统志》卷二四二及卷三三一。
④ 《大清一统志》卷三三一。
⑤ 李鸿：《封禁考略》，《江西通志》卷一四一。

(758)又在关外划饶、衢、建、抚四州之地设置信州（治所在今江西上饶市西北天津桥）①，宋代则在铅山和崇安（今福建武夷山市）之间设分水关，又在永丰（今江西广丰）和浦城之间设柘阳关，以此二关作为入闽通道。元代宋禧曾记述他的闽中之行，说入分水关的当天晚上就到了崇安县驿，次日早上到县城②，可见此路之畅达。以后，从建阳到分水关约八十公里的道路被称为"官马大道"，成为明清时期福建与内地之间的交通命脉③。

渔梁驿位于福建最北的浦城县境内，沿着这条驿道，向北可以通向浙江江山县，向南可达建阳。据传唐末黄巢起义军攻入福建时即打到渔梁驿为止，北宋时设立驿站，可见这条道路同样非常古老。

如果马祖当年进出闽地经过的是通常的大道，那就不会超出上述三条通道的范围。而在这三条路线中，渔梁驿一线向北通往浙江，但是马祖不曾到过浙江④，因而这条线路可以排除。至于其他两条路线，如果以江西抚州为参考目标的话，那么杉关一线最为捷径，经邵武，过杉关，再入江西黎川，抚州指日可待；若走分水关一线，则须绕行更远的路程，显然舍近求远。根据这样的形势，再考虑到马祖继建阳之后到过抚州的历史记载，那么他当年经杉关一线出闽入赣的可能性应该最大。当然这只是一种推测，也不完全排除他选择分水关一线的

---

① 参见《中国历史地名大辞典》，第1921页。
② 参见宋禧：《过崇安县留赠税使夏文敬》，《庸庵集》卷六。
③ 参见刘建：《大潭书》，第388~389页。
④ 有的学者根据宗密关于马祖到过处州（今浙江丽水）的记载，认为马祖到过浙江（参见杜继文、魏道儒：《中国禅宗通史》，江苏古籍出版社，1993年，第229~230页）。然而宗密文中的"处"字显系"虔"字之误，故"处州"应指虔州（今江西赣州）。

可能，只是这种可能相对较小而已。

　　这样，马祖离开福建的路线虽不能具体确定，但是其范围还是可以大致把握。那么马祖进入福建的途径又在哪里呢？这个问题比较复杂。史料中只提到马祖继南岳之后到了建阳，而没有说明他从哪里进入福建。不过从地理形势来看，福建的东北和西南分别与浙江、广东接壤，西面与江西相邻，马祖从南岳前往建阳，只能经过浙、赣、粤三省内与福建相通的某一地方；在以南岳为出发点的情况下，从浙江或广东进入福建的路程相对遥远，取道江西更为便捷，因而马祖从江西入闽的可能性最大。再从古代闽地与周边地区的交通条件来看，如上所述，自古以来出入福建的主要通道集中在闽北，因而马祖从湖南取道江西，然后从闽北的杉关或分水关来到建阳的可能性更大。

　　除此之外，还可以考虑闽赣之间的其他通道。实际上，古代除了闽北之外，其他地方也有闽赣之间的交通道路，特别是沿着纵贯闽北至闽西的武夷山脉，分布着很多关隘寨堡，是为连接闽赣两地通道的关口。这些关隘的两侧大多山峦纵横，人烟稀少，道路崎岖，虽有盐夫茶贩不时经过，然非通衢大道，不如闽北的道路那么顺畅。

　　上文提到的关于马祖从虔州向东由汀州入闽的说法，意味着马祖当年从江西瑞金进入福建长汀。姑且不论马祖入闽是否真的经过此路，不妨先来看看古时这里的交通条件。古代瑞金与长汀之间确有道路可通，例如在长汀西境隘岭一带，至今保存有古城镇及古驿站遗址。据说古城在宋代已筑有土城，驿站建于南宋嘉定元年（1208），有人认为唐代由韶州经赣州至汀州的驿道就从这里通过,因此这里是古代福建通往江西的重要关口①。古城及驿站遗址的确可以证明古代瑞金和长汀一带有所谓"福建西大门"的存在,但是这条通道的形成和发展应有其历史的过程,它在最初时期恐怕未必有如后代那般规模。瑞金本为淘金之地,唐末天祐二年(905)始置瑞金监,五代时才升格为县②,直到元末,这座县城的周长还不足二里,到了明代才建成砖石城墙,至晚明扩大到十里③。可见此地乃穷乡僻壤,退回到马祖的时代,主要还是冒险淘金之人的去处。瑞金东邻的福建一侧为长汀,唐代先后为汀州和临汀郡的治所。汀州设于开元二十一年(733),当时州内有三千余户,多是为了逃避赋役而来自周边地区的人家;全州共有三县十一乡,至元和年间(806~820)只有二千六百余户④。可见此地平均一县只有三四个乡和八百多户人家,如此人烟稀少,于是成为逃户聚集之处。关于瑞金与汀州之间的交通,根据宋代记载,"唐开元二十四年开福、抚二州山洞"⑤,大概从这个时候开启了两地的交通。不过即使有路可通,恐怕也是道路崎岖,险阻丛生,例如位于两县交界处的隘岭有一座最重要的关口,名曰隘岭隘,"其地巉岩崄岖,林木深阻",岭上道路于明嘉靖元年(1522)方才修成,崇祯五年(1632)"于隘口扼吭处圈砖为关"⑥。可见,即使已到明代,连号称"江闽要隘"的隘岭隘尚且如此,那么其他通道的情况可想而知。即使现代要

---

① 参见《福建西大门——长汀古城镇闽赣交界处古驿站遗址》(作者不详),中经在线网(http://www.ceh.com.cn)。
② 参见欧阳忞:《舆地广记》卷二十五。顾祖禹:《读史方舆纪要》卷八十八"江西六"。
③ 顾祖禹:《读史方舆纪要》卷八十八"江西六"。
④ 参见《元和郡县图志》,中华书局,1983年,第722~723页。
⑤ 参见欧阳忞:《舆地广记》卷三十四。
⑥ 《大清一统志》卷三三三。

在这里开通高速公路,其中仅隘岭隧道就有一千四百多米(其中长汀段八百多米,瑞金段六百多米)之长,可见此地山高地险,道路难行。退回到马祖的时代,若要通过此路,尚不知还要加倍付出几多血汗。

当然,马祖乃是一代高僧,生前足迹踏遍南中国的千山万水,无论走过哪里,山高水险或可等闲视之。但是,在史料有缺的情况下,无论把他入闽的路径设想为闽西还是闽北,都不过是一种可能性的推测,对此问题不可臆断。

根据上述古代福建与内地交通道路情况的分析,马祖当年进出闽地的可能途径主要有闽北的杉关、分水关,以及闽西的隘岭一带,其中杉关一线路程最近,因此马祖走过这里的可能性也最大。

(三)关于唐代建阳的佛教

如上文所述,明代的永觉元贤已经指出是马祖最早将禅宗"顿旨"带入福建,而在此之前,闽地僧人还局限于"权渐"之教。现代学者也肯定禅宗在福建的流传始自马祖[①]。不过,马祖的建阳之行应当非如沙漠孤舟,假如建阳一带素与佛教无缘,那也很难想象他会来到这里。实际上,建阳地区的佛教不仅历史悠久,而且在唐五代时期相当繁荣,当地既有的佛教存在,应当是促成马祖建阳之行的重要条件;另一方面,马祖的建阳经历也影响了以后福建地区佛教的发展和变化。

福建古有"佛国"之称,闽地佛教历史悠久。建阳也不例外,这里至晚在西晋时期已有佛教流传,例如童游的灵耀寺建于西晋元康年间(291~299),建阳城东南的水陆寺建于东

---

① 参见王荣国:《福建佛教史》,第82页。铃木哲雄:《唐五代禅宗史》,第80页。

晋咸和年间（326~334）①，二者不仅是建阳最古老的寺院，而且在整个福建境内也是历史悠久的古刹。据县志记载，水陆寺在唐代垂拱年间（685~688）还被"拨赐田地"②，恐怕它在唐代还是当地有影响的寺院。

根据现代学者的研究，闽地佛教以唐五代时期最为发达，特别在唐末五代时期，由于闽王王审知的崇佛，福建的佛教更为兴盛③。关于王审知入闽以后福建地区的崇佛之盛，南宋黄干曾有简要而生动的记述：

> 王氏入闽，崇奉释氏尤甚，故闽中塔庙之盛，甲于天下，家设木偶、绘像、堂殿之属，列之正寝，朝夕事之惟谨，髡其首而散于他州者，闽居十九焉④。

这个记述说明当时福建民众的佛教信仰非常普遍，寺院数量及闽地出身的僧人人数均居全国首位。黄干本身为闽人，作为朱熹的学生和女婿，又有在建阳游学的经历，因而他所说的情况自应包括闽北建阳在内。说到闽北地区的佛教盛况，五代宋初的杨亿曾在他的《杨文公谈苑》里有如下记述：

> 建州多佛刹，人言吾乡建州山水奇秀，江淹为建安令，以为碧水丹山，灵木珍草，皆平生所至爱，不觉行路之远，即吾邑也。而岩谷幽胜，上人多创佛刹，落落相望……建（原作"剑"，今改——引者）州今所管六县，而建安佛寺三百五十一，建阳（原作"陕"，今改——引者）二百五十七，浦城一百七十八，崇安八十五，松溪

---

① 参见嘉靖版《建阳县志》卷七。又参见王荣国：《福建佛教史》，第 10~13 页。
② 参见《水陆寺碑记》，载明嘉靖版《建阳县志》卷七。
③ 参见王荣国：《福建佛教史》，第 141~154 页。又参见铃木哲雄：《唐五代禅宗史》，第 72~73 页。
④ 黄干：《处士唐君焕文行状》，《勉斋集》卷三十七。

四十一,(此处原有缺文——引者)五十二,仅十区。而杜牧江南绝句云"南朝四百八十寺",六朝帝州之地,何足多也?①

杨亿是闽北浦城出身的信佛文士,他的记述不仅引家乡一带的山川美景和佛刹林立以为自豪,而且列举了建州各县的寺院数字,从中可知五代宋初时期建阳的佛教寺院已有二百五十七所之多。

不难想象,如此众多的寺院不可能全部建成于一时,其中很多应于五代之前就已存在。据1994年编辑的《建阳县志》介绍,建阳佛教始于西晋,盛于唐代,及至清代逐渐衰落;从两晋到明代弘治年间,建阳佛寺共有一百九十二所,其中一百三十一所建于晋唐,占佛寺总数的68%②。据刘建先生的统计,唐五代时期兴建的寺院有一百三十一所,其中建于开元年间的有资化寺、开福寺(又名福山寺),建于晚唐时期的有如是寺、下历寺、崇福寺、宝林寺、宝应寺、长乐寺、普化寺、资福寺、蕉源寺、翠岩寺、仙岩寺等,另外还有修建年代不详的唐代寺院均安寺、崇果寺、石床寺、东祭寺、保安寺、妙音寺、南兴寺等;至于建于五代时期的寺院,还有很多③。又据王荣国教授的统计,唐代福建兴建佛教寺院共计七百十五所,其中建阳有五十一所④,居福建各地之首。另外,铃木哲雄试图通过《福建通志》的寺观记载把握福建地区的佛教容受情况,根据他的统计,在建阳的唐代寺院当中,初唐时期的有三

---

① 江少虞:《事实类苑》卷六十三。
② 建阳地方志编纂委员会编:《建阳县志》,第839页。
③ 参见刘建:《大潭书》,第90~92页。
④ 参见王荣国:《福建佛教史》附《唐代福建兴造寺院区域分布表》,第47页。

所，中唐时期的有一所，晚唐时期的有十六所；又据他的统计结论，福州和建州在整个福建佛教史上是佛教最盛的地区，而建阳由于地处通向江西和浙江的要道，所以又是佛教传入最早的地区，如以县为单位来看，建阳也是福建境内佛教最盛的地区之一①。

尽管上述统计互有出入，但也足以反映唐代建阳佛教盛况之一斑。当然，就不同的具体时代来说，马祖当时的建阳佛教应该尚未达到晚唐五代时期那么兴盛的程度，但是佛教在这一地区毕竟已有四百余年的历史积累，马祖不远千里从南岳来到建阳，这一远征的契机应当与建阳的佛教有着某种特殊的因缘，只是由于史料不足，现在无从了解当时的具体情况而已。

马祖在建阳期间开始接纳弟子，从此形成了他自己的教团。上文提到的志贤、道通、明觉等人，都是在此期间投奔马祖的；另外据铃木哲雄推测，大珠慧海和汀州水塘可能也曾在建阳从学于马祖②。以后马祖虽然到了江西，但是对福建仍有影响，一方面吸引闽地出身的信徒前往参学，如怀海、怀晖、邓隐峰等，另一方面派遣弟子入闽传法，如水塘、惟宽等③。根据铃木哲雄的统计和王荣国的研究，从马祖开始直到唐末，与闽地有关的禅宗僧人共有一百三十八人，其中属于南岳系统的共二十人，在马祖以后传了四代，属于青原系统的共一百十

---

① 参见铃木哲雄：《唐五代禅宗史》，第 75~78 页。
② 铃木哲雄：《唐五代禅宗史》，第 83~84 页。
③ 参见王荣国：《福建佛教史》，第 83~86 页。

八人，在闽地的流传共有九代①。鉴于马祖道一和石头希迁为当时禅门的"二大士"，受到各地禅僧的"往来憧憬"，加上南岳、青原二系之间交往密切，因此尽管南岳系在闽地的流传不长，但是青原系在闽地源源不断的流传，恐怕与马祖的影响不会毫无关系。

马祖在建阳住留的时间并不很长，但是意义重大，因为马祖教团的最初形成就在这里。自从马祖教团出现以后，不仅禅宗本身发生了深刻的变化，而且使南宗禅的势力获得突飞猛进的扩展，最终给整个禅宗乃至中国佛教的发展都带来莫大的影响。如果说中国式的禅是从马祖开始的话②，那么马祖禅的发祥地就在建阳。因此，建阳作为"禅学渊薮"，也是中国禅宗的圣地之一。

此次调查除了访问圣迹寺之外，还访问了建阳市旅游局、莒口镇政府、建阳图书馆和博物馆，以及建阳本地学者刘建先生。建阳市旅游局局长谢道华先生的盛情接待和大力帮助，刘建先生的热情赐教，相关部门的提供便利，无不令人感铭在心。谢道华先生除了担任行政工作以外，于建窑的研究方面也成绩斐然，且对建阳地区的考古事业卓有贡献；刘建先生本是著名的书法家，还编辑出版过字帖和书法大字典，他那厚厚的《大潭书》，将建阳的历史、社会和文化作了生动细致的再现。

---

① 铃木哲雄根据《景德传灯录》的记载统计，唐代与闽地有关的禅宗僧人共计一百三十七人，其中南岳系二十人，在马祖以后传了四代，青原系一百十七人，自青原下三世至十世共传八代（参见《唐五代禅宗史》，第80页）。然而据王荣国教授的研究，其实在《景德传灯录》卷十四的目录中还有一位青原下二世的福州碎石和尚，青原系禅僧的入闽只比南岳系稍晚一代（参见《福建佛教史》，第97页）。铃木哲雄的统计显然忽略了福州碎石和尚。

② 日本学者入矢义高和柳田圣山都曾提出过这样的观点。

建阳人心胸开阔，虽有方言而不自闭①，热情好客，酒量非凡，富于茶趣，收入虽不很高，却安居小城自得其乐，工作劳动之余，三五亲朋相聚，一边讲述小城的故事，一边品味香茶美酒。这片有着如此出色人物、如此悠久历史、如此文化遗迹、如此悠闲生活的土地，就是马祖到过的地方。建阳，令人神往不尽，使人回味无穷。

（本文刊载于2007年9月出版的《普门学报》第41期，今有修改）

---

① 从浙江南部到闽北一带，因山岳阻隔，自古便为小方言集中之地。然建阳人无论老少，大多乐于用普通话接应南来北往之人，这种现象大概刚好是此地自古为交通要道的文化反映。

马祖道一江西行迹调查记

邢东风

三月的江西，春江水暖，山蒙新绿，油菜花开，人耕牛犁，红土地上，山村角下，田园如诗，风光如画，放眼望去，心旷神怡。这里自古即有"物华天宝"、"人杰地灵"之誉，又是禅宗教团发展壮大的主要发祥之地，迄今仍是中国佛教的一大重镇。马祖道一禅师（709~788）的大半生时光就在这里度过，他在江西的经历，为中国禅宗的发展作出了重大贡献。直到今天，这片土地上还保存着许多马祖时代的遗迹，流传着关于马祖的传说。

虽然马祖是禅宗史上非常重要的人物，但是关于他生平事迹的记载很不完整，而且在有限的记载中还有不少错误和异说，加上古今地名的变化，更使人难以弄清马祖生前究竟到过哪些地方，因此马祖的行状充满迷雾，关于这一方面的研究也举步维艰。但是，历史的遗迹往往其来有自，古来的传说未必空穴来风，在单凭文献记载不足以解决问题的情况下，通过实地调查，借助实物遗迹和口传资料，同样可以拨开迷雾。为了探究马祖行迹，笔者于2006年3月上旬专程来到江西，对江西境内最主要的马祖遗迹进行实地调查。

马祖一生走过很多地方。仅据唐宋时代的史料记载，即可知他除了故乡四川以外，还到过湖北、湖南、福建、江西的许多地方。要想对马祖的遗迹进行全面考察，目前还有相当大的难度，但是局部的研究已经有人作过，其中就江西的范围而言，先后有日本学者铃木哲雄和江西省政府地方志办公室的何明栋先生进行过相关调查。前者于1987年7~9月，历时近三个月，以唐代禅宗遗迹为中心，走访了浙江、江西、湖北等地，其调查结果结集为《浙江江西地方禅宗史迹访录》①一书，1997年由东京山喜房佛书林出版。后者生前曾对江西境内的二十八处马祖遗迹进行调查，其结果汇集为《马祖道一大师在赣弘法圣迹述略》②一文，发表在河北柏林寺主办的《禅》杂志1996年第三期上。铃木本人是研究唐代禅宗史的专家，他的调查报告依据耳闻目见，并附有大量照片，因而可信度较高。但是马祖的遗迹并非他的调查重点，因此尽管他走访了很多地方，可是有的马祖遗迹他没有去，有的地方人虽去了而调查不够彻底。何氏的调查目标集中于江西境内的马祖遗迹，但是他本人未必到过所有的现场，有些调查显系根据县里的二手资料整理而成，加上有些考证明显失误，于是留下了一些似是而非的记录和说明。总之，尽管前人已经作过一些调查，但是不尽人意，留下的疑问仍然不少，因此有必要对江西境内的马祖遗迹作进一步的专门性调查。

由于时间限制和全靠自费，即便把调查的范围限定在江西境内，目前也不可能仅凭笔者一己之力作面面俱到的调查，更何况有些遗迹还很难确定真假，因此本次调查只能选择最重点的地区。所谓重点地区，是根据唐宋时代的史料所记载的马祖经历确定的，因唐宋时代距马祖时代不远，所以这一时期的史

---

① 以下简称《访录》。
② 以下简称《述略》。

料所记载的马祖经历也比较可信。关于马祖在江西的行迹,唐宋史料记载的集中在三个地区,即今抚州、赣州、南昌。为了清楚展示背景资料,不妨先将有关记载择要列举如下:

1. 权德舆(759~818)的《洪州开元寺石门道一禅师塔碑铭并序》①:

> 钟陵之西曰海昏,海昏南鄙有石门山,禅宗大师马氏塔庙之所在也。……尝禅诵于抚之西里山,又南至于虔之龚公山。……大历中,尚书路冀公之为连帅也,舟车旁午,请居理所。

2. 宗密(780~841)的《中华传心地禅门师资承袭图》:

> 谓有禅师,姓马,名道一……便住处州、洪州,或山或郭,广开供养,接引道流,后于洪州开元寺,弘传让之言旨。故时人号为洪州宗也。

又,宗密的《圆觉经大疏钞》卷三之下也有类似记载:

> 因有剑南沙门道一,俗姓马……住乾州、洪州、虎州,或山或廓②,广开供养,接引道流,大弘此法。

3.《祖堂集》卷十四马祖传:

> 自让开心眼,来化南昌。……师贞元四年戊辰岁二月一日迁化,塔在泐潭宝峰山。

4. 赞宁(919~1001)的《宋高僧传》卷十道一传:

> 遂于临川栖南康龚公二山,所游无滞,随摄而化。……大历中,圣恩博洽,隶名于开元精舍。……至戊辰岁,举措如常,而请沐浴讫,俨然加趺归寂。

---

① 见于《权载之文集》卷二十八、《全唐文》卷五百一、《唐文萃》卷六十四。以下简称《塔铭》。
② "廓",应作"郭"。

5.《景德传灯录》卷六马祖传：

始自建阳佛迹岭，迁至临川，次至南康龚公山。大历中，隶名于开元精舍。……师于贞元四年正月中登建昌石门山，于林中经行，见洞壑平坦，谓侍者曰："吾之朽质，当于来月归兹地矣。"言讫而回。至二月四日果有微疾，沐浴讫，跏趺入灭。

6.《江西马祖道一禅师语录》①：

始自建阳佛迹岭，迁至临川，次至南康龚公山。大历中，隶名于钟陵开元寺。……师于贞元四年正月中登建昌石门山，于林中经行，见洞壑平坦，谓侍者曰："吾之朽质，当于来月归兹地矣。"言讫而回，既而示疾。

权德舆的《塔铭》作于贞元七年（791），距马祖去世仅三四年时间。权氏不仅亲自见过马祖，而且还有过江西生活的经历，他的记载是最为可信的史料。《塔铭》中提到马祖到过"抚之西里山"、"虔之龚公山"、路嗣恭的治所，此外还到过石门山，死后骨塔安在那里。"抚之西里山"乃指抚州的西里山。唐代抚州设于武德五年（622），天宝元年（742）改为临川郡，乾元元年（758）复为抚州，辖境大致相当于今江西临川以南抚河流域，治所在今江西抚州市临川区。关于龚公山的所在，《唐文萃》本作"虔之龚公山"②，《全唐文》和《权载之文集》作"处之龚公山"。"虔"指虔州，唐代虔州设于武德五年（622），辖境与今包括十八个县市的赣州市大体相当，

---

① 见于《四家语录·五家语录》（中文出版社，1983年）、《卍续藏经》第119册。以下简称《马祖语录》。
② 参见光绪庚寅秋九月杭州许氏榆园校刊本，《历代诗文总集》第34册，世界书局1972年影印。

治所在赣县。"处"指处州，初设于隋开皇九年（589），入唐以后，先后改为括州、缙云郡等，至大历十四年（779）复为处州，① 治所在今浙江丽水。然处州并无龚公山，且"虔"、"處"字形相近，"处"字应系"虔"字的误写，故龚公山应在虔州，即今赣州境内。关于路冀公作为连帅将马祖请到治所，路冀公即路嗣恭（711~781），《旧唐书》卷一二二、《新唐书》卷一三八有传。"连帅"是唐代对观察使、按察使一类地方官的习称，路氏于大历七年（772）至大历八年（773）十月出任江西观察使，② 治所设在洪州（今南昌），他将马祖请到南昌就在这一期间。关于石门山，权德舆说位于海昏南边（南鄙），而海昏又在钟陵之西。钟陵原为古县名，治所在今江西进贤县西北，初设于西晋太康初年（280），经梁、隋历朝，屡设屡废。入唐以后，先于武德五年（622）设钟陵县，位置与古钟陵县相同，属洪州，武德八年（625）废止。今江西进贤县东部尚有钟陵镇，当与此钟陵县有关。宝应元年（762）六月，将豫章县（今南昌）改名为钟陵县，同年十二月又改名为南昌县。③ 今日的南昌，唐代先后名为豫章、钟陵、南昌，洪州府就设在这里，所以习惯上又被称为洪州城或洪州。由此可见，唐代先后有两个钟陵，一在进贤，一在南昌。海昏也是古县名，自汉高祖六年（前201）以来一直有

---

① 参见《元和郡县图志》第623~624页，中华书局，1983年。
② 关于路嗣恭出任江西观察使的年月，本传作大历六年（771）七月，《旧唐书·代宗本纪》作大历七年正月。路嗣恭出任江西，系填补其前任魏少游死后的空缺。魏少游自大历二年（767）四月任洪州刺史和江西观察使，大历六年三月（《旧唐书·代宗本纪》作十二月）卒于任上（参见郁贤皓《唐刺史考全编》第四册第2253~2254页）。若依《代宗本纪》，则魏少游死于大历六年十二月，路嗣恭于次年正月继任；若依魏和路的本传，则魏死于大历六年三月，路于当年七月继任。
③ 参见《元和郡县图志》第670页。

设,治所在今江西永修县艾城一带,至南朝宋元嘉二年（425）废止,唐代名为建昌县,属洪州。① 从权德舆的叙述来看,钟陵与海昏应为东西近邻,海昏（今永修）东邻的钟陵正是今日的南昌,而非南昌东南的古钟陵（今进贤）。

宗密的时代仅稍晚于马祖,而且他也是四川出身,又对当时的禅宗有系统的研究,因此他的记载亦足凭信。宗密文中"处州"的"处",和上述权氏《塔铭》的情况一样,乃是"虔"字之误；又唐代并无"虎州",故"虎州"应作"虔州"。洪州初设于隋开皇九年（589）,因洪崖井而得名,唐武德五年（622）改为洪州总管府,武德七年（624）改为洪州都督府,辖境包括豫章（后改名钟陵、南昌）、高安、新吴（今奉新）、丰城、建昌（今永修）、武宁、分宁（今修水）等七县,治所在豫章（今南昌）。② 根据宗密的记载,马祖到过虔州（今赣州）和洪州（今南昌）,在洪州期间,住在开元寺传法。

《祖堂集》成书于五代时南唐保大十年（952）,其中明记马祖到过南昌,迁化以后葬于泐潭宝峰山,以及洪州城大安寺主因受鬼使追究而到开元寺向马祖求救；另外在卷十五的五洩和尚传里还提到五洩"到洪州开元寺礼拜大师（指马祖）"之事。据此可以再次确认马祖到过南昌或洪州城,以及曾住南昌开元寺的经历,并且可通过"泐潭宝峰山"的地名确定权德舆所说石门山的确切方位。马祖塔所在的石门山在《祖堂集》里被称为"泐潭宝峰山",此山此潭,至今犹在,其名未

---

① 参见《古今地名大辞典》第 2538 页（上海辞书出版社,2005 年）,《元和郡县图志》第 670 页。
② 参见《元和郡县图志》第 669~671 页。

改,位置就在今南昌西侧靖安县宝峰镇境内。此地位于靖安县的西北,刚好相当于唐代建昌县(古名海昏,今名永修)的南边。

《宋高僧传》是完成于北宋端拱元年(988)的僧人传记集,其中关于马祖生平的记载,比禅宗灯史更为详细。文中"遂于临川栖南康龚公二山"之句颇为错乱,因为南康既非山名,又不在临川,故有学者将其读为"遂栖于临川西里、南康龚公二山"[①]。笔者认为,读作"遂栖于临川、南康龚公之山"亦通。临川是唐代郡、县名称。临川郡设于天宝元年(742),废于乾元元年(758),领地与抚州相当,亦可看作抚州的别名。临川县原设于隋大业十二年(616),唐开元九年(721)改临安县为临川,[②] 一直是抚州或临川郡的治所,位于今抚州市临川区。南康在隋为郡、县,在唐仅为县置。南康郡最早设于西晋太康三年(282),隋开皇九年(589)废止,改为虔州,大业三年(607)复设南康郡,唐武德五年(622)再废,复为虔州。[③] 隋代南康郡和唐代虔州为同一地方,治所都在赣县。南康县最早设于西晋太康五年(284),[④] 至隋唐时代一直延续,属南康郡或虔州,位于今南康市。因南康县近于赣县,或因龚公山位于古时南康郡境内,因此说"南康龚公山"亦通。《宋高僧传》除了记载马祖曾到过临川(今抚州)、南康(即南康郡,今赣州)龚公山以外,还提到他于大历年间来到开元精舍,受到路嗣恭的礼敬。其中提到的开元精舍显

---

① 参见王荣国《马祖道一禅师的传法活动考论》,2005 年 8 月中国什邡《马祖与中国禅宗文化学术研讨会论文集》第 43 页。
② 参见《元和郡县图志》第 680 页。
③ 参见《元和郡县图志》第 672 页。
④ 参见《元和郡县图志》第 672 页。

然是指南昌开元寺。此外还提到马祖曾到过建昌（今永修）边上的石门山，死后归葬在那里。

《景德传灯录》完成于北宋景德元年（1004），其中关于马祖在江西行迹的记载没有超出《宋高僧传》的范围，但是比《宋高僧传》的表述更加清楚，并明确说明马祖先到石门山，预言自己将归葬此地，然后返回，死后葬在石门。

《马祖语录》由黄龙慧南（1002～1069）编辑而成，此由杨杰作于北宋元祐八年（1085）的《四家语录》序文可知。① 其中关于马祖江西行迹的记载与《景德传灯录》几乎全同。

根据以上记载，可知马祖在江西的主要经历是：①先到抚州或临川，住在西里山；②然后到赣州或南康，住在龚公山；③然后到南昌或洪州，住在开元寺；④去世前到过建昌（今永修）南边的石门山（又名宝峰山），死后安葬于此。

上述马祖经历过的地方，就是本次调查所要寻访的主要目标。此外，根据今人的调查和介绍，与上述地点相近的马祖遗迹也尽量纳入调查的范围。

本次调查的日程为3月3～10日，行进路线是：松山（日本）—上海—杭州—鹰潭—抚州—南昌—赣州—南昌—上海—松山，其中与马祖遗迹直接相关的地点是抚州、南昌、赣州。以下就按走访上述三地的时间顺序报告本次调查的结果。

一、抚州（3月5～6日）

3月4日晚乘列车离开杭州，次日早晨五点左右到达鹰潭，再从鹰潭乘长途大巴，上午早八点左右到达抚州。本次调

---

① 杨杰序文云："积翠老南，从头点检，字字审的，句句不差，诸方丛林，传为宗要。"

查即从这里开始。根据事先掌握的资料，抚州调查的首要目标设定为犀牛山，其次为正觉寺和石巩寺，如果时间允许，希望看看曹山本寂塔和王安石纪念馆。

把犀牛山作为第一目标，是根据何明栋文章的介绍。史料中只记载马祖曾到过抚州或临川的西里山，但是没有说明西里山的具体位置。何氏在《述略》一文中首次披露了西里山就是犀牛山的消息，这一说法不胫而走，后来被许多介绍马祖经历的论著所引用。关于犀牛山的情况，何氏的说明如下：

> 西里山，系马祖大师入赣弘法第一座道场。此山又名"犀牛山"，坐落于临川府所在地（即今抚州市）郊外。其山不高，形似犀牛，前方有两口池塘分列两侧，人们喻之为犀牛之双目，故名。唐开元十五年（727）前后，马祖来此诛茅盖篷修行数载。……此后，有僧在马祖西里山修行处肇建妙觉寺，后改名"正觉寺"。……解放后，正觉寺迁建他处。

这段说明给人的造成的印象是：第一，犀牛山位于抚州市郊外，作者形象的描绘仿佛亲眼所见，其山应当至今犹存；第二，正觉寺原在犀牛山，1949年以后迁移到别处，现在的正觉寺似乎与犀牛山无关。何氏在文中自谓十多年来调查马祖行履所至"遍及全省"，于是更使人觉得作者所述皆源于耳闻目见，无可置疑。

正是因为这样，笔者在抚州第一个要找的目标就是犀牛山，但是几经询问，竟然无人知晓，就连出租车司机也只能眼看着到手的生意白白放过。这一情况使初来乍到的笔者大感困惑，一时不知如何是好。正在绝望之际，突然想到不妨到正觉寺去问问，如果找不到犀牛山，那就直奔石巩寺。于是上了出租车，好心的司机先把笔者带到一家旅行社询问，结果还是无人知道犀牛山，只得茫然奔向正觉寺。

来到正觉寺，刚好碰到一位法师正和众人说话，笔者插话询问犀牛山，法师答道："犀牛山就在这里，原来名叫西里山，是马祖大师的道场。"听罢此话，心下将信将疑，因为这里并非抚州市郊外，周围也不见有山的影子，生怕抚州郊外另有犀牛山。后来看过《赣东史迹》、《赣东寺庙》、《正觉寺简介》等当地的资料，才知道法师所说应当不错。

那位法师名叫学辉，三年前来到这里，现任正觉寺住持。得知笔者来意，法师热情地介绍情况，为了得到更可靠的说法，又带笔者来到相邻的抚州市第六小学院内，观看原正觉寺的遗迹，并访问住在那里的退休老教师。据他们介绍，他们只听说过犀牛山，但从来没有见过，犀牛山早已被平，其位置应在今正觉寺附近的东北方向一带。又据《正觉寺简介》，犀牛山于清代咸丰六年（1856）被"移土筑堤"。由此可知，西里山也好，犀牛山也罢，早在一百五十年前即已消失。不过，由于正觉寺就在此山原址附近，将它看作西里山的象征亦无不可。

正觉寺位于抚州市临川区文昌桥东北方向不远处，离抚州市中心不过十几分钟车程，并非抚州郊外。据《正觉寺简介》，该寺始建于唐代开元年间，唐代名为开元寺，元代名为妙觉寺，清初以来名为正觉寺。另据《赣东史迹》，"正觉寺大约建于唐朝初期"[①]。据学辉法师和抚州六小的退休老教师介绍，正觉寺原来规模很大，现在的正觉寺和抚州市第六小学

---

① 《赣东史迹》第112页，抚州地区群众艺术馆、文物博物管理所编印，1981年。

都在原正觉寺的范围之内，但是原正觉寺的大雄宝殿位于今抚州六小院内。说到正觉寺原来的规模，据说晚清时期有大殿十九座，房屋三百余间，占地两万平方米，还有寺田二百多亩。① 正觉寺从 20 世纪 20 年代以后逐渐衰落，部分寺舍被国民党军队和学校占用；后临川佛教协会成立，设在此处；1936 年，正觉寺增设了两个下院；抗日战争时期，寺僧曾遭日军残害，日军退出抚州以后，又恢复了佛事活动；1948 年，寺内举行过盛大的传戒法会；新中国成立以后，只剩数名僧人，佛事活动基本停止，大部分寺舍被用作抚州市第一小学的校舍；"文化大革命"期间，正觉寺遭到空前浩劫，殿堂、佛像、经版被毁，僧人被遣散；1974 年，寺舍全部划归抚州市第一小学；自 1984 年始，在一部分原址和相邻的建昌会馆重建正觉寺。② 据学辉法师介绍，正觉寺的重建始于 1985 年，至 2004 年完成，由已故的戒慧法师主持，其地点也是原正觉寺地盘的一部分。与今正觉寺相邻的原正觉寺地址，现为抚州市第六小学。如今，抚州六小院内已无当年正觉寺的建筑，但院内还有当年正觉寺的完整井圈一口、井台半片，以及若干石雕的建筑部件。民国时期正觉寺"大雄宝殿"的匾牌，如今收藏在抚州市第六小学某退休老人家中。另外，今正觉寺内有原正觉寺内的一口古旧井圈和一座雕花石墩，从井圈磨损的程度，可以窥见当初正觉寺历经沧桑的一斑。学辉法师说寺内还有原正觉寺的古碑一块，但是下落不明。

何明栋的《述略》为确定西里山的位置提供了重要线索，

---

① 参见《赣东寺庙》第 18 页，中共抚州地委统战部《赣东寺庙》编委会编印，1997 年。
② 参见上书，第 19~20 页。

但是他的相关说明却有失误。例如上面引文中开元十五年的中西年代对照就是错的，这一年当公元727年，而非750年。不仅如此，这里还涉及马祖何时来到抚州或临川的问题。何文说马祖于开元十五年来到这里"诛茅盖篷"，但是马祖当时年方十九，尚未受具，还没有出离他的家乡四川。对于何氏的说法，王荣国教授提出了反驳，并根据唐技《龚公山西堂敕谥大觉禅师重建大宝光塔碑铭》中智藏"年十三首事大寂于临川西里山"的记载，认为马祖到达临川的年代是在天宝九年（750）以前。① 又日本学者宇井伯寿和入矢义高根据《宋高僧传》卷十一中超岸于"天宝二载至抚州兰若，得大寂开发"的记载，认为马祖于天宝二年（743）即在临川。② 对于这一记载，王荣国教授认为其时马祖尚在建阳佛迹岭，此项记载的年代有误。③ 参照王荣国教授的考证，若将马祖到达临川的年代假设为天宝五年（746）前后，应当大致不误。

上述王荣国教授引用的智藏"年十三首事大寂于临川西里山"的记载出自唐技的《重建大宝光塔碑铭》。迄今为止，学者们采用的这篇《碑铭》均收录在清代编修、刊刻的《赣州府志》卷十六，④ 实际上此文尚有北宋元丰二年（1079）刻

---

① 参见王荣国《马祖道一禅师的传法活动考论》，2005年8月中国什邡《马祖与中国禅宗文化学术研讨会论文集》第43页。
② 参见宇井伯寿《禅宗史研究》第389页（岩波书店，1990年），《馬祖の語録》第12页（禅文化研究所，1984年）。
③ 参见王荣国《马祖道一禅师的传法活动考论》，2005年8月中国什邡《马祖与中国禅宗文化学术研讨会论文集》第44页。
④ 如清代魏瀛等修、镜音鸿等纂的同治十二年刊本和李本仁修、陈观西等纂的道光二十八年刊本中都收录有此文。另外，在陈尚君编辑的《全唐文补编》（中华书局，2005年）中亦有收录。

立的碑文①，今存龚公山宝华寺内，其中文字与《赣州府志》所收同一文章有所差异，但是应比清代刊本更为可信。关于智藏在临川师事马祖的时间，宝华寺的碑文作"年二十三首事大寂于临川西里山"②。智藏二十三岁当唐肃宗乾元三年（760），若宝华寺的碑文可信，则可知马祖于公元760年尚在临川西里山，他离开临川的时间自然应在是年之后。

铃木哲雄也曾访问过正觉寺，但是他的《访录》里对犀牛山只字未提，可见他的调查还不够彻底。

至此可知，正觉寺的僧人相信犀牛山就是当初的西里山，当地的老人还知道犀牛山的名字，但是其山早已消失；正觉寺的迁移是在20世纪80年代以后，但是移动的距离并未超出古正觉寺的地盘，亦即依然属于昔日犀牛山的范围。

余下的问题是西里山何时改名为犀牛山。尽管口传资料可以证实西里山和犀牛山是一回事，但是若能得到文字记载的证明就更为可信，哪怕是明清时代的记载也好。

是日中午，蒙学辉法师款待素斋。法师夸赞笔者是"为国家做好事"，于是慨然派人驱车陪同笔者参观石巩寺和曹山寺。午饭过后出发，直奔宜黄县。

从宜黄县城到石巩寺的途中，随处可见原始的田园风光，现代化农村已经消失的水牛拉车耕地景象，这里历历都是。途中顺便参拜了谭纶墓。谭纶（1520~1577）出身宜黄，曾任台州（今浙江临海）知府、福建巡抚、蓟辽总督、兵部尚书，历嘉靖、隆庆、万历三朝，抗击倭寇，主持军事，抵御外辱，

---

① 碑上部分文字已经难以辨认，幸有李景云老人将其收录于自著手稿本《赣县龚公山宝华古寺志》。本文所引即据李老人的抄录，特此申谢。
② 李景云手稿本《赣县龚公山宝华寺志》"历代碑铭录"部分，第52页。

是明代著名的民族英雄。谭墓规模甚大,纵深数百米长,号称"江南第一古墓"。

谭墓侧面一座大山的后面就是石巩寺。石巩寺位于抚州以南宜黄县的二都镇界内,距县城约十五公里,距抚州市区约七十公里。周围地貌奇特,山色秀丽,古刹入口两侧,各有一山拔地而起,一座似狮,一座如象。整个寺院分为山下、山上两大部分。山下只有两座殿堂,寺舍正在修建当中,目前有两位年长尼师常住。从寺内沿石级而上,约百米开外便有巨石如拱,石巩寺之名即由此而来。拱下是一大空洞,拱前一侧为山崖,另一侧为依岩而建的寺舍。"石巩"已见于宋代的记载,《方舆览胜》中说石巩"在宜黄,石梁横空"①,可见"石巩"之名由来久矣。

关于石巩寺和马祖的关系,何明栋的《述略》里说:"当年,马祖率徒自龚公山北上来此……后渐扩为寺。"此说根据何在,何氏没有说明。但据清代同治年间的《宜黄县志》说,马祖于唐肃宗时"自建阳佛迹岭迁至宜黄石巩,结庵巩下"②。如此说来,宜黄本地古来相信的是马祖于唐肃宗(756~761年在位)时自建阳而来,而非"自龚公山北上来此"。

唐宋时代的史料中没有明确说马祖到过石巩寺的经历,只有关于石巩慧藏打猎经过马祖庵前、因马祖启发而出家的记载。③ 其中提到的"祖庵"究竟是在何处,今已无从知晓,但是慧藏在投奔马祖出家以后住在石巩,于是才被称为"石巩慧藏"。就目前所能见到的史料范围而言,只有《宜黄县志》

---

① 《方舆览胜》第131页,中文出版社影印本,1982年。
② 转引自《赣东寺庙》第30页。
③ 分别见于《祖堂集》卷十四的石巩传、《景德传灯录》卷六的慧藏传、《马祖语录》。

明确记载马祖到过石巩。由于其他史料没有记载马祖有此经历，故王荣国教授认为《宜黄县志》的说法不足为信。① 不过，如果参照慧藏和马祖相遇的经历，《宜黄县志》的记载未必不合情理。因为慧藏出家之前以打猎为生，行猎所至自然应是野兽出没之地，而石巩一带群山环抱，正是猎人瞄准的好去处。慧藏是在行猎之时路过马祖庵，然后就地出家，这个地方即使不在石巩寺，也应该是类似于石巩一带的地方，因此不能排除马祖曾在石巩结庵的可能。当然这只是一种推测。但即使马祖不曾到过石巩，仅凭慧藏在这里长期居住②，也不能完全排除马祖和石巩发生过某种关系的可能。

另外，当地还有"马祖射山"的传说，内容是东汉末年一位叫作马祖的神仙，因为痛恨富人将石巩山当作帝王"靠背"，一箭射开山岩，于是形成石巩。③ 这个传说虽然把马祖当作东汉时代的神仙，但是它的素材显然与马祖有关，曲折地透露出马祖与石巩的关系。假如马祖和石巩无缘，则很难想象这里会出现这样的传说。

根据铃木哲雄的《访录》，可知曹山也在宜黄，现在还保存有本寂禅师塔，于是离开石巩寺后又奔曹山。曹山位于宜黄县城西北方向的陈坊桥村附近，距县城约十五公里。曹山是曹山寺附近一片比较低缓的山脉，山上竹木茂密，郁郁葱葱，曹山寺就坐落在这片山脚之下。曹山寺现在正式的名称是"曹山宝积禅寺"，曹山寺是俗称。据说曹山原名"何玉山"，曹

---

① 参见王荣国《马祖道一禅师的传法活动考论》，2005年8月中国什邡《马祖与中国禅宗文化学术研讨会论文集》第44页。
② 石巩当地的资料认为慧藏住石巩寺长达30年之久（参见《赣东寺庙》第31页）。
③ 参见《赣东史迹》第114页，《赣东寺庙》第31页。

山寺名为"今龙堂",由唐代居士王若一改为"何玉观",后来本寂禅师(840~901)来到此地,王若一舍观相赠;因本寂歆慕曹溪六祖,于是把山名改为曹山,观名改为"何玉观";北宋大中祥符二年(1009)改名"宝积寺"。① 曹山寺在"文化大革命"时期遭彻底破坏,现在寺内的建筑只有1994年重建的三层客堂一座、刚刚完工的佛学院教学楼一座,以及一处食堂,昔日的建筑早已荡然无存。在客堂后方约百米外的山根处,有本寂禅师墓塔一座,正中安放着本寂禅师塔,左侧有古碑一块②,文字难以辨认,右侧有石兽一尊。这三样东西显得比较古旧。据说本寂墓塔在清初被毁,顺治十三年(1656)重建,大智(方以智)撰写碑文。③ 如此说来,现在的本寂禅师塔应为清代遗物。除了本寂墓塔外,曹山寺内山坡上有一棵千年以上古银杏树,据寺内住持介绍,此树为本寂禅师手栽。④ 另外还有乾隆三十八年(1773)制造的古钟一口。寺内现住有七八位尼师,依然持守过午不食的规矩,早晨三四点钟起床,上午念经作功课,下午处理各种事务,正在致力于曹山寺的重建。

傍晚在曹山寺内吃饭,然后返回抚州,回到正觉寺时,已是晚上八点。离开正觉寺时,恰好在寺内遇到抚州市公安局的小罗,他问过笔者的情况以后,便热情地开车送笔者回宾馆。因时间还不算晚,小罗带笔者到他一位朋友的茶馆小坐,遇到五六个三十岁上下的朋友,笔者随意问他们是否知道犀牛山,

---

① 参见《赣东寺庙》第25~27页。
② 铃木哲雄在此碑照片的旁边注为"清代的碑文",参见《访录》第126页。
③ 参见《赣东寺庙》第27~28页。
④ 《赣东寺庙》中亦作如是说,参见该书第28页。

开始的几位都说不知道,最后终于有一位年纪稍大的说就在正觉寺。阿弥陀佛,终于在正觉寺以外遇到了知道犀牛山的抚州人。

3月6日上午,先到王安石纪念馆,然后又到汤显祖纪念馆,两处都是门庭冷落,笔者到时,算是唯一的客人,不禁令人唏嘘。中午,因南昌朋友的安排,被抚州市林业局的朋友请去吃饭,席间听闻不少当地林业和经济发展的情况。饭后他们派车把笔者送到南昌,就这样结束了抚州之行。抚州,临川,这块历史上曾经孕育了多少文人才子和英雄豪杰的土地,如今在经济发展的大潮中却成了春风不到的角落;但是这里古风犹存,田园依旧,可以使人一洗尘心。

二、南昌 (3月6~7日)

下午三点左右到达南昌市内,在宾馆稍事休息以后,马上出去调查。南昌,1994年11月曾在这里逗留一夜半日,十二年过去,今天已经模样大变,高楼林立,车水马龙,人声嘈杂,显得比以往繁荣热闹了许多,但是污染和尘埃也更加严重。此次在南昌的调查目标有三,即江西省博物馆、佑民寺、宝峰山。

根据陈柏泉的研究,已知马祖舍利石函于1966年在宝峰寺出土,后来藏入江西省博物馆。[①] 石函题记中说马祖于贞元四年(788)入灭,[②] 是为权德舆《塔铭》之外确定马祖卒年的又一重要依据,因此一直希望有机会亲眼一睹石函原物。来

[①] 参见陈柏泉《江西出土墓志选编》第3页,江西教育出版社,1991年。本资料由王荣国教授提供,特此申谢。

[②] 题记的原文见上书第2页。

到博物馆时，已经接近闭馆时间，于是径直询问石函的所在，但是馆员告知并无此物。笔者于心不甘，经馆员介绍，访问了一位副馆长。据副馆长介绍，石函肯定不在馆内，确切下落不详，或许已经放回宝峰寺的马祖塔内，或许现藏靖安县博物馆；陈柏泉原属江西省考古队，现已不在人世。听罢此话，在江西省博物馆目睹石函的希望算是彻底落空。

从博物馆出来，著名的滕王阁赫然耸立目前，于是故地重游。滕王阁上俯瞰洪城，浩浩赣江尽收眼底，大有落霞共长河一色之感。

下了滕王阁，来到佑民寺。佑民寺位于市内民德路，与八一公园仅一路之隔。十二年前曾经来过，但当时已值夜晚，仅依稀记得尚在修复，寺院呈狭长形状。今天的佑民寺，修复早已完毕，纵深比当年延伸了许多，但是狭长依旧，寺院被夹在两侧的住宅楼当中，难免给人以夹缝里求生存之感。这里就是史料中记载的洪州（或钟陵、南昌）开元寺，马祖大师当年的道场。据何明栋的《述略》介绍，佑民寺始建于南朝梁代，历史上先后名为大佛寺、开元寺、上蓝院、承天寺、能仁禅寺、永宁禅寺、佑清寺等，1930年重建时改为今名。佑民寺在"文化大革命"期间被完全废毁，80年代开始恢复，如今寺内除了古树以外，已无古迹遗存。

关于马祖住开元寺的年代，宇井伯寿假设马祖于大历元年（766）或二年（767）在洪州，[①] 何明栋的《述略》认为"马祖于唐大历四年（769）率徒众驻锡于此……在开元寺弘法长达二十余年之久，创建丛林"。但是如本文上面所述，史料中

[①] 参见宇井伯寿《禅宗史研究》第390页。

明明记载马祖是被路嗣恭请到南昌，而路氏出任江西观察使的时间应在大历六年（771）七月至次年七月之间；又据其他学者的研究，有的认为马祖到南昌是在大历七年（772）七月之后，① 有的认为是在773年左右来到开元寺。② 因此，即便从大历六年算起，到788年马祖去世为止，马祖在南昌也不过十七年时间，不可能长达二十余年。

当晚由南昌的涂老板作东，加上笔者在当地的另外两位朋友，在南昌市内共进晚餐。

3月7日上午，由临时返乡的四川省社会科学院研究生文豪同学陪同，加上她的朋友杨先生开车兼作向导，一同前往宝峰山。宝峰山位于靖安县东北方向的宝峰镇，距南昌市区约七十公里。车到宝峰镇时已是中午，就地在一农家小店用餐，冬笋、山菇、小鱼，都是当地产自，味道鲜美，价格低廉。出了宝峰镇，再走数华里便是宝峰寺。

来到宝峰寺，里面静悄悄的，问明马祖塔的位置，直奔寺内深处，来到马祖灵骨安息之地。现在的马祖塔为汉白玉制作，正面镌刻"马祖道一大寂禅师舍利之塔"，背面镌刻"即心即佛，非心非佛"，左面镌刻权德舆的《塔铭》，右面镌刻一诚法师所撰塔铭。从一诚法师的铭文来看，塔内所藏马祖舍利石函似为重新复制。马祖塔于1966年"文化大革命"期间遭彻底破坏，原来埋藏地下的马祖舍利石函亦被挖出，至1993年方得重建。马祖塔坐落在塔亭之内，从二十年前铃木哲雄在此拍摄的照片来看，当时亭内空无一物，只有主体框架

---

① 参见王荣国《马祖道一禅师的传法活动考论》，2005年8月中国什邡《马祖与中国禅宗文化学术研讨会论文集》第46~47页。

② 参见铃木哲雄《唐五代禅宗史》第379页，山喜房佛书林，1997年。

尚存，成了当地居民休憩的场所。① 亭内顶部横梁刻有两行文字，一行为"圣宋元丰岁次乙丑夏五月癸巳朔廿八日庚申琢石重新建造谨显"，另一行为"大元至治辛酉九月十二日吉安路西昌檀越萧履实施财重建旧址住山释能识记岁月"，由此铭文可知马祖塔亭的主体框架是宋元时代遗物。

　　出了马祖塔，恰遇一位法师。法师听说笔者欲作马祖遗迹调查而又时间仓促，立刻拿出新出版的《宝峰山志》慨然相赠。事后才知此人乃是寺内职事之——正坚法师。根据《宝峰山志》的记载，得知马祖舍利石函的铭文除了《题记》之外，尚有其他铭文约六百字。根据这些铭文，可知马祖塔曾于唐武宗会昌六年（846）被毁，又于唐宣宗大中四年（850）修复，北宋元丰年间迁移山顶，元至治元年（1321）迁回原址，② 即现在的位置。

　　关于宝峰寺的由来，据卢位棫的《宝峰简介》，最初由水潦和尚于天宝年间在此筑室而居，后马祖从南昌到来，水潦往拜，被马祖当胸蹋倒而得大悟，遂建寺弘法；马祖寂后即归葬于此，百丈怀海守塔而居，继续领众；以后宝峰寺名声鹊起，至宋代达到极盛③。宝峰寺原名泐潭寺，后名法林寺，唐大中四年奉敕重建，名宝峰禅寺，因在石门山内，又称石门古刹。④ 宝峰寺在历史上曾几经兴废，据一诚法师回忆，1957年时，这里已经一片荒芜，只剩下几间土房，现在的宝峰寺为

---

① 参见铃木哲雄《访录》第66页。
② 参见《宝峰山志》第272~273页，（香港）中华佛教出版社，2004年。关于马祖塔的变迁，释妙安的《宝峰禅寺马祖塔探析》一文里有详细介绍，参见《宝峰山志》第401~407页。
③ 参见上书第8~9页。
④ 参见上书第6页。

1992年至1999年间重建。①

出了宝峰寺，下一步就是要弄清宝峰山和石门山的关系。如上所述，关于马祖塔的所在，史料中或说在海昏南鄙的石门山，或说在泐潭宝峰山，或说马祖去世之前曾到建昌石门山，并预言死后将归葬于此。那么宝峰山和石门山到底是不是一回事？它们的确切位置何在？它们当年到底属于哪个县？向当地人询问，结果得到两种回答：一说宝峰山就是石门山，亦即宝峰寺后面的那座山；一说石门山在宝峰寺四五华里之外，而宝峰寺后面的那座山叫做棋盘山，它的山峰叫做宝珠峰。二说不一，令人困惑，于是先找石门山。在寺内刘师傅的热心指引下，穿过一段颠簸不平的山路，再通过一片农田，途中顺便参拜田边的宝峰克文禅师塔，再向前走，来到一座村庄尽头，便望见不远处的石门山。下了车，沿着田埂小道步行数百米，终于到了石门山。所谓石门山者，其实是两座并立的小山，两山之间有水流过，名为藕潭，山口如同门径，故称石门山。田埂小道延伸到藕潭左侧的山上，山上的羊肠小路乃系开凿岩石而成，一直通向山外。这条古道不知已历经多少沧桑岁月，至今还有清代道光年间的路碑默默竖立。据刘师傅介绍，在附近的公路开通以前，这里自古以来一直是进入宝峰寺的必经之路，在宝峰寺规模最大之时，这里曾是宝峰寺的山门。踏着幽幽古道，仿佛回到了千年以前，想到如此偏僻之地，竟然在权德舆的笔下留下清晰的记录，谁说古人不如今人？返回到刚才经过的田埂小道时，看到一群棕色的菜羊优游田间，不远处恰有一只小羊刚刚诞生，小羊试着站立，羊妈妈守候在旁，在这世外

---

① 参见《宝峰山志》第2页。

桃源般的地方，古道、新生奇妙地交会，令文豪同学惊喜不已。

　　根据宝峰寺和石门山的实地考察，再参考《宝峰山志》等资料，可以对上面的问题作一澄清。宝峰山和石门山在唐代已被互称，这种情况至今依然。但是石门山之名有广义和狭义之分。广义的石门山是指宝峰寺周边的群山，因为这些山位于石门山内，所以有这样的称呼。这一意义的石门山，也被称为宝峰山。狭义的石门山就是笔者所见到的位于宝峰寺南约五华里处的石门山。宝峰山并不是指某座具体的山，而是指石门山以内、宝峰寺周边的群山，因此在宝峰寺的周边一带并没有哪座山叫做宝峰山。关于宝峰山名的由来，清代道光五年（1825）的《靖安县志》收有周体观的《石门山志序》，其中说："唐贞元中，禅师马祖示寂于此山，荼毗之时，舍利无数，其徒奉而藏于珠峰之下，故称宝峰山云。……建昌石门山者，即靖安宝峰也。"[1] 若依此说，则马祖去世于宝峰山或石门山，因其舍利藏于宝珠峰下，于是宝珠峰又被称为宝峰山。但从周氏的序文来看，作者并未到过宝峰山，所以他的记载有误。其实，根据史料记载，马祖去世前曾到石门山，然后离开，去世以后又归葬这里，因此石门山乃马祖灵骨归葬之地，而非马祖去世的地方。宝珠峰是指宝峰寺后面的一座山峰，因"其峰尖圆，四面青草，中圈独黄，望如佛顶珠，故名宝珠峰"[2]，因此宝峰山并不等于宝珠峰，宝珠峰的得名也与马祖舍利无关，而应系得名于宝峰寺。周文中所谓"建昌石门山

---

[1]　转引自《宝峰山志》第4页。
[2]　《宝峰山志》第11页。

者，即靖安宝峰也"的说法，意味着石门山或宝峰山原属建昌，后归靖安，此说应当无误；关于这一点，今人也持同样的看法。① 至于"泐潭宝峰山"的泐潭，位于距宝峰寺约一华里处，② 与藕潭同属宝峰寺附近风景秀丽的水潭，但在禅宗史上，泐潭更为著名。

从宝峰寺回到南昌市内，已是傍晚六时。约一小时以后，马不停蹄向着四百公里外的赣南进发。

三、赣州（3月7~8日）

经过长途跋涉，终于在凌晨十二点多达到赣州。因文豪同学的安排，早有赣州市水利局黄烈涛诸人迎候。先安排好宾馆，然后一起吃宵夜，从他们口中了解到一些赣州的人文地理情况，于是决定次日先去宝华寺，后去马祖岩。8日早饭以后，便由黄的朋友开车兼作向导，直奔宝华山。

根据何明栋的《述略》以及江西网站的介绍，已知龚公山又名宝华山，位于赣县的田村，山上有寺名宝华，寺内保存着马祖弟子西堂智藏的舍利塔，名曰大宝光塔，一名玉石塔。铃木哲雄的《访录》里也有关于宝华寺和大宝光塔的介绍；铃木还提到了龚公山，但是他对此山的位置未能作出明确判断，而推测龚公山可能是宝华寺东面附近的东山。③ 不管怎样，要想找到龚公山，应当先去宝华寺。

---

① 例如陈柏泉说："今宝峰寺及马祖塔所在之靖安，唐时隶建昌。"（陈柏泉《江西出土墓志选编》第4页）卢位棣的《宝峰简介》也说："宝峰寺地属建昌县寿安乡。南唐升元元年析建昌、新吴、宁武之地建靖安县，建昌县属地寿安乡划归靖安县，迄今隶属未变，即今之靖安县宝峰镇。"（《宝峰山志》第6页）
② 参见《宝峰山志》第13页。
③ 参见铃木哲雄《访录》第113~115页。

宝华寺位于赣县田村镇①东山村,地处赣县东北,靠近兴国县边界,距赣州市区七十余公里。由于阴雨天气,车行较慢,来到宝华寺时已近中午时分。刚一到便受到一位老人的热情接待,后来得知老人姓肖,协助寺内管理,对这里的情况了如指掌。宝华寺规模不大,依山而建,由低到高大致分为三层:最低处为天王殿,也是山门;中间一层正在建设,应为大雄宝殿;最高处为三栋并排的建筑,左面的安放着玉石塔,中间的正在建筑,右面的为西堂禅楼。

玉石塔是当地的俗称,正式名称为大宝光塔,系马祖大弟子西堂智藏舍利塔。根据塔上铭文以及唐技撰写的宝光塔碑铭,可知此塔最初建于元和十四年(819),长庆四年(824)由皇帝赐名"大宝光",会昌五年(845)因唐武宗废佛而被毁,后于大中七年(853)重立。玉石塔为唐代遗物,"文化大革命"期间遭局部破坏,但大体完好。

关于智藏,《祖堂集》卷十五、《宋高僧传》卷十、《景德传灯录》卷七、唐技《龚公山西堂敕谥大觉禅师重建大宝光塔碑铭》等有记载。根据《宋高僧传》和《景德传灯录》的记载,智藏的生卒年为公元735~814年,俗姓廖,虔化(今江西宁都)人,八岁从师,二十五岁具戒,至建阳佛迹岭参礼马祖,又随马祖移居龚公山,马祖居洪州府后,智藏回郡,马祖殁后,贞元七年(791)开堂说法。又据唐技所撰《碑铭》,智藏的生卒年为公元738~817年,南康郡(今江西南康)出身,二十三岁师从马祖于临川西里山,马祖临去世前,

---

① 关于田村,大多数资料作"田村乡"。但据当地人介绍,田村在20世纪90年代初已改为"田村镇"。

智藏自钟陵（今南昌）结茅龚公山，马祖殁后继续领众。尽管记载有异，但智藏显然出身于赣州一带，马祖当年自临川转移至此，当与智藏有关，在马祖去世以后，这里又成为智藏传法的基地。

除玉石塔外，宝华寺还有古碑十二块，从中可以看出宝华寺与马祖以及龚公山的联系。其中玉石塔塔身右侧的铭文有"大中七年，岁在癸酉三月，唯建塔于龚公山"①之句，可见此塔的所在就是龚公山。寺内最早的古碑刻立于北宋元丰二年（1079），正面为唐技作于咸通十五年（874）的《虔州龚公山西堂敕谥大觉禅师重建大宝光塔碑铭并序》，背面是三祖僧璨的《信心铭》，碑文附记中称当时寺内的住持觉显为"宝华禅院住持"，又说此碑在赣县龚公山，由此可知宝华寺在当时名为"宝华禅院"，而寺的所在就是龚公山。另外明清时代的碑文也多提到宝华寺与马祖的关系，并反映出宝华寺名的变化。如崇祯十六年（1643）的《都察院谕》说："宝华古刹，原为马祖旧迹。"康熙二十九年（1690）的《遵宪免派差文优杂丁碑记》说："宝华禅寺，创自马祖大师，奉唐敕建。"道光十五年（1835）的《重修宝华寺大雄宝殿记》说："山以龚名，地因人志，至前明始颁号曰宝华。"由此可知，至晚在明清时期人们已认为宝华寺由马祖建立，宝华寺的寺名虽有微小变化，但寺的地点一直就在龚公山。

关于赣县宝华山的山名，既不见于历史文献的记载，也未见于宝华寺的碑刻铭文。但是玉石塔的铭文和宝华寺的古碑大多提到宝华寺和玉石塔就在龚公山。又据《赣县龚公山宝华

---

① 李景云手稿本《赣县龚公山宝华古寺志》历代碑铭录部分。

古寺简介》①，宝华寺曾在清代道光十二年（1832）和十五年（1835）两次移址改建，但位置移动不大。再从寺内已逾千年的古树来看，可知宝华寺的位置自古以来不曾有大的改变。因此，现在当地人所说的宝华山，亦即宝华寺的所在，显然就是马祖当年到过的龚公山。龚公山的山名至今尤为当地老人所熟知，但是年轻人一般只知宝华而不知龚公，其实二者同为一山。大概由于宝华寺的缘故，于是今人一般将龚公山称为宝华山。

中午时分，由肖老人招待在寺内吃饭，一同进餐的还有其他香客居士，他们大多来自周边各县。看上去他们是随到随吃，尽管这里只有粗茶淡饭，但却是一处可以给他们提供温暖的所在。据肖老人说，宝华寺建于公元746年，寺内四方竹原产四川，由马祖当年从四川带来，马祖同时还带了一百三十九个徒弟来到这里。又据《赣县龚公山宝华古寺简介》，马祖于天宝五年（746）到佛日峰（后名马祖岩），后至龚公山，与众弟子结茅开山，修筑禅院，在此驻锡长达二十八年，于大历八年（773）转至洪州钟陵开元寺。贞元七年（791），马祖弟子西堂智藏由洪州来到龚公山，继马祖之后在此主持法席。

关于马祖驻锡龚公山的年代，史料中没有明确的记载。何明栋的《述略》认为马祖当年先到临川西里山（犀牛山），然后来到龚公山，"到开元年末，马祖方率徒众北上，来到临川、洪川（州治在今南昌）一带弘法"。此说与史料中"始自建阳佛迹岭，迁至临川，次至南康龚公山"的记载明显不符，

---

① 该《简介》由宝华寺内与肖老人同事的另一位肖老人提供，特此申谢。

无从凭信。宇井伯寿认为马祖住在南康的年代不详，① 铃木哲雄则提出马祖于公元 765 年驻锡龚公山的假设，② 王荣国教授根据详密考证，认为"道一禅师大致在大历初年即已在虔州龚公山弘法"③。实际上，根据上文所述，马祖到达临川的年代大致在天宝五年（746）前后，而到达南昌的时间大致为大历七年（772），由此可知马祖在龚公山的时间应在公元 746~772 年之间。又据宝华寺内唐技碑文关于智藏二十三岁赴临川投奔马祖的记载，则马祖离开临川的时间当在公元 760 年之后，也就是说马祖在龚公山的时间应在公元 760~772 年之间。目前虽无法断定马祖在虔州或南康生活的确切年代，但是不排除他在这里驻锡十年以上的可能。

关于宝华寺在近代以来的情况，据说该寺在抗日战争期间香火中断，赣州私立幼幼中学迁入寺内办学；蒋经国兼任该校名誉校长，曾多次到过这里。自抗日战争结束到新中国成立，香火一度恢复。1962 年，田村敬老院迁入寺内。1966 年"文化大革命"期间，古寺惨遭破坏，香火再度中断。1977 年，田村农业中学在寺内办学。1978 年，宝华寺被纳入知青点，在此地开办知青林场。直到 1988 年才得到恢复。④

另外，据肖老人说，距宝华山约十华里处有西江，发源于兴国的潋江，在兴国的廖溪流入赣江；现在那条江里都是泥沙。据刘光照《虔州木客析》所引清代兴国知县张沿瑗于康

---

① 参见《禅宗史研究》第 389 页。
② 参见《唐五代禅宗史》第 378 页。
③ 王荣国《马祖道一禅师的传法活动考论》，2005 年 8 月中国什邡《马祖与中国禅宗文化学术研讨会论文集》第 45 页。
④ 参见《赣县龚公山宝华古寺简介》，以及李景云手稿本《赣县龚公山宝华古寺志》概述部分第 8~9 页、历史沿革部分第 18~20 页。

熙四十五年（1706）所著《潋水志林》说："羊山……折而南，土名西江，径险而山色殊秀，与赣县龚公山相属。"① 所谓潋水，《明一统志》卷五十八说"在兴国县东北，一名平川"。今兴国县埠头镇至赣县吉埠镇之间有河名"平江"，此江即为潋水，俗名西江。由此可知，在兴国到宝华山（龚公山）的周边一带确有西江的存在，此江之名古已有之，沿用至今，很可能就是马祖对庞居士所说的那条"西江"。当向肖老人提起这则著名公案时，老人随口应道："就是这个西江。"假如真是这样，那么一向不得其解的西江，今日始得定位。

为了帮助笔者了解详细情况，肖老人热情地带笔者拜访了他的朋友李景云老人。李老人住在十五公里外的田村，家中模样与三十年前的农民家庭毫无区别，看上去一家人过着清贫淡泊的农民生活。老人原在县里工作，但是酷爱传统文化，退休以后，专门搜集家族、乡土、宝华的历史资料，从1995年到2003年，默默撰写了《李氏重修族谱》（上、下）、《谱学知识浅谈》、《田村（今）玉田（古）堑村（宋）历史资料》、《赣县龚公山宝华古寺志》等多部著作，蝇头小楷字字工整，有如线装古书一般精美，而所用的纸张，却是廉价的白纸。《赣县龚公山宝华古寺志》费时三年完成，为了一字字地抄录、核对已经模糊难辨的古碑铭文，老人不辞辛苦，奔波往返于田村和宝华之间，而他所能利用的交通工具，却是一天只有三班往返的公共汽车。没有资金，没有援助，没有图书资料，更没有出版的希望，老人就这样用自己的血汗凝结成一部厚厚的宝华寺史！当笔者要求复印书中的一部分时，老人慷慨相

---

① 中国赣州网 http://www.gndaily.com。

允，分文不受。老人说："我这么大岁数，什么也不图，只希望把这份文化遗产保留下来。如果我死了，也就没人知道了。你能来看，我很高兴！"如此不计名利、牺牲奉献、尽心敬业，足以让很多所谓的专家学者汗颜！孔子曾说："古之学者为己，今之学者为人。"在这穷乡僻壤的山村，竟然遇到这样的"古之学者"，怎不令人惊叹？当告别田村之时，笔者要送肖老人返回宝华，可是肖老人为了节省笔者的时间，坚持要自己搭公共汽车回去。在这些被世人遗忘的山中老人身上，还保持着古人的风骨和热血。

下午五点左右，驱车赶到了马祖岩。

马祖岩位于赣州市章贡区水东镇，是群山中的一座小山。山上有马祖岩真如禅寺，现有如华等二位尼师常住，寺大殿内有古井一口，距寺下方数十米处有一洞窟，据说是马祖修禅开悟之地。洞窟上方及左右有刻在岩壁上的铭文三块，今已模糊难辨。据宝华寺内肖姓老人称，马祖于公元746年在马祖岩停留十四日，然后前往宝华寺，所以说"先有马祖岩，后有宝华山"。

马祖岩的记载始见于宋代，例如穆祝的《方舆览胜》卷二十说："马祖岩，在赣县东，道一禅师驻锡之地……马祖尝欲栖于此岩，一夕，山鬼忽为筑垣，马祖见之曰：学道不至，为邪祟所测，此非吾所居也。因弃去，营龚公山住居焉。"又潘自牧的《记纂渊海》卷十一："马祖岩，在赣县，马祖禅师栖于此。"这些记载说明马祖曾到此地，但是逗留时间不长。据清代雍正年间编修的《江西通志》卷一百一十三，马祖岩寺系"明万历初，僧悟学与其徒本慧建"。马祖岩山上的真如寺，至今犹被当地称为马祖岩寺。何明栋的《述略》中认为马祖于开元二十年（732）前后来到这里诛茅觅洞栖身修行，但不久便迁往龚公山。事实上，开元二十年马祖只有二十四岁，尚在四川，根本不可能到马祖岩。关于马祖在这里的经历，王荣国教授认为，"马祖道一确曾到过其地（指马祖岩），但并未栖止其地修行，因此不应视为马祖道一的修行地"①。如此，综合史料的记载、学者的考证、当地的传说，大致可以知道马祖在到龚公山之前曾经在此短暂栖息，只是现在无从判断这段经历的确切年代了。

到此为止，可知马祖在江西的行踪以及有关的遗迹大致如下：①马祖约于天宝五年（746）前后来到临川西里山，此山后名犀牛山，今已不存，其原来的位置就在今抚州正觉寺的附近；在唐肃宗时期，马祖可能一度住留宜黄石巩寺；②马祖离开临川和到达虔州的具体年代已难确定，但根据龚公山宝华寺内保存的唐技碑文所记智藏师从马祖的时间来看，马祖前往龚公山应在公元760年以后；龚公山位于赣县田村镇，山名沿用至今，因山上有宝华寺，现在多称为宝华山；马祖到龚公山之前，曾短暂住留马祖岩；距龚公山不远的平江，当地古来俗称西江，很可能就是马祖对庞居士所说的西江；③大约在大历七年（772），马祖被路嗣恭请到钟陵，此钟陵原名豫章，后名南昌，即今南昌市，而非进贤县；马祖在钟陵期间住在开元寺，该寺今名佑民寺；马祖于788年去世，灵骨葬在石门山内的宝峰寺，该寺周围的群山，当地俗称宝峰山。

当晚回到赣州市内，由黄烈涛等几位朋友设宴招待，饭后

---

① 王荣国《马祖道一禅师的传法活动考论》，2005年8月中国什邡《马祖与中国禅宗文化学术研讨会论文集》第46页。

驱车观看赣州市内八镜台、宋代城墙及郁孤台的夜景。灯光下的古城，益显历经沧桑；夜色笼罩的郁孤台，更增添了几分神秘；郁孤台下的清江水，带着千年的记忆，不舍昼夜地悄然流逝。

3月9日早晨离开赣州，午后到达南昌，然后飞往上海。次日一早，登上返回日本的飞机，脚上带着在马祖走过的路上沾染的泥土，心中怀着对红土地的留恋。别了，难忘的江西，但愿有日再来，拥抱这片马祖曾经生活过的热土。

大宝光塔（西堂智藏塔）铭文

塔身左侧铭文

大唐元和十四年，岁次己亥，又直乙亥日，惟壬辰建此大宝光塔。十五年十一月二十七日，石匠明刻，十方大匠周质等八人，同心协力，喜见成就，故隽记云。都勾当塔僧契真等，国勾当院主僧如位等。

塔身右侧铭文

惟大中皇帝，扶以金镜，避照乾坤，育以黔黎，无幽不都，以善为务，崇于释门。并立龚公，范阳通和尚，壮入纵缁，虽未毗尽，迩为僧中侣使。大中七年，岁在癸酉三月，唯建塔于龚公山，遂乃刀镶自执施工研伐。八年，岁在甲戌，奉敕入弘门者，令削发于西林。至九年，岁在乙亥，舟献、敦祥，三月五日，行前于堂。设震坐宴，田地山林，不收粮谷，乃感神理，托于梦中。被此功德智水，可以愈万民之应感。十方缁俗，广招天龙，以求其水。获斯之后，如暗得灯，如贫得宝。奉天书令卉起造西堂及和尚茔塔。乃谥命匠者胡公，以大中十年，岁在丙子月，准单开施工，凿石雕镂，至八月二十七日，俨然成就其事。周异用地与四十千文，铸四重铎。用青凫十千文立塔堂,百千文立塔碑,百千郡首唐郎中制文,始立龚公即蜀,此大唐和尚大历元年岁在丙午,乃成其矣。

都匠胡岳,副匠李元、郭益、过赟等六人齐心成就。

(录自李景云手稿《赣县龚公山宝华古寺志》历代碑铭录部分)

宋代碑刻唐技《重建大宝光塔碑铭》

正面碑文：

虔州龚公山西堂敕谥大觉禅师重建大宝光塔碑铭并序

　　　朝散大夫尚书左司郎中上柱国唐技撰

天不言而授圣人，故圣人彰天之言，俾人知天之大焉。厥教中国曰儒，旁曰道。道始于轩辕，盛于老。儒始于唐虞，盛于孔。西方有圣曰佛，佛始于过去千百亿，而盛于瞿昙。教不同始而同末，是则先圣孔子与老、佛，俱巨圣人，而其功德，若四时五行，殊功合德，盖昭昭矣。然佛之言，盖出于天地之外，故从学者髡信，彼伏膺于三圣之教。国朝中兴，伟道班班，然佛之徒与儒偕，而尤为龙为象者曰大寂。禅师俗姓马氏，禅师大雄十大弟子不若也。有大觉禅师，又马禅师之上足也。碑于此者，铭大寂，则故相国权文公，铭大觉，则故宾护李公渤。相国文儒者，师宾护谏诤者，或言宗旨空宗，二碑详之矣。技今碑者，碑其余与其要者云。惟大觉师，廖姓，智藏号，生南康郡，年二十三，首事大寂于临川西里山。又七年，遂受其法。大寂将欲示化，自钟陵结茅龚公山，于门人中益为重。大寂殁，师教聚其信众，〔如〕（始）寂之存。是时太守李公丹，天下名人也，事师精诚，如事孔颜。上都〔兴〕（与）善寺禅老曰惟宽，敕谥大彻也，大寂之门弟子也，与师名相差。惟宽宗于北，师宗于南，又若能与秀分于昔者矣。师至元和十二年，年八十，僧腊五十一。旦无疾，告群弟子以终。后八年，穆宗皇帝诏谥师曰大觉，塔曰大宝光，江西观察使薛公仿实主其事。立后二十一年，武宗皇帝不惠西方书，敕海内郡县悉毁其精祠，师之塔亦废。后八年，当大中七年十月九日，今皇复诏立焉。大宝光之号，尊旧诏也。师上足弟子曰国纵，居州开元寺。国纵之上足弟子曰法通，实异人焉。母年七十，如寐而生，幼好释味，长遂落发。将复大觉师之塔于旧建之所，曰龚公山。法通默念观音，不食累日，于所事屋山，感其山涌灵泉。远近癃老病者，饮之则蠲。由是护施甚广，其塔一岁而就。嗟呼！有为之制，能壮无为，俾来者知西方佛之尊，而望禅师仪形如在焉。技为是州守，法通录大觉先师曩行前碑，请予为铭。予曰：方宇厥土，不可。后五十日，奉敕授尚书左曹正郎，法通又来请，予对曰：中台与郡国异，矧相国文公，又余之堂伯舅，今得继碑龚山，其敢让耶？铭曰：

　　大寂于释，若孟若孔。
　　大觉于寂，犹孟之薰。
　　彼儒远焉，此其接焉。
　　觉之巨名，江南众师。
　　在昔生存，厥教巍巍。
　　塔毁武朝，复崇我皇。
　　法通成之，觉像益光。
　　铭兹以文，揭示后人。

咸通十五年二月八日建
元丰二年七月十五日住持传法沙门释觉显重立并书
山门监院僧仲圭勾当
兴国县澄寂院住持第八代法侄立超舍钱开字　彭城刘照镌

右元丰二年沙门觉显重书唐技大宝光塔碑铭，在赣县龚公山。额篆"重建大宝光塔碑铭"八字，字径三寸。凡文二十四行，行四十字，字径七分，行书。

背面碑文：

《信心铭》（从略）

时元丰二年八月十五日虔州龚公山西堂宝华禅院住持传法沙门觉显立石并书

城下净众院住持山主沙门智明篆额　山门监院僧仲珪勾当

兴国县新安坊弟子陈定升舍钱开字　苦行刘修本缘化　彭城刘照镌

右元丰二年沙门觉显书《信心铭》，在赣州龚公山。额篆"信心铭"三字，字径五寸，凡二十一行，行三十五字，字径七分，行书。

（录自李景云手稿《赣县龚公山宝华古寺志》历代碑铭录部分）

清刻本唐技《重建大宝光塔碑铭》

龚公山西堂敕谥大觉禅师重建大宝光塔碑铭

唐　技

天不言而授圣人，故圣人彰天之言，俾人知天之大焉。厥教中国曰儒，旁曰道。道始于轩辕，盛于老。儒始于唐虞，盛于孔。西方有圣人曰佛，始于过去千百亿，而盛于瞿昙。教不同始而同末，是则先师孔子与老、佛，俱巨圣人，而其功用，若四时五行，殊功合德，盖昭昭矣。然佛之言，盖出天地之外，故从学者，髡苦最信。彼伏膺于三圣之教。国朝中兴后，伟儒最多，伟道班班，然佛之教与儒偕，而尤为龙为象者，曰大寂禅师，俗姓马氏，禅师大雄十大弟子不若也。有大觉禅师，又马禅师之上足也。碑于此者，铭大寂，则故相国权文公，铭大觉，则故宾护李公渤。相国文儒者师，宾护谏诤者式，禅旨空宗，二碑详之矣。技今碑者，碑其余与其要者云。惟大觉禅师，廖姓，智藏号，生南康郡，年十三，首事大寂于临川西里山，又七年，遂受之法。大寂将欲示化，自钟陵结茅龚公山，于门人中益为重。大寂殁，师教聚其清信众，如寂之存。是时太守李公舟，天下名人也，事师精诚，如事孔颜。上都兴善寺禅老曰惟宽，敕谥大彻，亦大寂之门弟子也，与师名相差。惟宽宗于北，师宗于南，又若能与秀分于昔者矣。师至元和十二年，年八十，僧腊五十一。旦无疾，告群弟子以终。后八年，穆宗皇帝诏谥师曰大觉，塔曰大宝光，江西观察使薛公仿实主其事。历后二十一年，武宗皇帝不善西方书，敕海内郡县悉毁其精祠，师之塔亦废。后八年，当大中七年十月九日，今皇复诏立焉。大宝光之号，尊旧诏也。师上足弟子曰国纵，居州开元寺。国纵之上弟子曰法通，实异人焉。母年七十，如寐而生，幼好释教，遂落发。将复大觉师之塔于旧建之所，曰龚公山。法通默念观音，不食累日，于所止屋，山感其诚，涌灵泉。远近痛者病者，饮之辄瘳。由是获施甚广，其塔一年而就。有为之制，能壮无为，俾来者知西方法之尊，而望禅师之仪形如在。技焉为是州守，法通录大觉先师曩行前碑，谓余为铭。余曰：方宇厥土，不可。后五十日，奉制授尚书左曹正郎，法通又来请，余对曰：中台与郡国异，矧相国文公，又余之堂伯舅，今得继碑龚山，其敢让耶？铭曰：

　　大寂于释，若孟若孔。
　　大觉于寂，犹孟之董。
　　彼儒远焉，此其接焉。
　　觉之巨名，江南众师。
　　在昔生存，厥教巍巍。
　　塔毁武朝，复崇我皇。
　　法通成成，觉像益光。
　　铭兹以文，揭示后人。

　　　　　　　咸通五年八月八日建。〔同治赣县志卷五〇〕

　　　　（陈尚君辑校《全唐文补编》中，第
　　　　952~953页，中华书局，2005年）

附　图

四川省什邡市马祖村

四川省什邡市马祖古刹

附图　365

四川省什邡市罗汉寺

湖南省南岳传法院

湖南省南岳磨镜台

福建省建阳佛迹岭

福建省建阳圣迹寺

江西省抚州市正觉寺

江西省赣县龚公山宝华寺

江西省南昌市佑民寺

江西省靖安县石门山

江西省靖安县宝峰寺

江西省靖安县宝峰寺内马祖舍利塔亭

江西省宜黄县石巩古寺